The Logic of History:
Putting Postmodernism
in Perspective

历史的逻辑：
把后现代主义
引入视域

后现代历史哲学译丛
HOUXIANDAI LISHI ZHEXUE YICONG
杨耕 张立波 主编

C. Behan McCullagh 著
张秀琴 译

北京师范大学出版集团
BEIJING NORMAL UNIVERSITY PUBLISHING GROUP
北京师范大学出版社

版权声明

本书中文简体版由 Taylor and Francis Group 授权北京师范大学出版社在中国境内独家出版发行。版权所有，翻印必究！

The logic of history: putting postmodernism in perspective/ C. Behan McCullagh

©2004 C. Behan McCullagh

Chinese simplified language edition published by Beijing Normal University Press, Copyright © 2008, Beijing Normal University Press.

Authorized translation from the English language edition published by Routledge, a member of the Taylor and Francis Group.

All rights reserved.

历史哲学：从缘起到后现代
（总序）

杨　耕　张立波

1725 年，维柯出版了《新科学》，确立了历史哲学的基本面貌，标志着作为一门学科的历史哲学的诞生；1756 年，伏尔泰在其名著《风俗论》中明确提出了"历史哲学"这一概念，认为历史哲学就是对历史的一种哲学理解，它在整体上理解历史，把握支配历史的基本原则及其隐含的意义。由此，历史哲学这门学科得以"名正言顺"。1837 年，黑格尔的《历史哲学》出版。在这部著作中，黑格尔对历史哲学的对象、性质和职能作了深入而全面的论述。由此，历史哲学的合法性得以确立。在现代，思辨的历史哲学、分析的历史哲学和马克思主义的历史哲学"鼎足三分"，交相辉映，构成了人类思想史上的宏大场景。而随着后工业社会的来临和后现代主义成为一种社会思潮，后现代历史哲学拔地而起，为历史哲学的发展开辟了新的天和地。

历史哲学的形成及其合法化

　　历史哲学属于交叉学科，它形成于历史学和哲学的交叉点上，而"什么是历史"既是哲学关注的问题，也是历史学聚焦的问题，并构成了历史哲学的永恒主题。从历史上看，古希腊历史学就已经对"什么是历史"这一问题进行了探索。如果说"荷马史诗"记录的是神与人的共同活动，那么，在希罗多德、修昔底德的历史著作中，则主要是以人的活动为中心，已经具有求真的精神、写实的态度和分析的眼光。希罗多德写作历史的目的，就是为了"保存人类的功业"。修昔底德对人的力量具有更为充分的认识："人是第一重要的；其他一切都是人的劳动成果。"[①]将神话与历史相区别、虚构和记事相划分，标志着西方历史学的形成。按照黑格尔的观点，希罗多德和修昔底德的著作属于"原始的历史"。

　　希腊历史学家关注以政治事件为轴心的历史，并以战争作为历史写作的主题。犹太－基督教关心以"创始－道成肉身－末日审判"为轴心的历史神学。中世纪历史观念的主要特征，就是强调上帝是历史的最高主宰，也是人类的绝对权威。然而，在具体的历史写作中，人的活动是无法回避的。因此，在中世纪的大多数史学著作中，世俗的历史与神灵的历史往往是平行的。奥古斯丁提出，历史将在上帝之城对撒旦之城的最后胜利中告终，随着天国的实现，历史的戏剧宣告结束。

　　文艺复兴时期，彼特拉克提出，人是按照上帝的形象创造出来的。这意味着人不仅仅是上帝的形象，而且在创造能力上像天上的神，所以，人具有根据自己的需要和目的创造自己世界的能力。对于彼特拉克等人文主义者来说，上帝创造了自然，人类则创造了历史，自然的秘密是只有上帝才知道的，历史的秘密则可以为人所知。

---

① ［古希腊］修昔底德：《伯罗奔尼撒战争史》，103页，北京，商务印书馆，1978。

正是在这一观念的基础之上，人文主义认为，历史知识是比自然科学更为可靠的真知。

维柯《新科学》的出版标志着历史哲学的诞生。书中写道："民政社会的世界确实是由人类创造出来的，所以它的原则必然要从我们自己的人类心灵各种变化中就可找到。任何人只要就这一点进行思索，就不能不感到惊讶，过去哲学家们竟倾全力去研究自然世界，这个自然界既然是由上帝创造的，那就只有上帝才知道。过去哲学家们竟忽视对各民族世界或民政世界的研究，而这个民政世界既然是由人类创造的，人类就应该希望能认识它。"① 按照维柯的观点，上帝只是创造了自然界，因此唯有上帝懂得自然；人类历史是人类自己创造出来的，所以人类能够懂得自己的历史。维柯提出人类创造历史因而能认识历史，正是回到人文主义的传统，把基督教关于上帝神知的原理世俗化为人类认识的原理，并强调知与行、实践与真理之间内在的联系。维柯致力于探寻历史规律，亦即人类事务自身的"自然"进程，并认为认识的过程就是参与创造的过程，创造的实践活动就是人的认识内容，真理即创造的实践。

维柯的历史哲学蕴含了历史哲学所有的问题：把整个人类历史划分为神的时代、英雄时代和凡人时代，预示了赫尔德、黑格尔和孔德的历史哲学；关于历史使人的激情服从于人所不知道的一定目标的观点，后来在康德、黑格尔、叔本华等人的历史思想中一再出现；理性是人的真正本质，由于人类激情的自由发挥，历史才逐渐克服了野蛮，最终实现人道主义和文明，这样的观点在伏尔泰、赫尔德、席勒等启蒙哲学家那里都可以看到。关于人类创造历史和认识历史的思想，孕育并包含着现代历史哲学的两大流派，即思辨的历史哲学和分析的历史哲学，而致力于探讨历史规律，同时又把历史的中心从神移向人类本身，并从人文主义的角度肯定历史规律的存在，则以一种新的形式开启了人本主义和科学主义对立的先河。

---

① ［意］维柯：《新科学》，154 页，北京，商务印书馆，1989。

维柯确立了历史哲学的基本面貌，历史哲学演进的主流，是沿着维柯开辟的道路前进的。德国的赫尔德是维柯主要的承继者之一。赫尔德力图在多变的历史事实中去寻求不变的历史规律，并认为所谓历史的规律是由所处地区的状况及其需要，所处时代及其机会和人们的内在特征这三个因素所决定的，时间、空间和民族特性决定了历史的面貌。赫尔德既承认、尊重每一代人的创造，强调历史发展本质上的不可重复性、自然演化过程，又从一代又一代人的成就中发现、肯定历史先后的继承关系，并把人类历史大致分为三个阶段，即诗歌阶段、散文阶段和哲学阶段。按照赫尔德的观点，人的本质目的是人道，历史进化的目的是人道的实现，也就是理性和正义的实现，而人道的完成正是历史发展的终极结果。

康德晚年读到赫尔德的历史哲学著作，开始对历史进行哲学思考，他的《世界公民观点之下的普遍历史观念》从理论上发挥了整个启蒙时代的历史观点，把18世纪的历史观提到了新的哲学高度："人类的历史大体上可以看作是大自然的一项隐蔽计划的实现。"[①]按照康德的观点，人类历史既具有合目的性，也具有合规律性，随着这种二重性的展开，人类从自然状态进入社会状态，人性也逐渐获得完美的实现。这个实现过程就是历史。历史进程表面看来是无意识的，实际上却是有意识地实践着理性的规律，朝着理想的目标前进，最终达到人类的"永久和平"。康德力求在矛盾中揭示历史的发展，充满自信与乐观，为人类历史描绘了一幅光辉的前景。

在经过费希特和谢林的短暂过渡之后，历史哲学迎来了彻底的合法化。这一工作是由黑格尔完成的。黑格尔在启蒙运动的进步观念和康德先验的自由概念之中，注入了新的因素，充分阐述了理性在历史中的作用。在强调理性的根本意义的同时，黑格尔又极为重视"人类的热情"，把它视作具体历史变迁的动因；为了把人的热情落到实处，黑格尔又提出了"世界历史个人"这一概念，认为他们代

---

① [德]康德：《历史理性批判文集》，15页，北京，商务印书馆，1996。

表了世界精神，显示了生命个体的追求和魄力。热情由理性驱使，个人为精神所推动，生动壮观的世界历史由此成为一个合理化的过程。由于意识到历史与自然存在着某种形式的区别，黑格尔提出了一种解释历史的独特方式。

首先，历史是"绝对理性"在时间中的展开，体现为"自由意识的进展"。在黑格尔看来，这是一个从东方到西方，从希腊到日耳曼的不可逆的过程。世界历史的四个时期，即东方国家、希腊国家、罗马国家和日耳曼国家分别在自己的历史中体现着历史规律的特殊原则。

其次，历史只有通过人的活动才能实现，绝对理性和人的活动"交织成为世界历史的经纬线"①。在黑格尔看来，没有人的活动，世界上任何伟大的事业都不可能成功。但他同时又认为，历史规律又是先于历史而预成的"绝对计划"，人只是实现这种超历史"计划"的"活的工具"。

再次，历史有"自己的绝对的最后目的"，而达到这个目的的坚定不移的意向就构成了历史的内在联系。因此，历史规律是在历时性的单线过程中表现其决定作用的。它君临一个民族的机会只有一次，在它的轨迹之外或在已经经历过它的一定原则的民族那里，就没有历史了。这就是说，历史规律只有合目的性、历时性或单线性的特征，而不具备重复性和常规性。

由于历史规律不具备重复性、常规性的特征，而且它是在无数个人追求自己特殊目的非精确限定的条件下显示其存在的，因而无法用自然科学的精确性来把握。在黑格尔看来，只有哲学的思辨才能透过历史表面的喧嚣去领悟历史的本质，把握历史的规律。所以，作为对历史本身的哲学反思，历史哲学对于各民族的盛衰兴亡和各个人的荣辱祸福都不作详细考察，它所研究的对象——世界历史，是"世界历史的本身"，其任务在于发现和把握历史的规律。只有这样，历史哲学才能成为科学，才有能力从总体上把握历史。用理性

---

① ［德］黑格尔：《历史哲学》，62页，北京，三联书店，1956。

来概括历史,揭示历史演进的规律,是黑格尔历史哲学的基本特征。"科学,特别是哲学的任务,诚然可以正确地说,在于从偶然性的假象里去认识潜藏着的必然性。"①既然"哲学可以定义为对于事物的思维着的考察"②,那么,"历史哲学只不过是历史的思想考察罢了"③。任何一门科学都以把握某种规律为己任。黑格尔把历史哲学的任务定为把握历史的规律,实际上就是把历史哲学的科学化作为追求的目标,这标志着历史哲学合法化的最终完成。

黑格尔把维柯以后的历史哲学思想系统化了,但也神秘化了。可以说,在黑格尔的历史哲学中,卓越与贻害是双生子。一方面,黑格尔勇于对历史作总的思考,全面而深刻地探讨了历史规律,在客观唯心主义的基础上确立了历史规律的权威和历史哲学的合法化;另一方面,黑格尔又把历史必然性归结于超历史的"绝对计划"、"绝对理性",犯了一种从历史的外面把必然性输入历史的错误。黑格尔历史必然性观念的起点和终点都是历史与人的分离,他只是在形式上肯定了人的能动性,实际上彻底剥夺了历史的属人性质。剥去黑格尔历史哲学的神秘外衣,从历史的真正主体——人的活动中去揭示历史必然性,这是历史哲学进一步发展的"绝对命令"。

现代历史哲学三大流派及其异同

"历史"一词本身是模棱两可的,它既包括人类以往各种活动的总体和事件的过程,也包括对这个总体和过程的叙述与说明。正是这种模棱两可,为历史哲学同时打开了两个可能的向度。以此为依据,英国哲学家沃尔什的《历史哲学——导论》一书把历史哲学明确区分为思辨的历史哲学与分析的历史哲学两大流派。

---

① [德]黑格尔:《小逻辑》,303页,北京,商务印书馆,1980。
② 同上书,35页。
③ [德]黑格尔:《历史哲学》,46页,北京,三联书店,1956。

所谓思辨的历史哲学，就是试图把历史过程本身作为整体来把握，并阐明其整体性的意义。黑格尔历史哲学是思辨的历史哲学的集大成者和发展顶峰，透过黑格尔对历史哲学的理解，我们可以看到整个思辨的历史哲学的研究主题和特征。在现代，孔德、斯宾格勒、汤因比等人再度显示出对思辨的历史哲学的热情。孔德在历史研究中模仿自然科学，认为历史科学和自然科学没有原则上的区别，力图用自然科学那样的规律来总结历史，建构历史科学。斯宾格勒则强调历史就是文化，世界历史就是各种文化形态的"集体传记"，致力于发掘文化的内在结构。汤因比继承和改造了斯宾格勒的观点，把世界历史划分为二十一个文化单元，探讨它们的兴衰周期，追寻历史事实背后的意义。

与思辨的历史哲学不同，分析的历史哲学集中于对历史认识的性质和方法的分析，对人的认识历史能力的批判，所以又被称为批判的历史哲学。1907年，德国历史学家齐美尔明确提出了一个康德式的问题，即历史科学如何成为可能，对这个问题的回答构成了分析或批判的历史哲学的主题。狄尔泰、文德尔班、李凯尔特、克罗齐、柯林伍德等人的历史哲学都是对这个问题的回答。

继沃尔什之后，美国历史哲学家德雷进一步对思辨的历史哲学和分析的历史哲学的实际含义作了区分，提出"思辨的历史哲学试图在历史中（在事件的过程中）发现一种超出一般历史学家视野之外的模式或意义。而批判的历史哲学则致力于弄清历史学家自身研究的性质，其目的在于'划定'历史研究在知识地图上所应占有的地盘"①。简言之，历史哲学所思考的问题，可以归为两大类：历史本身的规律是什么和历史知识的性质是什么？对第一个问题的不同回答，构成了思辨的历史哲学，对第二个问题的不同回答，构成了分析的历史哲学。

我们注意到，沃尔什本人无意把思辨的历史哲学和分析的历史

---

① [美]威廉·德雷：《历史哲学》，1～2页，北京，三联书店，1988。

哲学这一区分固定化，但这种两分法还是成了一种通行的观点。在沃尔什看来，批判或分析的历史哲学兴起于 20 世纪初，但路易斯·明克认为它的兴起时间为 1938 年，其标志是两部阐述批判或分析的历史哲学观点的著作，即雷蒙·阿隆的《历史哲学导论》和莫里斯·曼德尔鲍姆的《历史认识的问题》的出版。[①] 如果把新康德主义哲学家狄尔泰、文德尔班、李凯尔特和布拉德雷等人视为批判或分析的历史哲学的最初表达者，那么，把批判或分析的历史哲学的兴起时间划在 20 世纪初更为恰当，甚至可以把分析的历史哲学的缘起追溯到 19 世纪下半叶，确切地说，要从 1874 年布拉德雷《批判历史学的前提假设》的问世算起。正是在这部著作中，布拉德雷开始探讨历史知识何以成为可能的问题。这一问题与齐美尔提出的问题，即历史科学何以可能是一致的，对这个问题的探讨构成了批判或分析的历史哲学的真正主题。

从总体上看，思辨的历史哲学关注的中心是历史本身，研究历史本身如何运动，分析的历史哲学注意的中心乃是人们如何认识历史运动，而不再是历史本身如何运动。这样，历史哲学的主题就发生了根本性的转移，即从历史本体论转移到历史认识论。具体地说，从对历史本身性质的探讨转移到对历史知识性质的分析，转移到对人们认识历史能力的批判。按照分析的历史哲学的观点，要理解历史事实，首先就要分析和理解历史记载、历史知识的性质，因为人们是透过历史记载、历史知识去认识"客观"历史的，问题在于，历史记载、历史知识并不是客观的，而是历史学家一定的知识结构和价值观念的产物，这些价值观念又来源于历史学家面临的需要和环境。"历史是由活着的人和为了活着的人而重建的死者的生活。所以，它是由能思考的、痛苦的、有活动能力的人找到探索过去的现

---

① [美]路易斯·明克：《历史的哲学和原理》，参见[美]伊格尔斯主编：《历史研究国际手册》，19 页，北京，华夏出版社，1989。

实利益而产生出来的。"①历史学这种特殊性造成了历史认识论的必要性。在克罗齐看来,历史哲学所研究的不是历史本身而是史学史,因此,历史哲学是"有关历史认识论的研究"②。按照柯林伍德的观点,哲学本质是反思,历史哲学就是"反思历史思维",探讨"由有组织和系统化的历史研究之存在而造成的哲学问题……可以正当地要求历史哲学称号"③。总之,分析的历史哲学认为,历史哲学就是从哲学的角度来考察历史知识的性质,或者说是对历史知识进行哲学批判,从而确定历史科学努力的界限和特有价值。

这样,分析的历史哲学就把历史哲学的主题从历史本体论转移到历史认识论上来了。分析的历史哲学顺应人类认识的发展趋势,注重历史认识论的研究,不失为一项具有科学价值的工作,但是,认识能力的自我批判不能代替或取消对客观历史的探讨,而分析的历史哲学在考察历史时竟把历史学的前提——历史本身一笔勾销了,结果是犯了一个演丹麦王子而没有哈姆雷特的错误。分析的历史哲学是脱离了历史本体来考察历史认识的,认为在历史认识中,人的主观意向决定着历史认识的内容和结果,史学家认识历史的行为就是建立历史客体的行为。由此,我们看到了历史虚无主义的幽灵。

"历史方法论和认识论的中心问题在于,客观地认识过去只能靠学者的主观经验才可能获得。"④分析的历史哲学的失败就在于它无力解决这个中心问题。它企图从纯形式的立场,即脱离历史认识的客观内容来"反思历史思维",其结果使自己成为对思辨的历史哲学的片面反动,并在这条道路上走到了逻辑终点。但是,我们不能由此认为,分析的历史哲学毫无价值,它的产生意味着西方历史哲学的没落。分析的历史哲学关注对历史思维的前提的批判,对历史知识进行哲学的批判,从而在历史哲学史上实现了一次理论主题的转

---

① 《现代西方史学流派文选》,95页,上海,上海人民出版社,1984。
② [意]克罗齐:《历史学的理论和实际》,60~61页,北京,商务印书馆,1982。
③ [英]柯林伍德:《历史的观念》,33页,北京,商务印书馆,1997。
④ [英]巴勒克拉夫:《当代史学主要趋势》,19页,上海,上海译文出版社,1987。

移,即从历史本体论转移到历史认识论。理论主题的这一转移完全符合人类认识规律:认识外部世界的任何一种努力一旦持续下去,就会在某一时刻不多不少地变成了对这种认识活动本身的一种反思与批判,认识历史的努力在这里合乎逻辑地变成了历史认识的自我批判。因此,分析的历史哲学的产生绝不意味着西方历史哲学的没落,相反,它标志着西方历史哲学的成熟。

把现代历史哲学划分为思辨的历史哲学和分析的历史哲学,具有条分缕析的积极意义,但这种划分也存在着明显的局限。维柯提出人类历史按神的时代、英雄时代、凡人时代的固定模式循环演进,同时又强调历史是可以理解的,历史学家的批判、鉴别及想象能力在研究与理解历史中起着重要作用。如果按照沃尔什的分类,那么,维柯的历史哲学既是思辨的,也是批判与分析的。实际上,论述思辨的历史哲学和分析的历史哲学时,都无法绕开维柯。作为分析的历史哲学的代表人物之一,曼德尔鲍姆关于"形式的历史哲学"优先于"质料的历史哲学"的论证也不无思辨痕迹,而且"形式"与"质料"这对概念本身就出自思辨哲学。柯林伍德把一切历史归结为思想史也充满了思辨的气息,他始终强调,"作为知识的历史"与作为历史本体的"历史的实在"具有共同之处。通常被视作分析哲学开创者之一的罗素,并不关心对历史学的批判或分析,而是满怀热忱地探察历史与人性,然而,罗素的历史哲学又不像是"思辨的",这样的例子还有很多。

因此,并非所有的历史哲学家都接受沃尔什关于历史哲学的分类,而且20世纪70年代后,这种分类愈来愈显得不堪重负。1970年,费恩发表了《哲学和历史学之间》一文,其副标题就是"在分析的传统内思辨的历史哲学的复活"。1977年,芒茨出版的《时代的形态》一书,强调任何范围的叙述史学都必然预设一些关乎历史意义和历史方向的概念,也就是叙述的情节轮廓,这样的概念如果清楚地表达出来,无异于思辨的历史哲学。沃尔什关于历史哲学分类的重大误区，还在于他忽视了马克思主义历史哲学的存在和特征。在20世纪，马克思主义的历史哲学超越于思辨的历史哲学与分析的历史哲学，构成现代历史哲学"三足鼎立"的重要一维。

普列汉诺夫表达过这样一种观点，即唯物主义历史观是"马克思的历史哲学"，是"说明人类历史的唯物主义哲学"①。我们赞同普列汉诺夫的这一观点，唯物史观属于历史哲学范畴，是马克思主义的历史哲学。作为一种历史哲学，唯物主义历史观首先是"一种关于历史过程的观点"，着重探讨历史运动的一般规律，带有凝重的历史本体论色彩，同时，它又蕴含着历史认识论。

首先，是抽象方式的确立。"分析经济形势，既不能用显微镜，也不能用化学试剂；抽象是唯一可以当作分析工具的力量。"②实际上，对于整个历史科学来说，科学抽象法具有普遍意义。历史科学无法应用试验室方法，只有科学抽象法才能深刻地提示历史的本质和规律。

其次，是理解方式的提出。人是历史的主体，在历史中进行活动的全是具有目的、意识和意志，经过思考或凭激情行动的人，因此，理解方法对历史科学绝对必要。而理解是一个过程，人们对历史的理解总是从"片面的理解"出发，经过"自我批判"达到"客观的理解"③。

再次，是"从后思索"方式的形成。历史已经过去，在认识历史的活动中，主体无法直接面对客体，只能采取一条同实际发展相反的道路，即"从后思索"，逆向溯因。"对人类生活形式的思索，从而对它的科学分析，总是采取同实际发展相反的道路。这种思索是从事后开始的，就是说，是从发展过程的完成的结果开始的。"④在马克思看来，分析资本主义社会的结构和关系，"能使我们透视一切已经覆灭的社会形式的结构和生产关系"。

马克思主义的历史哲学以确认客观历史的存在为前提，把认识

---

① 《普列汉诺夫哲学著作选集》第2卷，510页，北京，三联书店，1961。
② 马克思：《资本论》第1卷，2页，北京，中国社会科学出版社，1983。
③ 《马克思恩格斯选集》，2版，第2卷，23～24页，北京，人民出版社，1995。
④ 《马克思恩格斯全集》，中文1版，第23卷，92页，北京，人民出版社，1972。

活动归结于实践活动,把现实社会看作是过去历史的延伸和拓展,把实践看作是过去历史向现实社会过渡的"转换尺度"和"显示尺度",从现实的实践出发去探讨过去的历史以及人们认识历史的过程和规律,从而为建构科学的历史认识论奠定了可靠的基础。

现代实践和科学犹如一个巨大的引力场,吸引着哲学家、史学家把自己的聚焦点从历史本体论转向历史认识论,而现代科学,尤其是量子力学、史学理论、理论社会学、心理学、思维科学、考古学、人类学以及哲学本身的发展,又为探讨历史认识论问题提供了普遍的必要性和现实的可能性。对历史认识论的深入探讨,已成为人类认识发展的趋势。正如路易斯·明克所说,20世纪四五十年代以后,对历史认识的性质、特点和方法进行分析,成为西方历史哲学的内容,哲学家和史学家几乎异口同声地赞同柯林伍德的这一论断:"哲学是'思维的思想',因此历史哲学就是反映历史思维的性质和结构的第二层思维活动。"[1]马克思主义的历史哲学以"超前的意识"预示了这一发展趋势,预示了历史本体论与历史认识论"合流"的趋势。如果历史认识论不同时具有历史本体论的性质,它就失去了科学的基础和确定的前提;如果历史本体论不同时具有历史认识论的性质,它就会成为独断论,其结论也是不可靠的。由此,我们也就不难理解英国历史学家巴勒克拉夫对马克思主义历史哲学的高度评价了:"今天仍保留着生命力和内在潜力的唯一的'历史哲学',当然是马克思主义……当代著名历史学家,甚至包括对马克思的分析抱有不同见解的历史学家,无一例外地交口称誉马克思主义历史哲学对他们产生的巨大影响,启发了他们的创造力。"[2]

后现代历史哲学的兴起及其特征

20世纪70年代以后,随着社会生活的变迁,西方思想与文化发

---

[1] [美]路易斯·明克:《历史的哲学和原理》,参见[美]伊格尔斯主编:《历史研究国际手册》,20页,北京,华夏出版社,1989。
[2] [英]巴勒克拉夫:《当代史学主要趋势》,261页,上海,上海译文出版社,1987。

生了一系列强有力的变迁,从"上帝之死"到"人之死",历史进步受到质疑,历史理性受到颠覆,"大写的历史"为"小写的历史"所取代,哲学与历史学都经历了后现代的挑战。① 福柯、巴特、德里达、鲍德里亚等人都把批评的矛头指向启蒙运动以来的现代西方哲学与文化,怀特等人更是明确地阐释了后现代历史哲学。正是在这种背景下,后现代历史哲学得以兴起,并成为西方历史哲学的主导思潮。

后现代历史哲学最重要的特征,就是反中心主义、反基础主义和反本质主义。现代哲学具有刨根问底的特点,它对事物的说明追踪到"第一原理"或"最高原因",抛弃语境和时间因素,把现象归结为本质,并从变化中寻求一以贯之的东西。按照罗蒂在《后哲学文化》中的说法,这种中心主义、基础主义和本质主义的问题在于,预设了理性与实在相对应,认为寓言可以忠实地描画实在。与之相对,后现代主义对普遍叙事和宏观理论嗤之以鼻,认为黑格尔的宏大叙事或"元叙事"已经不再可能,如利奥塔明确地"把后现代定义为对元叙事的怀疑"。因此,不要再幻想什么宏大的理论构想了,科学和理性使人类逐步迈向美好生活的信仰是不可靠的,大同的观念也是应该摒弃的。没有真理,只有繁杂的解释;没有客观的真实,只有各种各样的不同看法。后现代主义的这些认识可谓惊世骇俗。

这表明,后现代历史哲学的兴起意味着知识的不确定性,表征的则是社会的不确定性。② 以往建立在神学、政治或科学基础上的确定性认识受到了后现代主义的强烈质疑。20世纪70年代以来,一股失望的潮流席卷全球,许多人失去了确定性或客观性的信念,觉得过去难以琢磨,现在转瞬即逝,未来更是无法预料。从总体上看,后现代历史哲学对客观性问题的质疑,是通过三种相互关联的途径展开的:

首先,把语言符号和事实等同起来,认为不存在独立于语言符

---

① 参见[美]伊格尔斯:《二十世纪的历史学——从科学的客观性到后现代的挑战》,沈阳,辽宁教育出版社,2003。
② 参见[美]沃勒斯坦:《知识的不确定性》,济南,山东大学出版社,2006。

号的纯粹事实，语言本身就是自足的领域，它的意义存在于语言游戏之中，亦即语言的网络之中。在德里达看来，历史事实永远被语言覆盖着，语言的功能又被文化规范的影响掩盖着。因此，人类不可避免地陷于语言的牢笼之中。没有任何理由把历史研究与语言研究视作完全不同的东西，历史写作必须运用语言。

其次，重新引入修辞学。随着结构语义学、逻辑学和诗学的发展，西方学术界开始了重建修辞学的努力，修辞学零度、形象化表达的空间、转义度、隐喻度、义位转换法等概念得以提出，"隐喻的真理"几乎成为唯一的真理。按照利科的观点，隐喻不仅仅是名称的转用，也不仅仅是反常的命名，究其实质，隐喻是对语义的不断更新，换言之，一切语义都只有以隐喻的方式才能得以描述。① 研究历史著作最有效的方法，就是特别注重其文学性的一面。只要历史研究依然以通常的教育言辞和写作作为表述往昔的优先方式，就会继续保持修辞性和文学性，历史学家的工作就会依然保留"文学性"。历史研究不可能是严格意义上的科学的话语方式。

再次，认为历史叙述可以采取各种各样的方式，如喜剧、悲剧或讽刺剧。历史仅仅是一种叙述或"情节化"，各种叙述方式具有同等的价值。由此，西方一些历史学家对"种族大屠杀"的处理，就是把它当作一般的文本，抽掉了它独特的悲惨性质，削弱了它的真实性。

一言以蔽之，历史研究中重要的是文学性而非科学性，隐喻、比喻和情节取代了如实性、概念性和解释性规则。没有事实，也就没有了真理，世界被看作是真实的还是虚构的，这无关紧要，理解它的方式同样如此。以往史学家对真理的追求成为"高贵的梦想"，追求真理的行为演变为逻辑上无限可能的解释。这样，后现代历史哲学家就废除了"真实的"叙事与"虚构的"叙事、"科学的"历史编撰学与"诗学的"历史编撰学之间的区分，把历史学完全归结为情节编码和文学修辞。在后现代历史哲学中，历史只能作为话语或文本而

---

① 参见[法]利科：《活的隐喻》，上海，上海译文出版社，2004。

存在。巴特指出:"历史的话语,不按内容只按结构来看,本质上是意识形态的产物,或更准确些说,是想象的产物。"①由此,我们也就不难理解,后现代历史哲学为什么把历史符号的意义指认为理解而非真实,并彻底摒弃了历史的客观性乃至真实性。

在后现代历史哲学的观照下,重新梳理历史哲学的基本线索,我们不无惊讶地发现,诸多的历史哲学家,如狄尔泰、克罗齐、文德尔班、齐美尔、汤因比、罗素等,都认为优秀的历史学家必定同时也是富有想象力的艺术家。在后现代历史哲学的视野中,希腊历史女神和史诗女神克里奥的魅力再度熠熠生辉。事实上,后现代历史哲学的思考业已追溯到神话时代。自从希罗多德在《历史》中宣称为了保存希腊民族及其他民族的伟大业绩,他将以这些民族自身的传说故事叙述历史以来,大多数历史学家都站在修昔底德一边,把神话视作非科学乃至反科学的,并极力予以排斥。

在后现代主义的氛围中,历史哲学家们再度讨论这一古老的话题,开始调和史学传统中的神话派和历史派,承认神话在构建个人认同和公共认同方面的关键作用,提出历史学的任务不在于消除这些虚构,而是要利用它们,说明它们是如何进入历史并形成历史事实的。这方面工作最为深入的当属马里。② 马里追溯了神话派自古代世界的起源到现代世界的演变,叙述了李维和马基雅维利是如何从变幻无常的神话中重新发现真正的历史的,分析了维柯、米什莱是如何颠覆这种分析模式,又是如何从变幻无常的历史中分析真正的神话的,并借用尼采、维特根斯坦、乔伊斯、艾略特等人的作品,重新定义了现代历史学,阐明了后现代历史学与古老神话的历史观念之间的历史性关联。

在对历史客观性质疑的背后,后现代历史哲学隐含着文化的转

---

① [法]巴特:《符号学原理》,59页,北京,三联书店,1988。
② W. H. McNeil, *Mythistory and other Essays*, Chicago, University of Chicago Press, 1986.

向。如果说分析的历史哲学的形成标志着历史哲学的"认识论转向",那么,后现代历史哲学的兴起则意味着历史哲学的"文化转向"。这一转向有其特定的历史背景。在后工业社会中,现实世界不仅仅以自身的本来面貌存在,更多的是以文化的形式登台、表演、展现、想象。在后现代主义的种种范式中,各类文化不断地指向和表征其他文化实践,而非传统的各类经验。使后现代文化实践与众不同的,是文化想象的世界可以被不加区分地攫取,意义常常被颠覆、嘲弄,变得含混不清,以至于成为没有任何深层含义的场景展示,道德的、美学的意义都不复存在。正如费瑟斯通所说:"如果我们来检讨一下后现代主义的定义,我们就会发现,它强调了艺术与日常生活之间界限的消解、高雅文化与大众通俗文化之间明显分野的消失、总体性的风格混杂及戏谑式的符码混合。"①在"新文化史"和"微观史学"的作品中,历史与文化的界限已经相当模糊,后现代历史哲学进而把历史和文学等同起来,认为历史研究只不过是一种写作,而且和文学写作没有什么特别的不同。

后现代历史哲学否认历史的客观性,却依然保持了批判性,不过这种批判的指向和模式有了巨大的游移。自19世纪职业化以来,历史学科一直与真理的客观性和理性的视野相联系,这种视野不可避免地带有政治的维度,并服从于自由的价值评判。质言之,历史是以批判为旨趣的。后现代历史哲学的出现,也是针对大一统的现代知识秩序,意在追寻更多的自由。如果依然可以说后现代历史哲学是批判的,那么,这种批判的特色就在于怀疑:怀疑史料,怀疑语言,怀疑叙述,怀疑史学家的真诚,一句话,历史思考和写作的整个过程都是值得怀疑的。例如,福柯就全面揭示了历史知识与权力的勾连。

从这些怀疑出发,后现代历史哲学更多的是把历史学定位于建立认同感,而非展示普遍真理,由此极大地强化了普遍性与认同性

---

① [英]费瑟斯通:《消费文化与后现代主义》,94页,南京,译林出版社,2000。

之间的张力。① 坚持普遍性观点的学者相信并致力于历史事实，强调认同性的学者则呼吁忠于本民族的感情和利益。我们注意到，出于民族主义或其他意识形态的需要，借古喻今、文过饰非、甚至编造谎言的现象在当今已经比比皆是，在一定意义上说，后现代主义对此起了推波助澜的作用，它对事实与虚构、客观实在与话语之间区别的抹杀为谎言提供了佐证，从而使得具体历史问题的解决变得更为艰难。

后现代历史哲学否认语言形式和内容的区别，把历史写作和文学写作完全等同起来，显然是走向极端和误区了。澳大利亚的文舒特不无愤慨地批判说，这无异于历史的谋杀。② 不过，后现代历史哲学否认历史的客观性，却没有否认历史的意义，甚至可以说，它在相当程度上复活了思辨的历史哲学对历史意义的追寻，当然，这种意义不再是线性的、一以贯之的简单线索。利科指出："历史真理的问题——不是在对已经过去的历史的真正认识的意义上，而是在历史创造者的任务的真正完成的意义上——在文明的历史运动的基本统一性问题中，找到了它的重心。"③怀特写作《元史学》的目的就在于，展示历史思想模式的一般性结构理论，所回答的问题就是"历史地思考指什么"。安克斯密特关于历史表现本质的理论主旨就在于，"让我们看清楚，在历史话语与伦理和政治话语的最精细分支的交汇之处，以及它们彼此缠绕之处，到底发生了什么"④。

无论是"文明的基本统一性"，还是"历史思想模式的一般性结构"，抑或是"伦理和政治话语的交汇"，都表现出这样的努力，即经由史学方法论的深化，培育出一般的历史认识理论，进而对历史本身作出系统的把握。由此，我们完全有理由说，后现代历史哲学是对现代历史哲学两大流派、两种理路的综合与发挥，也是对历史哲

---

① [英]霍布斯鲍姆：《徘徊于寻求普遍性与寻求认同性之间的历史学家》，参见《新大陆 VS. 旧大陆》，北京，社会科学文献出版社，2006。
② K. Windschuttle, *The Killing of History*, Paddington, New South Walsh, 1994.
③ [法]利科：《历史与真理》，7页，上海，上海译文出版社，2004。
④ [荷]安克斯密特：《为历史主观性而辨》，载《学术研究》，2003(4)。

学的最初梦想以及思辨的历史哲学的高层次复归。

"后现代历史哲学译丛"的宗旨和特点

后现代主义对现代思想的挑战，从根本上冲击了启蒙以来的历史理论，包括线性思维、目的论、宏大叙事等，并提供了一种新的历史思维方式。一切现代思想都不能不接受后现代主义的挑战，并作出积极有效的回应。编纂"后现代历史哲学译丛"，正是为了从历史哲学的观念层面入手，积极地应对后现代主义。

这套译丛所收书目，属于后现代历史哲学研究领域中的重要研究成果，在国外的历史、文学、哲学等人文科学、社会科学研究领域，这些书目都是最基本的参考文献。

《历史哲学：从启蒙到后现代性》选辑了250年来历史哲学领域最具代表性的著作，梳理了启蒙主义、古典历史主义、实证主义、超历史主义、世俗历史主义、解释学、文化批评、叙述主义和后历史等流派，对休谟、康德、赫尔德、黑格尔、狄尔泰、兰克、尼采、海德格尔、马克思、福柯、罗兰·巴特和海登·怀特等大家作了新的诠释，对历史与哲学的关系、哲学的发源及意涵、历史哲学的原则议题作了深入思考，并揭示了历史哲学当前的发展趋势。

《历史的逻辑：把后现代主义引入视域》揭示了历史学家对往昔时间的描述、解释的理性基础，讨论了后现代主义给历史学带来的影响。作者捍卫传统的历史，认为传统的历史是可靠的，历史学家应尽力公正地叙述历史，不要误导读者。

《超越伟大故事：作为文本和话语的历史》所关注的，是在后现代主义挑战面前，今天的历史研究应该服务于何种目的，具有何种形式，采用何种方法等重要问题。在作者看来，后现代主义的"去自然化"、"去神秘化"、"去等级化"、"去指涉主义"以及"解构"，业已在相当程度上改变了历史研究的条件和基础，传统的历史研究套路已经不再可能，历史学研究应当遵循一条"自反性"的思路。

《历史哲学：一种再审视》反映了在评价和讨论历史哲学问题上的不同观点。作者们所置身于其中的传统不同，所持观点多种多样，但无论如何，他们都相信，历史学是可能的，存在某种方式的历史理解，我们能够从历史当事人那里学到经验教训。

《我们关于过去的知识：史学哲学》研究了历史的认识及其本质，认识的历史发展过程，认识的界限和范围，特别是探讨了历史学家、比较语言学家、文本批评者和进化生物学家如何就他们关于历史的观念达成共识。

《后结构主义和历史问题》辑录了利奥塔、斯皮瓦克、本尼特、卡勒等当代思想大师的宏论，主题包括历史学、马克思主义和机制，延异与历史，美学与历史，历史作为文本等，极大地扩展了对黑格尔、马克思、尼采和弗洛伊德的研究和评价。

《历史哲学：学习指南》分为三个部分：思辨的历史哲学、分析的历史哲学和历史的终结，并从史学家和历史哲学家的著作中，梳理历史观念变迁的基本线索，引导读者迅速地进入历史哲学的殿堂，并与后现代历史哲学谋面。

这套译丛围绕在后现代视域中如何理解历史的本质，如何书写历史，以及历史叙述、历史表征、话语的修辞、想象、形式和内容等，进行了相当深刻的思考，甚至可以说是提供了一整套方法论的思考，建构了一种新的历史思维方式。在这些著作中，作者的侧重点不尽相同，旨趣各异，但又有一只"看不见的手"把他们联系在一起，形成一个共同点，这就是他们都把后现代主义放在知识和历史背景中，来论述后现代主义如何成为当代西方文化的一个组成部分，探讨历史哲学及其演变的，并以一种简洁明了的语言来阐释和评价德里达、利奥塔、福柯等后现代主义者以及新叙事主义者对历史学、哲学以及历史哲学带来的影响。因此，这套译丛的出版，有助于国内学术界对后现代历史哲学以至整个后现代主义作出深入研究，探求其理论渊源和现实背景,把握其基本概念和基本特征,充分体认它为形成一种更富有批判精神和分析能力的方法所作出的贡献;有助于我们直面后现代主义对现代性宏大叙事的批评,维护马克思主义对科学、进步和客观性的信仰,澄清马克思主义哲学对本质、基础和中心的寻求与本质主义、基础主义和中心主义具有原则的不同;有助于我们理解马克思主义的历史哲学是历史本体论与历史认识论、历史决定论与主体选择论、历史进步论与历史代价论的辩证统一,与机械决定论和宿命论有着本质上的区别。

马克思主义不是后现代主义,但在批判资本主义现代化进程中形成的马克思主义具有后现代意蕴。马克思主义历史哲学应当同后现代历史哲学进行"对话",并在这个过程中批判考察、合理继承后现代历史哲学的理论成果。无论在哪一个时代,马克思主义如果忽视对同时代理论成果的批判考察与合理继承,把自己同整个时代的文化背景和社会思潮隔离开来,就会由孤立而走向枯萎。但是,我们一定要切记,"马克思主义是马克思的观点和学说的体系"①。离开了马克思的观点和学说的马克思主义,只能是打引号的马克思主义。毫无疑问,我们应当在坚持唯物主义历史观的基本观点、立场和方法的前提下谈论马克思主义历史哲学的当代发展。

历史地看,马克思的"文本"的意义并非确定不变的东西,并非一经发现便可无限期地运用的东西,相反,我们应随着实践的发展和时代的变换,不断地体认马克思"文本"的时代精神。正如瑞安在《马克思主义与解构》中所说:"历史是不确定性的另一个名称,永远向发展新理论体系的可能性敞开着。如果马克思主义是一门科学,那么,它便是一门历史科学。从它公理确立的那一刻起便开放自身,从而在历史运动中发展自身;它的公理总是即时的,因为历史是一个变化、修正和发展的领域,它的目的是开放。"②

---

① 《列宁选集》,3版,第2卷,418页,北京,人民出版社,1995。
② M. Ryan, *Marxism and deconstruction*, Baltimore and London, 1982, p. 1.

内 容 简 介

我们期盼着历史学家能够提供有关过去的可靠信息。但现代和后现代批评者却对其可靠性和客观性提出了挑战,把历史书写看作是当代文化的产物。我们能否拥有新的自信找到走进历史真实的方法?

《历史的逻辑:把后现代主义引入视域》揭示了历史学家描述、阐释和解说过去事件的合理基础。C·贝汗·麦卡拉最为有力地捍卫了历史实践的可靠性。他认为,历史学家会尽可能公平地对过去进行说明,并且会尽可能避免给读者造成误导。他还解释和讨论了后现代主义对历史的批判,为历史领域的研究者和学者提供了崭新的证实其研究活动有效性的方法。以其对于当今历史学家所面临的重大问题的大胆回答,麦卡拉把历史争论带入了新的阶段。本书使用简洁的语言进行历史推理,适合所有对历史感兴趣的读者来阅读。

C·贝汗·麦卡拉,系 La Trobe 大学哲学系高级讲师,主要著作有《历史的真实》(1998)等。

目　录

导　言 /1

第一章　历史知识的可能性 /7
一、真理理论 /8
　1. 朴素经验主义 /8
　2. 对朴素经验主义的批判 /9
　3. 真理批判理论 /12
二、怀疑论者的常见理由 /21
三、结论 /24

第二章　文本、行为和事件的意义 /27
一、文本的意义 /27
二、文本意义的认知问题 /32
　1. 意义的非统一性 /33
　2. 文本的语境只是别的文本吗 /35
　3. 作者的意图问题 /39
　4. 文本有客观意义吗 /44
　5. 概述式阐释一定是主观的吗 /45
　6. 历史学家的偏见 /47
　7. 连贯性是文本阐释可靠性的充分条件吗 /52
三、历史行为、事件和实践的意义 /57
　1. 历史事件对于当事人的意义 /57
　2. 作为历史作用的意义 /60
　3. 具体事件与一般、理论性的事件说明之间的指代关系 /64

第三章　证实关于过去的描述 /66
一、证实对单纯事件的描述 /69
　1. 直接推论 /69
　2. 最佳解释推论 /73

3. 混合推论 /79
　二、法则式规定 /82
　三、偶然性归纳 /88
　　1. 属性归纳 /89
　　2. 因果或解释关系归纳 /93
　四、社会结构描述 /95
　五、结论 /103

第四章　人类行为的原因 /104
　一、人类行为的心理原因 /105
　　1. 有意识的心理原因 /105
　　2. 无意识的心理原因 /117
　　3. 心理状态的社会和语言结构 /143
　二、人类行为的文化和社会根源 /149
　　1. 社会习惯做法 /149
　　2. 社会角色 /157
　　3. 人们扮演社会角色和遵从社会习惯做法的原因何在 /163
　　4. 社会原因的真实性问题 /167
　三、结论 /170

第五章　历史叙事的方式 /174
　一、常识性叙事 /179
　二、综合模式 /187
　三、概述式阐释 /197
　四、结论 /205

第六章　历史阐释的证实 /207
　一、历史阐释的可靠性 /207
　　1. 修辞学循环 /207
　　2. 历史视角的主观性 /209
　　3. 大多数历史归纳都是虚假的 /210
　　4. 历史阐释是公开竞赛 /213
　二、历史阐释的公正性 /216
　　1. 历史描述的公正性 /216
　　2. 因果解释的公正性 /218

  3. 责任归属的公正性 /222
 三、历史阐释的清晰性 /224

第七章 历史中的原因和条件 /227
 一、历史原因和条件的本质 /227
 二、核实具体的历史原因和条件 /235
  1. 核实因果主张 /235
  2. 核实对比性解释 /241
 三、通过证实归纳，核实充要条件 /246
  1. 核实必要条件 /246
  2. 核实充要原因和条件 /247

第八章 历史解释 /254
 一、个体行为的归纳和对比解释 /256
 二、深度解释 /263
  1. 集体行为的深度解释 /270
  2. 深度解释与综合阐释 /272
 三、结构解释 /275
  1. 社会结构与个体结构 /275
  2. 社会结构变革解释 /279

结 论 /287

参考文献 /290

人名索引 /312

主题词索引 /316

译后记 /320

导　言

　　本书旨在揭示历史学家对于过去事件的描述、阐释和解说（descriptions, interpretations and explanations）是如何得以合理地评估和判断的。历史学家在进行理论探索时，会选择一个自己感兴趣的主题并围绕这个主题提出一些问题。为了回答这些问题，他们会进行广泛的阅读，并寻找有助于解答这些问题的证据。借助有根据的想象（imaginations），他们会对自己所搜集到的证据进行阐释，而这些想象则反映了他们关于人类本性和社会进程的一般知识状况以及他们在特定领域中的专业水平。想象和洞察力为历史提供了大部分有趣的假说。为了回答这些问题，历史学家对于自己所研究的主题的态度经常反映了他们对该主题的思考，因此，一旦他们形成了回答这些问题的假说，对这些假说进行验证就成了十分重要的问题。正是从这一点上来说，本书就"历史学家对于过去事件的描述、阐释和解说是如何得以合理地评估和判断的"这一话题所进行的解说也就具有了相对的意义。

　　历史学家经常要通过研究历史学中的各种争论，学会如何评估自己的假说，而这是在他们受教育的课程中实现的。他们获得了批判地评估自己的假说的能力，但却总是没有意识到自己所采用的标准的合理性问题。而一旦意识到这些标准，他们就会更容易确保自己研究工作的合理性得到捍卫。

　　关于历史研究者应该如何开展自己的研究工作，已经有许多优秀的著作进行了相关的解释，但这些著作却很少对历史推理的逻辑提出指导性建议。这些著作几乎都是在寻找问题的答案，并就此给出结果。然而问题却在于，所有具有实践意义的优秀建议，都是建立在对过去形成的有根据的文献资料进行收集整理的基础之上的。

这些文献资料和相关论点构成了历史实践的核心。

本书旨在将众多的历史观点呈现给读者，而不是去事无巨细地分析这些观点。尽管本书中所探讨的诸多论点都是全新的，但大体说来，我在自己1984年和1998年出版的著作中已经对这些问题进行了较为详细的阐释。当然也有几处我所讨论的问题是以前所没有涉及的，而且由于得以运用新近的学术研究成果，这里所进行的案例分析也几乎是全新的。与我先前主要讨论历史研究的几本著作不同，本书并没有提出任何哲学知识，也尽量不去使用哲学术语。

现如今，若是不讨论一些为我们所熟知的关于历史可信性的反对性意见，那么对历史合理性进行捍卫的写作就几乎是不可能的。在怀疑论者看来，历史学家受其文化的影响写出了有关历史的著作，而这些著作则反映了表现在历史话语中的价值观、信仰和修辞学实践。他们还认为，历史学家所写的书通常也反映了这些历史学家个人以及其所属群体的兴趣。怀疑论者的结论是，历史描述、阐释和解说，是历史学家对于文化氛围和社会利益的表达，而不是对过去所作的准确记录。这些观点已经被相对主义者、后现代主义者以及一些"新历史主义"者所接受。在本书的第一章中，我会对此进行解释和讨论，这一部分也是本书中最具有哲学性的章节。但无论如何，这都是一个较为简要的论述，因为其目的并不在于揭示上述观点的细枝末节，而在于提供这样一种思想，即历史可信性是如何在与这些观点进行斗争的过程中得到捍卫的。①

在第一章中，我把历史知识视为我们关于世界的知识的一部分，所有这些知识都最终建立在感性经验的基础之上——我们把感性经验阐释和解说为：由这个世界上的事物所引起的东西。随着本书论述的展开，你可以看到，历史学家进行历史描述的推论链有几个连接点。

他们从其观念出发，推论出某种证据的存在；又从证据出发，

---

① 在我1998年出版的《历史的真实》的第一章中，对这些观点进行了更为详细的考察。

推论出由这些证据所导致的行为和具体情况；在这些对过去所进行的描述的基础之上，他们进一步推论出当时人们的理念、态度、实践和心理状态等，并推论出当时人们所记录的事件以及当时的社会结构。

历史学家经常从阅读过去的书面文本着手，来开始他们的历史调查研究活动。他们认为这些文本在写作时，使用的是一种通行的方式，而且这种方式包含大量的信息，因此，他们可以通过阅读来领会这些通行的意义。只要历史学家了解了某一文本书写时所使用的语言，那么对其通行意义进行阐释就不是很难的事了。第二章的开头，我简要描述了阐释文本的过程，然后认真地考察了近年来出现的对于文本中存在固定的通行意义的可能性这一观点持反对态度的种种论点。坚持这些论点的人质疑语言的稳定性、了解文本书写语境的可能性、文本的社会功能、文本阐释的主观性以及修辞循环问题等。本章的最后部分论述的是历史行为、事件和实践的意义。

历史学家利用文本来推论这些作品的创作环境以及所代表的事件。他们不得不从一般知识（general knowledge）中形成关于事物的假说。这种一般知识有时候就是关于世界的常识性知识，有时候则是证据得以在其中产生的与文化和社会有关的具体知识。由证据开始的上述推论形式，将通过生动的案例，在第三章中予以描述。在对过去的特殊事实予以揭示的基础之上，历史学家接下来就要对所描述的社会进行一般性的概括，并从中就社会结构问题得出相关结论。这些推论形式也将在第三章中进行案例说明和描述。

对人类行为进行解释，是历史研究的一个重要组成部分。就人类行为的诱发因素进行相关研究的理论有许多，且所有的理论都认为利益是导致人类行为的根源之一。本书的第四章指出了古典时期和启蒙时期的人类本质论所作的贡献：它们都强调了理性原则；而以马克思、弗洛伊德和尼采等人为代表的现代人类本质论则认为，利益、直觉和对权力的追逐，是人类行为的驱动力；最后，近来的文化理论却把人类行为归结为话语、实践和社会期待。所有这些理论都就人类行为的原因问题提出了自己的洞见，因此，负责任的历史学家在对人类决策和行为进行解释时，应该对上述每一种理论进行研究。

历史学家常常就自己所选择的研究主题搜集大量的资料，而且所有这些资料都是相当详细的，因此，接下来他们的工作就是决定如何处理这些资料。著书立说，为自己的研究主题提供一种叙事性论证，是解决方案之一。本书的第五章将论述三种历史叙事方式：常识性叙事，它只用常识性观念就某些历史主题来给我们讲一些故事；综合性叙事，就历史学家注意到的某种历史事件模式进行描述；摘要式阐释，通过案例，就某一主题进行一般性摘要式论证。历史学家不得不抵制诱惑，避免去接受这样一种流行的观点，即自己正在研究的历史事件拥有某种固有的模式。而且，在没有核实其是否果真集中体现了自己的主题的情况下，历史学家也不能对这种模式进行举例说明。我把这一做法称为"自上而下"的历史，它比你想象的要常见得多。

第六章篇幅较短，主要讨论的是历史阐释的可靠性和公正性问题。人们希望所有的历史阐释都是可靠的，但只有那些打算描述某一特定历史主题的阐释才有望是公正的。挑选过去的利益模式进行叙事的综合性叙事，在其没有对某一历史主题进行概括的情况下，它就没打算就任何一个问题给出公正的描述。历史叙事是否有可能为其研究主题提供可靠而公正的论证，有几种意见提出了质疑的声音。本章对这些反对意见也进行了考察，并揭示出这些反对意见是没有根据的。但在某些情况下，新证据或许会推翻对于某一历史主题的一般性阐释，因此，在这些情况下，阐释的可靠性程度就不应该是很高的了。

历史编年与历史叙事之间的区别在于：叙事是对所叙述的众多事件之间的因果关系进行描述；而编年则仅仅是将它们记录下来。

近年来，人们很少关注历史中的因果关系陈述。作者们对社会中的持续性问题和语言实践问题越来越感兴趣，而不去过多地关注历史变革的原因问题。但在实践中，历史叙事总是与因果主张密不可分的。即便解释行为的起因与历史学家本人的兴趣无关，人们也会认为兴趣影响了历史学家采取解释行为的能动性。因此，负责任的历史学家了解自己所处的因果和解释条件是怎样的，以及在怎样的特殊情况下它们会被察觉。本书的第七章将举例说明所有这些内容。

一旦造成某一历史事件的原因被确认为有许多，那么人们希望历史学家如何来挑选和安排这些原因从而对其所感兴趣的事件进行解释呢？有人认为没有挑选原则，也有人设计了一种历史解释的优先模式，设计者希望历史学家能够遵守这一模式。我的观点是，历史解释应该被理解成描述式的和分析性的。在本书中，我考察了几种历史解释案例，以观察它们所实际采用的解释方法。在第八章中，我讨论了历史解释的两种常见方法，我把这两种方法称为发生学的方法和比较研究的方法。发生学的解释方法就是从第一次事件开始追溯历史事件的最初起源，这会使得事件发生的可能性条件大为增加。比较研究的解释方法旨在对更有可能造成某类事件发生的那些条件进行研究。历史学家有时会努力使用这些基本的解释方法，来对历史事件出乎意料的或非常有趣的特征进行说明，这就产生了我所说的深度解释（profound explanations）。本章的最后部分，简要讨论了对社会结构进行解释的历史叙事方法，据这些方法称，社会结构影响了个体行为，因此，该方法要对社会结构本身的变革进行解释。

在揭示负责任的历史学家所应采取的历史论证标准时，我已介绍了许多历史学家维护其研究结论的案例，并从中受益颇多。类似这样的案例，本书中比比皆是：有用来说明各种历史知识理论以及如何认识业已存在的历史描述的；也有用来说明这些理论和描述是如何运用的。

我希望这篇历史逻辑的导言,能够激发历史学家对于过去所发生的事进行合理论证的兴趣;它也应该有助于引领历史学家对自己的研究工作和其他工作进行合理的评价;而且,它还有助于历史研究和学习者理解他们在研究和学习中所遇到的有关历史的大量争论。

第一章 历史知识的可能性

在决定如何为历史知识的正当性提出论证之前,我们有必要明确我们所要证明的是什么。传统的回答是,历史学家希望为他们关于过去的描述提供真实性证明。如果真是这样的话,那么,"真实"又意味着什么呢?

这是非常难以回答的问题。的确有人认为我们简直无法了解自己关于世界的描述是否是真实的,而且我们也不应该再假装自己对此十分了解。后现代批评家们把历史探索和论证方法视为传统做法,这种做法无法获取关于过去的真理,因此最好是放弃这种做法。这些批评家们敦促我们承认关于历史真理的传统信仰是无法得到证明的。例如,凯斯·杰金斯就写道:"后现代思维标志着历史的终结。"[1]他说:"激进的后现代主义提出的致命威胁,实际上正是历史本身……历史产生和发展的最佳时期已经过去了,所以……我们现在应该……拥护非历史性的后现代主义。"[2]

在本章中,我将尽可能简明地陈述传统的观点是怎样为"我们可以揭示关于过去的真理"这一论据提供说明的,然后,我还会陈述传统观点的反对者是如何指出传统观点的不可接受性的。但在此过程中,我并不打算成为历史知识的怀疑论者,而是希望在后现代批评家所提供的洞见的基础之上,建构一种更为完整的历史知识和历史真理理论。在这种理论的框架中,尽管没有哪一种关于世界的知识是毫无缺陷的,但我们却总有理由相信大多数关于过去的描述是真实的。传统的真理理论是一种朴素的经验主义,我所谓的更为

---

[1] Jenkins, *Why History? Ethics and Postmodernity*, London, Routledge, 1999, p. 2.
[2] Ibid., p. 9.

完整的理论是"一种真理相关理论"①,但也可以被称为"一种真理批判理论"。

只有建立了这样的理论,才能为我们把历史理解为真实的描述这一观念,提供清晰而恰当的思路,因此,建构完这样的理论之后,在本章的第二部分,我将继续考察一些反对意见,这些反对意见来自于这样一种普遍看法,即历史学家在为其关于过去的理论提供真实性证明时,总是以他们自己的文化特别是语言和信仰为出发点,因此,他们不可能告诉我们任何有关过去的真实知识,而总是一种"外地"(another country)的东西。不喜欢哲学的人可以跳过这一章,因为这一章其实正是为后面有关历史知识的正当性问题的章节提供清晰的理论空间以及为理解后面的章节而作的准备。

一、真理理论

1. 朴素经验主义

人们认为,历史学家一直以来就有能力揭示过去所发生的事,这样一种观点实际上是一种常识性的信念,是为大多数人在大多数时间所毫无疑义地接受的一种常识性信念。人们仍然可以继续坚持这样的信念,而且并不会因此遭受多大的损害。然而,严格地说,这些常识性信念,正如我们将要看到的,是缺乏合理依据的。这些缺乏合理依据的常识性信念包括:

(1)我们的感觉像镜子一样反映了这个世界,或者,更确切地说,世界就是我们感觉到的那个样子。这个世界包括了我们所感觉的对象,拥有我们感觉它们拥有的特征:我们看见的形状和颜色、我们听见的声音、我们嗅到的气味以及我们触摸到的肌理。(感性理论)

(2)在感觉经验的基础之上,再加上我们关于世界的知识以及语言知识,我们就可以对我们所感觉到的事物进行辨别,并确认它

---

① McCullagh, *The Truth of History*, London, Routledge, 1998, ch.1.

们的性质。(知觉理论)

(3) 如果我们所描述的事物果真是我们将要把它描述成的样子，并拥有我们描述其拥有的那些特征，那么，我们对自己感知的描述就是真实的。如果该事物的确拥有那些特征，那么我们就会说它"符合"我们对它的描述。严格地说，该事物所拥有的那些特征，为我们对它的描述以及我们对它的存在性主张是否正确提供了担保。(真理符合论)

(4) 正是在上述(1)、(2) 和(3) 的基础之上，历史学家可以感知或了解他们之前的过去是什么，并对其进行正确的描述。

(5) 正是各种推论形式(诸如数据推论和最佳解释论证)使得历史学家可以从他们可获得的有关过去的论据中推导出真实的结论。因此，当我们说历史的描述是真实的时候，这就意味着我们所描述的事物的确存在，而且该事物的确拥有我们描述其拥有的特征。

这是一种经验论，因为它把历史学家关于世界的知识建立在这些历史学家可以获取的感性经验的基础之上。这也是一种朴素的理论，因为它没有考虑与其势均力敌的反对者的意见。

2. 对朴素经验主义的批判

(1) 在我们与这个世界之间的所有通途都是阐释性的。即便是最简单的感觉也是我们根据自己所拥有的概念所进行的一种建构活动，比如，我们所看到的不仅仅是形状和颜色，还有人和树。我们用以建构自己感知的这些概念，是由我们的文化赋予我们的：我们从小就接受这样的教育，即按照这些概念来把握事物。

而且，我们总是竭力去感知那些我们感兴趣的东西的特征，而忽视了那些我们不感兴趣的对象。因此，说这个世界只是我们感觉和感知到的那个样子，这样的观点是错误的。

(2) 我们是用语言来解释我们的经验的，而且我们关于世界的知识也是由我们对这个世界的描述所构成的。因此，我们关于这个世界的知识并不是我们的某种发现，而是我们自己的一种创造。

（3）我们关于世界的知识是我们在概念以及自己语言的基础上所进行的一种建构。离开了由文化所决定了的感知以及我们对世界的描述，我们就无法知道这个世界的"真实"面貌。

（4）因此，既然我们无法知道这个世界上的事物是否正好拥有我们认为并描述它们拥有的那些特征，那么，真理符合论就是没用的。

朴素符合论的批判者通常认为，相信对于这个世界的描述是真实的，这样的观念是毫无根据的。这些批判者的理由包括：

（5）证明自己对于这个世界的描述是否是真实的，唯一的办法就是借助于符合感。因为借助于它，我们能够通过展示事物与关于这个世界是什么的常识性信念之间的一致性，来证明这个事物的存在和特征。

（6）从证据描述出发，对过去进行推论性论证，一般有好几种形式，但绝对没有一种方法可以证明自己的推论结果是真实的，因为我们无法脱离这个世界来检验这些结论的真理性。所有的推论形式都是文化的产物，也是被当作不证自明的标准来加以接受的。

（7）因此，假定通过这些方式而进行推论的历史知识是真实的或正确的，这样的观念是没有根据的。人们至多可以说，历史知识就是适合当前理性标准的东西。

还有如下这些理由可以用来批判传统历史知识理论：

（8）词和句子的意义不是固定不变的，因此，它们的真理性也不是确定的。既定的词和句子是在与其他词和句子的关系中获取其本身的意义的。词和句子是由它们的内涵、同义词、反义词以及相互之间的关系来界定的。而这一切都是无法限制的，所以，某词的意义总是在自身之外的其他词中发现的；而且正如批评者们所说，词的意义会不断地被推延并因而具有很大的非确定性。因此，对于历史描述的真实性，人们是不可能十分有把握的。

（9）对任何一件历史事件的复杂性予以准确的把握，都是不可能的。当历史学家试图去表述（第二次世界大战期间纳粹对犹太人的)大屠杀事件时,这一点表现得尤为明显。大屠杀中每一位受害人的生与死,都是值得倾诉的、不幸而悲惨的故事。是谁杀害了这些人?是谁加速了这些人的死亡?这些施害者的行为都同样应该予以曝光。即便每一个卷入这一段历史中的当事人都能够就此告诉我们一点什么,但我们仍然没有恰当的词汇来准确地把握他们的情绪与态度。正如马克斯·塞尔曼所描写的:"奥斯威辛成为一种在场的缺席,它被掩藏在所有人类话语的背后,这些话语追溯着我们有义务接受质问的东西(因为这也是我们所拥有的全部)。"①

历史学家不应该再仅仅停留于试图探索事件发生的地点以及如何给这些事件命名等这些可能性的和简单的问题,而应该做得更多。

(10)无论是历史学家对过去的事件原因进行解释,还是寻找这些事件的意义模式,他们所提出的理由都反映了他们自己的先入之见和理论兴趣。他们的兴趣引导着他们有选择地关注于某些问题,而不是另外一些问题;而他们的先入之见则决定了他们会对事件的哪些因果关系予以关注和描述。因此,历史阐释和解说并不是对过去的真实表征,而是对过去的建构,这种建构反映了历史学的文化背景。

这些批评意见给我们的印象是:历史学家并不是揭示了过去的事实,而是在创造有关过去的"事实"。历史书写是历史学家观念、信仰、兴趣、主观臆测以及充满想象的产物;而且我们也无法了解这种书写与过去的事件之间的关系是怎样的。所以,在严格的意义上来说,我们没有理由宣布任何一种历史描述是否是真实的。我们所能主张的最多就是:我们关于过去的信仰与我们关于世界本质的其他信仰之间,正好是相符合的。现在,我们再来理解杰金斯为何倾向于否认历史知识的真实性可能,就要容易得多了。"我们当然可以遗忘历史",杰金斯写道,"并生活在由后现代理论家所提供的丰

---

① Silverman, Max, *Facing Postmodernity. Contemporary French Thought on Culture and Society*, London, Routledge, 1999, p.25.

富的想象之中"①。

在如此轻率地放弃了历史知识的情况下,杰金斯等传统历史观的批判者们没能正确地看待历史的价值,即它是我们理解文化和社会的重要资源。如果我们不了解法律和制度产生的理由以及它们在过去发挥作用的方式,那我们又将如何能判断它们的价值呢？想象是不足以给我们提供指导的。历史知识是一种宝贵的智慧资源,也是社会、经济、政治以及军事等政策制订所必不可少的资源。每一个生活在既定共同体中的人,在选择自己投票支持的党派时,都必然会借用历史知识来对各政党的纲领进行价值判断。历史知识真是太重要了,因此是不能轻易被丢弃的。但问题是,可以使它再次沦为纯概念性的东西吗？而且,有没有什么方法可以恢复它的可信度？

我们无法简单地忽视批评家们的意见,也不能再次强调朴素的经验论观点,我们需要一种新的、更为全面的历史知识理论来鼓舞我们的信心。我认为,这样一种理论可以称为"真理批判理论"。这一名称强调了这样一个事实：可信的历史,是保留了批评意见的历史,是能够进行合理性证明的历史,而不仅仅是历史学家想象的产物。这样的一种理论也是一种批判的理论,一种对历史判断进行批判分析的理论(然而,它不是对社会过程的一种批判,就像那些与社会批判理论相关的诸如马克思、法兰克福学派和哈贝马斯等人的理论②)。

3. 真理批判理论

(1) 在我们的最佳观念理论看来,我们的观念都是这个世界上引起其发生的事物的产物,同时也是给它们设定框架的先入之见的产物,而且还是受一定的兴趣引导的产物。这就是为何无论我们在导致它们产生的原因上有多少争论但我们仍然说它们是观念的东西

---

① Silverman, Max, *Facing Postmodernity. Contemporary French Thought on Culture and Society*, London, Routledge, 1999, p. 12.
② Held, David, *Introduction to Critical Theory: Horkheimer to Habermas*, London, Hutchinson, 1980.

的原因所在。

我们所感知到的我们对于事物的经验（比如事物的形状和颜色），部分是给定的，部分是被建构起来的，它当然不纯粹是我们想象的产物。我们知道，它或许并不是完美无缺地反映了现实，但我们也知道，在一般情况下，把它归结为现实，能带给我们关于这个世界的可靠的信念。因此，我们所形成的关于这个世界的信念，或多或少是与我们的观念相关的。我们把这种信念称为实践理性：为了在这个世界生存和发展，我们需要关于世界的图景；而且对于我们的日常生活来说，这也是十分有用的。

我们无法将这个世界与我们关于这个世界的观念把握之间进行对比：我们所进行的一切活动都不得不借助于观念的框架。但我们一般会在可靠的条件下，使我们的观念比其他关于这个世界的信念更为可信，因为一般说来，它们是更为可靠的东西。说它们是可靠的，就意味着"如果坚持上述观念则必然会引发其他经验"的断言，将会在实践中得到证实。正是因为我们所形成的观念要比其他信念更为可靠，所以我们才使用这些观念来检查和纠正我们关于这个世界的其他信念。

有些时候，即便是在较为可靠的条件下，所产生的观念也是错误的。比如说，即便是在明亮的光线下，在塑料花或布艺花与真花之间进行区分，仍然会很容易犯错误。所以，我们只有依靠进一步的测试，如触摸花卉，感知它们的肌理，才可以纠正错误判断。因此，并不是所有在可靠条件下形成的观念都是真实的。但是，从总体上看，这样的观念仍然比其他信念更为可靠。

（2）传统真理符合论存在着两个重要的问题。第一个问题就是，该理论是难以理解的。该理论声称，对于这个世界上的某个事物的描述是真实的，就意味着该事物是句子所正确选择的主语，而且它提前就预告了这一现实的应用结果。令人难以理解的正是"正确选择"和"真正地应用"这两个概念。假如我说"我的房间里有一台电脑",根据符合理论,我的这一断言是真实的,我所要指代的事物必然是一台电脑,而且这台电脑也一定就在我的房间里。符合理论声称在我的房间里果真有一台电脑指的又是什么意思呢?或许该理论的意思是:在我的房间里存在一个按照惯例在我看来像(也即引起我感知)是台电脑的东西。但表象是具有欺骗性的,看起来像是电脑的东西可以只是一台电脑的外壳,或者是电脑的全息图,或者也可以是一台电脑的镜像。也有可能,符合理论的意思是:在我的房间里存在着一个在上帝看来像是台电脑的东西,因为据说上帝是从不会犯错误的,而且他也了解我们人类语言的规则。

传统符合论存在的第二个问题是:这是一个无用的理论。这个问题与第一个问题是紧密相关的。之所以说它是一个无用的理论,其理由就是:根据这个理论,我们从来都无法明白关于这个世界的任何一个描述是否是真实的,因为我们所有人都不是圣人,我们也无法拥有某种关于上帝精神的知识。

(3)为了解决这些问题,我认为我们应该采取一种有别于查尔斯·皮尔斯的理论。皮尔斯认为,如果对于这个世界的描述是一种理想理论的一部分,那么,这个描述就是真实的。而所谓理想理论,指的就是对有关这个世界的所有可能性观察都进行了解释的理论。对于皮尔斯的这个观点我是赞同的,但我还需要补充一点,对于一个理想理论来说,某种描述是否是真实的,还必须在现实中寻找引发这些观念产生的存在根源,这个根源就是人们创造观念的环境。这不是人们在一般意义上所说的某个描述是否是真实的所能表达完整的含义,而是要陈述人们在什么样的条件下才可以合理地相信某一描述是真实的。这样的理论并不是要把真理和不可理解的、无法认知的符合论捆绑在一起,它是要对我们关于这个世界的描述所进行的真理性裁决的方式进行解释,而且这一解释显然是非常充分的。你可以回忆一下我们是如何通过检测我们所拥有的观念的内涵来对其进行测试的:如果某朵花看上去像真花但触摸起来却不是真花,通过触摸我们就可以断定我们先前认为它是真花的观念是错误的。这是通过检测，用一个观念来推翻另一个观念的案例测试过程。历史学家在对可获得的证据进行阐述时，在很大程度上也是通过建构对其进行的合理解释来进行的，并由此对过去所发生的事件进行建构性说明。科学家也是这样通过为他们关于世界的观察结果进行说明来建立法则和理论的，并由此扩展我们关于存在的理念。

如果关于世界的真理存在于对于这个世界的所有可能的观察而进行的一种理想解释之中，那么真理就似乎是无法认知的，因为我们根本就不可能获取这样的理想解释。不过，我们或许有理由认为：当我们了解到关于这个世界的某些描述，对于不同的可感知的证据进行了大量的说明，并因而使得我们有充分的理由相信这些描述就是我们所将要拥有的理想理论的一部分的话，那么我们就可以声称：我们对关于这个世界的真理有所了解。当然我们的认知总是有缺陷的，而且我们所能作出的大部分证明，就是对那些关于这个世界的种种描述的可靠性进行证实，即这些描述是否为大量的观察提供了卓越的解释。我们永远不能处于一个超越所有可能的错误的立场之外，来证明这些描述的真理性。无论如何，真理是一个目标，所有关于这个世界的严肃探索都试图向它靠近。

正如某事物之所以成为该事物的原理一样，我们对于自身经验的最佳解释，部分地是由我们身外的事物所引起的，在这个世界上，我们所说的事物都是我们所感知到的事物。独立于我们的信念之外的事物，我们的大脑对其无法把握。如果不是求助于超越人类理解力的上帝，我们将无法感知到我们关于事物的信念与它们的内在本质之间是否存在着相符合的关系。我们所能作出的可理解的结论似乎就是：这个世界上存在着这样的事物，它们有助于我们对自己的经验进行观念把握。

为了给人类观念提供预测，理想理论将不得不对外在世界的本质作出假说，而且还要对感知者的状态提出假说——感知者的感觉器官、语言、成见、兴趣和价值观等——而所有这一切都有赖于观念性的经验。当然,感知者的状态,就像树木和房子的状态一样,是关于这个世界的一种事实。知觉这一概念拥有模糊的界限,因为它并不总是能够澄清所感知的内容以及某种感知的内涵。"我看见你在皱眉"所表达的是对一种物理状态的感知,那么,你是否也可以把这句话理解为"我看见你生气了"?我想是可以这样来理解的,尽管你真正想说的是"我猜想你生气了"。不过,当我们说我们关于这个世界的知识是用来为感知进行说明的时候,我们可不要忘了,对物理状态的感知才具有绝对的优先性。某人正在皱眉或许并不是因为生气而只是在担忧,但这个人正在皱眉却是一个确定的事实。对物理状态的知觉具有绝对的优先性,是因为我们关于这个世界的状态的大部分可靠的假说,都是它提供给我们的。

如果理想理论就是用来为各种关于这个世界的可能性感知提供说明的,那么你不禁要问:这些感知本身是否是理想理论的一部分?它们是否是真实的?我想说的是,这些感知都是资料性的东西,它们既不是真实的也不是虚假的,它们的意义取决于对它们进行解释的方式。有一些感知可能会被解释为正确的,也有一些会被解释为错误的;有一些会被解释为幻觉,也有一些会被解释为梦想。观念的描述被看作是一种"表面"的正确(依据语言的规则),也就是说,除非或直到拥有充分的理由认为它们是错误的,否则就认定它们是正确的。偶然情况下,对于大量记录的最佳解释,为我们提供了理由对另外一些已记录的观念是否能果真如所描述的那样发生产生质疑,在这种情况下,这样的解释就不会被认为是正确的。观念的解释为观念的诞生方式提供了说明,而进行说明的方法,就是对这些观念进行描述。例如,通过声称"因为信件是放在她面前的桌子上的,所以这位历史学家可以看见这封信",这样的方法就可以解释一位历史学家对于一封信的观念把握。这封信的存在解释了历史学家对这封信的观念把握,而这一解释本身所提供的词句,也对观念和信进行了描述。

当我们说某位历史学家对世界的描述是正确的时候,我们的意思是说,这个世界上存在着这样的事物,只要有人打算来对它们进行观念的把握,它们就会导致描述所内在包含的一些观念的产生。事实证明,在最佳理论解释的指导下,我们对此深信不疑。这一理论也对产生这些观念的因果过程提供了一种描述。我们的最佳理论是一种科学的理论,尽管历史学家在建构他们关于历史证据的观念解释时,会使用有关这个世界的日常信念。科学的理论解释了科学的观察,而常识性的理论则解释了日常的感知。所谓理想的理论,就是这样一种理论,它可以把各种不同的关于现实的理论联系在一起。历史学家偶尔也沿用专业的科学理论来解释那些否则就无法进行解释的历史事件,但通常情况下,他们的解释都是一种常识性的解释。

如果这种理想的解释理论目前仍是超越人类理解力的,那我们为何还要相信对于这个世界的种种描述是真实的呢?就像科学到头来终是一场错误一样,它们或许也有可能是错误的。对于这一疑问的回答就是:正是在实践体验之中,我们发现,对于观念的大多数日常性解释,完全可以可靠地用来指导实践,并帮助我们预测即将到来的实践体验活动。如果对于我对一棵树的体验的最佳解释,是这棵树是存在的,那么,我就可以预测:下一次当我往这个方向看的时候,我还会看到这棵树。因此,如果我们关于这个世界的知识足以为我们成功的规划和行为提供基础的话,那么这样的知识就是可靠的。我们是信任实践理性的,尽管我们知道它并不是完美无瑕的。相信关于世界的某种描述是可靠的,一般包括这样一种主张,即这个世界上存在着我们所描述的那些事物。尽管人们无法去证明,但人们还是认为,这个世界上所存在着的事物,总是拥有可感知的成分,也拥有不可感知的成分。

顺便提醒一句,我并不是说观念的最佳解释因为是有用的,所以才是真实的。这实际上是皮尔斯所倾向的观点。我要说的是,我们相信我们的最佳解释是真实的,是因为这样做是有用的。正如我前面所指出的,如果某种理想解释所内含的观念是这个世界所提供的那种,那么这种理想解释就是真实的。

要对真理理论进行充分的阐述,显然是一项艰巨的任务。行文至此,也只是对真理理论的某些特点进行了粗略的概述。不过,这足以有望揭示这样一个道理:放弃朴素符合论,但不必对关于世界的真理性认知的所有可能性都采取全盘怀疑的态度。

(4)我们能认知关于过去的真理吗?传统哲学家把知识定义为被证明是真实的信念。尽管这一简单的分析方法已经被发现在某些方面是不恰当的,但哲学家们仍然坚持认为知识是包含着真理的。如果关于世界的真理存在于一种理想理论之中,而且我们永远都无法到达这种理论,那么,我们显然永远也无法了解关于这个世界的真理。

然而,我们还是有理由相信某些关于世界的描述有可能是属于这个理想解释理论的一部分的,这也是我们相信这些描述是真实的理由所在。对世界的某种描述,会因为受众多不同观念的支持,而使它的瑕疵显得微不足道;而当这一描述并不依赖于某些随着时间的变化而不断变化的高级理论的影响之时,它也会得到人们的支持,这些都是事实。对于历史证据的观念把握一般都以日常用语的形式来进行,当对同一种有关过去的描述出现了大量不同类型的证据解释时,这种描述就很难再被时间证明是错误的。

如果有充分的理由认为某种关于过去的描述是真实的,那么我们就可以称这种描述为"可靠的"。在日常用语中,我们一般使用"知识"(knowledge)一词来指代非常可靠的信念,尽管与此同时我们也承认这样的"知识"是有缺陷的。我认为这是一种习惯做法,就像人们不可能在"知"(know)这个词的严格的哲学意义上证明自己了解关于这个世界的任何内容。但是,与困境之中的传统哲学家不同，我会充满信心地说，历史学家能够提供关于过去的可靠的描述，尽管在严格的意义上他们并不知道过去所发生的事情。这里存在着可靠度的问题，人们对某种历史描述的信任依赖于历史证明的一致程度。一般说来，得到大量不同证据支持的历史描述会比其他描述更具有可靠性。

批评家们往往指出各种历史描述之间是互相冲突的，证据也是不确定的，因此，我们永远也不可能证明对过去所发生的事情所提供的描述是否属实。但他们却忽视了这样一个事实：数百万的历史事实都已通过大量的证据得到了证实，而且从来没有被推翻过。例如，历史学家常常无法确定伟大领袖的行为动机，但却毫无疑问地知道他们所做的大部分事情。这些伟大人物的行为动机常常隐含在官方报告、新闻发布会以及私人信件之中，更不用说广播和电视公告了。这些记录固然是可以伪造的，但当它们来自于不同的渠道并带有不同的观点的时候，我们就没有理由去认定这些描述是虚假的了，于是，我们便有了充分的理由去相信它们的真实性。它们的真实性很好地解释了对于这一历史事件的不同见证。

在对证据以及由这些证据所暗含的历史事件进行创造性解释时，历史学家形成了一般性概括，这种概括随后可用来对过去进行进一步的推论。在上述情况下，每一次推论测试的可靠性，都不在于它所解释的证据的种类和数量的多样性，而在于认知的重复发生率，以这种频率，可获得的证据类型，将不断地与所描述的某类事件相一致，或者就是所描述的那类事件所预测的证据类型。例如，历史学家通常能够通过记录来源尚未知的手稿与那些业已能够确认其来源的手稿样本之间的相似性，来对前者的来源进行确认。为了证明这种推论的可靠性，证据特征（如笔迹）与造成这一特征的原因类型（如手稿的作者）之间，必须总体上遵循相似原则，而非偶然有点相似性。我们通常用总体相似原则来说明被观察对象的发生频率。

对世界的常规性特征的描述采用的是一般性的概念。这些概念依据其普遍程度，通常被分为不同的等级。有些历史描述只要通过参考语言规则就可以得到证实。例如，如果某份文件具备某种固定的格式，它就可以被划分为信件类别；而两个人之间的信件往来则可以被认为是构成了他们之间的通信关系。如果某块区域有特定的标线、网杆和球网栏，我们就可以把这块地方界定为网球场，而且接下来在这里发生的遵循网球规则的活动，我们就可以把它称为网球比赛。如果一群人经常性地服从另外一些人，这些人就组建了一个叫做社会组织的群体。如果人们经常性地以一种相似的方式对特定的情况作出反应，那么这就叫做习惯做法。这里所包含的关系就是分类或构成，而且这些关系是通过语言规则（这些语言规则有时候就是某种理论的组成要素）来得到证实的：一份文件可以被分类为一封信；一群人可以被说成是构成了一个社会组织。人们可以发现，这在本质上也是一种等级结构：原子组成了分子，分子又组成了元素和化合物；蛋白质形成了细胞，细胞又形成了化学成分。对世间万物的分类和构成所进行的推论，显然离不开为它们命名的语言规则以及为它们提供参照系的理论。

有时候，历史学家会对过去的社会结构感兴趣，因为可以通过考察与某社会结构同时代的人以及这些人所受该社会结构的影响，来对该社会结构进行认识。为了揭示这一内容，历史学家必须寻找与该社会结构同时代的描述资料。有时候，历史学家希望用现代的理论来对过去社会的社会结构进行描述，而这些现代理论却不一定是那些与该社会结构同时代的人所了解的。为了完成这项工作，历史学家所要做的就是熟悉现代理论，尽管与此同时他们还是有必要小心谨慎地面对这一问题：这些现代概念是否果真适用于所研究的那个历史时期？

历史学家可以通过上述三种方式中的任何一种，证实其对过去的描述是可靠的。这三种方式分别是：对可获得证据进行最佳解释的论证；从一般性概括中进行推论；求助于语言规则。对历史知识的可靠性予以怀疑的，还有五种常见的理由，将在下文中进行简要的论述。这其中有一部分内容会在本书的后半部分进行详细讨论。

二、怀疑论者的常见理由

（1）F. R. 安克斯密特等人认为，由于历史学家对同一历史事件的描述是截然不同的，因此，他们的描述是不可靠的。2000 年 5 月 19 日，乔治·斯朋特率领一支武装部队进驻斐济民主选举大会，并将与会人员当作人质扣押了 50 天。有些人将此次事件描述为在斐济所发生的一次威胁民主制的事件；另一些人则把它描述为由土著斐济人发动的维护传统权利的斗争。显然，这两种描述都是有根据的、可靠的。

对于同一历史事件所进行的众多不同的描述都是可靠的，这是不难发现的事实。因为每一种描述都有自己的条件范围，正是这些条件为其存在提供了合理的依据。因此，扣押议员可能会发生在很多地方，且无论在多么严重的情况下，都依然被称为"扣押"。只要所发生的事在一定的条件范围之内，"扣押"的描述就可以得到证实。对于该事件的上述两种描述都是可以证实的和可信的：这是一次在斐济发生的对民主惯例的一次威胁事件，而且这也是一场由土著斐济人发动的维权运动。此外，它还是一次扣押人质的犯罪活动。人们对于此事所给出的不同描述，无疑取决于他们各自不同的兴趣，但所有这些描述都是可靠的。

（2）有些人认为，历史学家对于某一主题的兴趣，不可避免地会歪曲他们对于该主题的说明，因此，所有的历史描述都是不可靠的。人们的动机不仅会引导而且会切实地歪曲人们对事物的观念把握，这是毫无疑问的事实。情人眼里出西施，就是著名的范例，而且我认为，与此同理，痛恨也会蒙蔽人们的眼睛，从而会给痛恨对象带来不公平的后果。在所有情况下，历史学家对待历史人物和历史事件的态度，会对其选择和阐释相关历史证据产生影响。而且这种影响一般情况下还是无意识的。

即便历史学家都明白,他们对过去的描述方式应该得到证实,但他们还是能够努力组织证据以支持自己所偏爱的、并不公正的论点,包括选择那些能够支持自己所愿意得出的观点,而忽视那些与此相左的观点。历史论证中的偏见,只有在对相关材料也十分熟悉的另外一些历史学家的核实下,才可以被检查出来。但这样做的后果将是另外一种有倾向性的观点的诞生。这就是为何在历史学家之间达成共识如此之重要的原因所在。这倒并不是因为共识可以保证历史描述的可靠性,而是因为它有助于消除历史思维中的个人偏见。但是,觉察和消除广为流传的文化偏见,实际上更为困难。[1]

就像历史学家为支持自己所提出的假说而进行的论证很有可能是有偏见的一样,他们关于过去的假说,很有可能也是有偏见的。这正好说明了获得真正合理的信念是多么不容易。不过,尽管历史学家可以自由地批判其同行的发现成果,但他们仍然有很好的机会经常性地达成相互间的共识。可是在那些集权制国家中,历史却通常是不可挑战的思想宣传。

(3) 还有人认为,由于历史学家在对过去进行描述时所采用的概念和信念来自于他们自己的文化,所以他们对过去的描述是不值得信赖的。但这一观点却忽视了这样的事实,即历史学家会批判地采用这些观念。起初,马克思主义历史学家在描述英国内战时,把英国内战视为资产阶级革命的一部分;他们认为在这场战争中,新兴的农业资本家努力从封建桎梏中求得自身的解放。这样一种阐述已经基本上被当作错误的描述而遭到了摒弃,因为人们已经认识到这一引申性阐述无法得到证据的证实:英国内战中的敌对力量是无法根据阶级来划分的,因为那不过是封建主之间的争斗。

历史学家所采用的概念一般都来自于他们自己的文化和语言。

---

[1] 有关历史偏见的更为详细的讨论,参见 McCullagh, 'Bias in historical description, interpretation, and explanation', *History and Theory*, 2000, 39: 39-66。

有时候他们也采用他们所要描述的那个时代的概念,以显示当时人们是怎样看待自己身边所发生的事件的。但是,事实就是:存在着众多不同的语言和概念体系,并不意味着关于过去的描述都是不真实的。如果下列条件成熟了,那么就可以正当地采用这些概念来对过去进行描述。而这个条件就是:使用既定语言中的既定的句子,保证可以用来说明什么样的历史主题的真实性是可信的。

(4)也有人认为,由于历史学家无法搜集到过去事件的所有独特的细节,因此他们对历史事件的表述不可避免地是一种误读。

历史描述通常会采用一些一般化的语句,这是事实。有时候,历史描述的主题是一个阶层,有时候又是一个人。但即便所描述的主题只是一个人,对于该主题的谓词断言阐述也通常采用的是一般化的做法。例如,如果某位历史学家说希特勒痛恨犹太人,这就是对于某个人(希特勒)的单称陈述,但所进行的谓词断言("痛恨犹太人")却是一般性的,而且并没有就痛恨的内容和凶残程度提供更多的细节。

显然,只要具备了可用来保证这些一般性断言可靠性的条件,这些断言就是真实的。但由于它们都是一般性的,所以它们具有很大的模糊性。是否有很好的理由拒不相信它们?如果历史的目的就是去敬畏那些事无巨细的独特性,那么这样的一般性断言就是不合时宜的,而且历史学家也就的确应该保持沉默,或者仅仅是做出无法言表的姿态了。但我们描述而不只是敬畏世界的原因,是为了认识世界,并学会如何在其中实施有效的行为。书写和研究历史不仅仅是为了仔细考量独特性,而且还是为了认识历史变革的过程。

利奥塔认为,历史归纳作为对历史变革的一般性过程进行描述的方式(如黑格尔和马克思的历史描述方式就属此列),已经被用作一些政治规划的基础——这些政治规划旨在让人们遵守(据上述理论称)可以为人类带来进步的行为模式。但人们从中可以获取历史教育价值的历史概括,并不是那些为历史进步提供说明的宏大叙事,而是对历史变革原因所进行的更为普通的概括。因为这样的描述方式发现，人们对过去和当时历史变革原因的例证，是通过对过去所发生的不平凡事件的研究来予以界定的。这种一般性知识，是历史教育的一种极为重要的产物。

（5）最后，还有人认为，特定的单词和句子的意义，取决于它们在读者心目中与其他单词和句子之间的关系，而又由于这些相互关系总是具有无限性，因此，完全准确地界定句子的意义是不可能的。的确，同一个句子的意义在不同的读者那里都是不同的，因此，所有固定的意义都不是注定可信或不可信的。

尽管如此，每一个句子都拥有大量和系统的条件，这些条件既是必须的，也足够可以用来依据语言规则对其可靠性进行证实。这些都构成了句子的常见意义，这些意义多少有助于我们对其可靠性或不可靠性进行判断。当然，对于不同的读者个体来说，句子所拥有的其他关系也是各不相同的，但在判断句子的可靠性时，这些都是不相干的因素。

三、结论

历史描述是历史学家在自己可获得的证据的基础之上所进行的一种建构，是他们依据自己的一般的和历史的信念对过去所进行的一种阐释。当历史学家说自己的描述是可信的时候，他们的意思不是说自己已经找到了通往过去的神奇入口，他们可以通过这个入口看见过去所发生的一切，所以他们可以担保自己的描述是正确的了。相反，他们的意思是说，他们的历史描述是可获得的证据所进行的卓越的解释的一部分，因为部分的最佳解释毕竟还是可以想象的，这样的一种解释在未来的日子里是不可能被悬置起来的。[①]

撰写历史著作的历史学家通常在合理评估历史证据方面接受过专业训练，而且他们也都是该领域的专家。因此他们完全有资格也

---

① 优秀解释的组成要素，将在第三章中进行论述。

有条件探索出与该领域相关的历史证据的最佳解释方式。在接下来的一章中，本书将介绍这些历史学家在证明其描述的真实性以及对过去事件的阐释和解说等方面所采用的推理案例。这些推理模式对于这些历史学家来说是至关重要的，因为它们可以帮助历史学家去裁决哪些描述、阐释和解说才是值得信任的，哪些则不值得。每一位从事历史研究实践的历史学家，都必须尽可能合理地去思考所占有资料的含义。

这并不意味着历史学家由此得出的结论总是正确的。他们所作出的判断的合理性有可能不够；或者是由于后来更多证据的出现，他们先前手头上已掌握的证据被发现对他们已进行的研究是一种误导；或者是在对证据进行解释时他们所使用的一般知识被发现是不可靠的；或者是他们对其调查事件的历史背景所持的信任态度，后来被发现是错误的。

既然有这么多出错的可能性，那么我们还有理由相信历史著作所书写的内容吗？回答是肯定的。其理由有二：第一，只有在具备充分的理由支持自己对过去的描述是正确的之后，历史学家才会作出相应的研究反应。这就是说，他们一般都拥有充足的证据，而且这些证据的内涵一般很难予以推翻。在这种情况下，我们就有理由相信它们是真实的，即便在逻辑上它们仍然存在着出错的可能性，但总有一天，会有更好的论证出现。

可是，鉴于这种逻辑上的可能性，人们也会困惑：我们是否应该继续对历史知识采取质疑态度。这就引发了一个有趣的问题，这个问题是与一般怀疑论有关的。我们关于这个世界的所有知识都有可能是错误的，但我们发现，相信这些关于世界的描述是有用的，因为它们可以很好地解释我们的感性经验。这些的信念为我们的行为提供指南，而且一般说来，它们在这方面做得还很成功。因此我们是出于实践的原因、一种实用主义的求证原则，来相信这些信念的。就像这一道理可以用来对当前的世界采取信任态度一样，它同样也可以运用在历史知识之中。例如,与纳粹如何虐待犹太人相关的历史知识,是有价值的,因为它可以提醒我们无论是过去还是现在,种族主义和种族灭绝的危险依然存在。为了实践的目的,只要这方面的知识得到了很好的证实,我们就可以把它当作事实来接受。

第二章 文本、行为和事件的意义

在对过去所发生的事件开始进行调查时，历史学家会搜集相关的证据，而证据则总是难免会以文本的形式出现。他们应该如何对这些文本进行阐释呢？正如我们所看到的，文本会对过去各种事情都进行记载，历史学家又将如何立足于自己所想要的信息对这些文本进行阐释呢？本章的第一部分将对文本所拥有的各种意义进行概述，并揭示文本是如何被发现的。

本章的第二部分将考察几种反对意见，这些反对意见怀疑人们对文本意义进行可靠理解的可能性。这是一个十分具有哲学意味的部分，因此读者若是对该部分不感兴趣，可以跳过去不读。但是，一本力图捍卫历史合理性的著作，是不能忽视这些反对意见的，这也是本书要在这里对其进行讨论的原因所在。

本章主要讨论的是文本的意义，但在讨论意义问题的同时，也顺便讨论了行为和事件的意义，因此，本章结尾处有一小部分就是用来讨论后者的。

一、文本的意义

历史学家在对过去的文本进行考察时，通常是从探索其通行意义开始的。如果他们对文本所使用的语言十分了解，那他们领会其意义就不是很难的事。这一部分的开头，我们将指出在揭示和发现文本通行意义中存在的一些问题。有时候，历史学家感兴趣的是人们对历史文本的阐释方式，并由此形成了有关人们阅读这些文本的方式问题的假说，这通常可用来解释他们对于这些文本的反应。有时候，历史学家也会发现某些文本的内容非常有吸引力，并对这些内容进行一般性概括，进而将之与其他文本进行对比研究。这些阅读文本的方式都将在下文中进行讨论。

在没有了解与某文本的产生条件相关的任何信息的情况下，人们也可以了解该文本的通行意义。该文本写作时所使用的语言以及它的内容，构成了人们所要了解的全部东西。实际上，我们所阅读和掌握的大多数专著和论文，都是那些其作者为我们有意予以忽视之作。有时，在没有费力去对某些著述的成文条件进行调查的前提下，就去阅读其关于历史事件的论证，对于历史学家来说，这是一种诱惑，尽管这些著述的论证是非常正确的。但敏锐的历史学家意识到，文本都是个体性的产物，它都是产生于个体的信仰、目的、兴趣和态度之中的。如果作者知识渊博，也希望探索真理并就某一主题给出合理的论证，而且很好地驾驭了所使用的语言，那么，其文本的通行意义或许就是可信的，即对过去所发生的事情提供了准确的表达。但在没有对这些作者的知识状况进行考察的前提下，历史学家不应该被其文本的表面价值所迷惑。

在进行文本写作时，人们一般都希望能以一种通行的方式对作者的文本进行理解。因此，历史学家在对文本进行阐释时，往往会问：为何作者想在这一文本中包含这样的信息？这里所提问的信息就是文本的通行意义（我将在下一章的开头部分论述历史推论问题时就这一问题进行专门讨论）。所以，尽管文本的通行意义与其历史作用之间并不是同一回事，但无论如何，通行意义仍然是非常重要的，因为它决定了文本的历史作用。

为了理解文本的通行意义，历史学家显然有必要去了解该文本所使用的语言以及句子的语境，这样他们才能告诉人们该文本所说的是什么人、什么事。语境往往都是文本自己所特有的，但有时候也不尽然。例如，在一份日记文本中，作者有可能用姓名的首字母来指代某些人，历史学家于是需要通过其他途径来了解作者朋友和同行的姓名以便确认这些首字母指代的到底是谁。

如果某文本所出自的文化背景，是某位历史学家所不甚了解的，那么要对这份文本进行阐释，对于这位历史学家来说就太难了。为了有效地对文本进行阐释，历史学家必须先了解该文本所代表的整个语言文化背景，然后才能有把握对该文本进行阐释。历史学家对于克里特人的古克里特文本，以及中美洲玛雅人的象形文字所进行的成功阐释，就是明显的例证。①

文本的通行意义一经确立，历史学家就面临着与读者交流这些意义的任务。这就是翻译的任务，这一任务中所存在的陷阱问题，是历史学家多年来所谈论的话题。戴维·特南近来注意到，有些历史学家力图将文本所描述的几种不同的世界观传播给读者，而有些历史学家则只是寻找那些与现代最为接近的观念传达给读者。② 那些希望读者理解文本所产生的时代的历史学家，会采用第一种方法；而那些对文本中所包含的信息在当前的意义问题感兴趣的历史学家，则会采用第二种方法。我想，一个负责任的历史学家将会努力解释文本作者的世界观，而把其现代意义留给读者自己去判断。

在文本翻译中会存在许多多少与技术相关的问题。有时候，对于文本中的某个术语所进行的直译，会在受众的语言中产生误导性的内涵。W. P. 亚当姆斯已经指出了"农夫"（farmer）一词在美国指的是耕种大块农场土地的人，而在法国（fermier）和德国（Bauer），与此相应的词却指的是"从事园艺类活动的人"。为了解决这一翻译问题，德国人已经采用了英语词汇（der Farmer）来指代美国、澳大利亚和非洲的农场主。③ 如果在受众的语言中没有相对应的词，历史学家就不得不采用意译来对该词在原文中的意义进行解

---

① McCullagh, *Justifying Historical Descriptions*, Cambridge, Cambridge University Press, 1984, pp. 111-116; McCullagh, *The Truth of History*, London, Routledge, 1998, pp. 164-166.

② Thelan, David, 'Individual creativity and the filters of language and culture: Interpreting the Declaration of Independence by translation', *The Journal of American History*, 1999, 85: 1289-1298.

③ Adams, W. P., 'The historian as translator: an introduction', *The Journal of American History*, 1999, 85: 1286.

释。例如，英语中的"普通法"（commonlaw）一词，被翻译成德语时，就变成了一个解释性的短语："不成文的英国习惯法和案例法（das ungeschriebene englische Gewohnheits-und-Fallrecht）。"①

有时候，某一个术语在原文中的意义是不确定的，而历史学家在翻译时却很容易将某些意义强加给它。戴维·特南指出，人们翻译美国《独立宣言》的方法就有很多种。《独立宣言》的开头部分是这样的："在有关人类事务的发展过程中，当一个民族必须解除其和另一个民族之间的政治联系之时"，在这里，托马斯·杰弗逊所说的"一个民族"（one people）的含义并不明确。它可以指"拥有悠久文化传统的民族"（德语中的"Volk"），或只是"某地的定居民"（"Einwohner"）；它也可以指被统治阶级所压迫的"国民"（"nations"）（波兰语中的"nard"），或只是处于基层的老百姓（"lud"）；最后，日本翻译者还认为它的意思是"有血统关系的一群"美国人。②在对该术语进行翻译的过程中，人们开始注意到它的模糊性。一个负责任的历史学家所应该做的，不是通过翻译将某种含义强加给该术语，而是指出它的模糊性，让读者自己作出判断。或许杰弗逊自己也没有搞清楚该术语到底是什么含义。

一般情况下，文本的通行意义都是作者意欲表达的东西，但在极少的情况下，作者的书写风格是嘲弄的、讽刺性的、幽默的或错误的，这时作者真正表达的是文字之外的东西。例如，乔纳森·斯威夫特的真正意图是想把自己的《格列佛游记》写成政治巨著，而塞万提斯则本打算要把《堂吉诃德》写成讽刺骑士精神的滑稽剧。③要想对所阐释的内容有足够的把握，历史学家必须经常从别的渠道来揭示与文本写作背景相关的大量信息。无论在何种情况下，文本的通行意义都不一定就是作者当初的本意。

---

① Adams, W. P., 'The historian as translator: an introduction', *The Journal of American History*, 1999, 85: 1286.
② Ibid., pp. 1296-1297.
③ McCullagh, *The Truth of History*, London, Routledge, 1998, pp. 154-155.

猜想过去的人是如何阅读在他们生活时代之前的那些文本的，这几乎是不可能的。即便他们对于文本的语言十分了解，而且对于其内容也十分熟悉，但在这些文本中发现文本所没有的意义，或者是在某种程度上对文本的意义产生了曲解，这对于他们来说也是稀松平常的事。只有在读者对文本进行了描述之后，历史学家才能确认他们对文本的理解是怎样的。如果某位读者的阅读是不准确的，那么历史学家有时会对误读的原因进行调查，并借此来研究这位读者的思想和个性。

历史学家自己对文本的阅读并不总是准确的，因为历史学家通常对文本进行阅读是为了希望在文本中发现一些证据来支持或反对关于过去的某种假说，并力图去忽视文本中那些不适合上述目的的东西。但历史学家对文本的理解却更有可能是正确的，因为他们希望准确地揭示文本作者在他们所感兴趣的部分到底是怎样想的。他们有时会对文本进行最为简洁的综述，这是对文本的诞生予以维护的一种陈述性论文。奎因·斯金纳题为《自由主义之前的自由》的一篇文章，就是这种综述性论文的优秀案例。在这篇文章中，斯金纳对于在公民自由的本质问题方面所存在的两种不同学派的思想，进行了比较研究。他把其中一派称为"新罗马"派，而把另一派称为"自由"派或"古典"派。他发现，第一派的思想主要体现在英国大革命时期的帕克、内达哈、米顿和哈林顿等人的著作之中，也体现在18世纪30年代的洛德·博林布鲁克的著作之中；而"自由"派或"古典"派的代表性观点却体现在威廉·帕雷的著作之中。在对上述两派的观点进行对比研究的基础上，斯金纳总结道：

> 那么，新罗马学派与自由学派之间对于自由的不同理解体现在哪里呢？新罗马学派的代表人物所要否认的，正是古典自由主义的重要主张，该主张的大意就是：对于自由的暴力或强制力威胁，构成了唯一的、对个人自由实施

干预的制约形式。与此相反，新罗马学派的代表人物则认为，生活在一个依附的环境中，本身就是制约的一种资源和形式。一旦你意识到自己生活在这样的环境之中，这种意识本身就能使你在行使公民权时遭遇到大量的限制。①

对于自由主义学派思想发展过程的考察，使得人们认识到，文本实在是太复杂了，因此要对其进行描述实在是太困难了。不过，也有人对此提出了反对意见，这些反对意见认为，对文本进行可靠的阐释，是不可能实现的任务。我们将在下一节中对这些反对意见及其回应予以讨论。

二、文本意义的认知问题

关于文本意义的认知问题，以下七个方面的问题是值得讨论的：

（1）语言的意义并不像通常所认为的那样是统一的或固定的，因此，根本就不存在所谓的对于文本的某种"通行"的阅读。

（2）鉴于文化研究中的"语言学转向"，文本的语境有时候就被认为是另外一些文本而根本就不是世界现实背景。在某种意义上，文本的社会背景就是通过语言建构而成的。因此，我们还能相信它们是能够作为我们对其进行描述的参照点的某种真实的存在吗？

（3）有些后现代主义者认为文本就是话语的产物。通过话语，文本根本就是在生产而非表达作者的意图。的确，这些后现代主义者将文本的生产视为作者传播其个人社会观点的途径。如果文本之外不存在作者的意图，那么，文本之中也就没有所谓的意义了。

（4）只有在被阅读的时候，文本才会有意义可言。文本的意义是读者赋予的。因此，没有所谓"通行"的文本意义，只有不同的读者所拥有的不同的文本意义。而且，正如上一章中所说的，文本

---

① Skinner, *Liberty before Liberalism*, Cambridge, Cambridge University Press, 1998, p. 84.

在读者心目中所产生的协调、对比和推理关系都是无限的,因此,任何试图把某个文本的意义陈述给读者的努力,都注定是不准确的。

(5) 有人认为,对于文本的所有概述式阐释,都不可避免地具有主观性。因此,在所有这些阐释中,没有哪一个概述能比其他概述更客观。坚持这种观点的人忽视了人们对于概述式阐释的一贯厚望:这样的阐释是准确的、全面的和丰富的。

(6) 文本阅读中的偏见是通过怎样的途径实现的?这些偏见有可能得到避免吗?

(7) 最后,还有几个与修辞学循环规则相关的问题。文本阐释的判断依据难道不是连贯性而是可靠性吗?

以上列举的,都是就文本意义的认知问题所提出的一些主要的反对意见,这些意见否认文本的不同意义能够得到合理理解并能被所有人所接受的可能性。正如我将要揭示的,所有这些问题都有答案。

1. 意义的非统一性

为了揭示文本的字面意义,历史学家必须争取掌握该文本写作时所使用的语言。这其中就包括揭示该语言所表达的世界观。然而,一旦历史学家开始调查某一社会的语言,他们就会发现该社会中存在着几种正在被使用的不同的话语,而且根本就不存在固定的用法。在一个有趣的讨论话题中,戴维·哈南报道说,波考克发现"所有的语言系统都是'次语言、习语、修辞学和口语模式'的混合物,'每一种语言都会因其自主性和稳定性程度的不同而有所不同'"[1]。哈南还引述说,米歇尔·福柯发现法国的医学话语在1780~1830年间经历了巨大的变化。福柯写道:"在40到45年的时间里,一切都发生了改变:医学谈话的内容、谈话的方式都发生了改变。当然,不仅仅是治疗,也不仅仅是疾病及其分类,而是医学观点本身都发

---

[1] Harlan, David, 'Intellectual history and the return of literature', *The American Historical Review*, 1989, 943: 591.

生了改变。"① 话语领域中所发生的这些变化,源自于话语使用者的创新,因此,历史学家必须在阐释这些文本时做好对话语的非通用方法予以理解的准备工作。

不仅话语会随着时间的推移而不断变化,历史学家还发现,处于同一社会共同体中的不同的个体和社会群体也会在不同的意义上使用同一个词汇。比如,彼得·莱克就划分出三种不同的对于英国17世纪早期的"清教徒"人群的理解方法。所有的观点对于清教徒的信仰和做法的理解都是相同的,但在清教徒的性格特点上,他们却有着不同的意见。清教徒自己的观点是:他们对于虔诚的做法证明了他们是上帝挑选出来的拯救者;也有人对此持一种嘲讽的态度,这些人认为,清教徒就是"自以为是、自我标榜的一个群体","这个群体由于自视甚高,使得他们成为大家恶意而刻薄的取笑对象"②。

还有第三种观点:英国圣公会坎特伯雷大主教式的观点,"一种认为清教徒具有离经叛道和颠覆精神的陈词滥调",该观点认为,清教徒"醉心于修辞、沉迷于布道和四处游荡,对于教会的礼仪和仪式漠不关心甚至采取反对态度,却要求所有的圣物和祭祀用品都要具备豪华美丽的外表,即要求教堂的外观和配备要豪华讲究,要求神职人员能拥有权力和金钱。他们醉心于自己所扮演的上帝挑选出来的圣徒角色,沉迷于他们自己组织的、具有排外性的活动和聚会,对于安息日事宜持一种古怪的着迷态度。"③ 莱克将这种观点总结为:"这种观点既来自清教徒内部也来自于其外部,因此,该观点既对清教徒所扮演的上帝般的拯救者角色表示大体同意,同时也对这一角色所代表的实质性意义表示了彻底的怀疑。"④ 在上述三种不同

---

① Harlan, David, 'Intellectual history and the return of literature', *The American Historical Review*, 1989, 943; 590.
② Lake, Peter, 'Defining Puritanism-again?', in *Puritanism. Transatlantic Perspectives on a Seventeenth-Century Anglo-American Faith*, ed. F. J. Bremer, Boston, Massachusetts Historical Society, 1993, p. 15.
③ Ibid., p. 21.
④ Ibid., p. 22.

的观点内部，还存在着不同的见解和着重点的不同。比如，莱克就指出，"坎特伯雷大主教式的观点内部，就包含了许多不同的反清教徒的和遵奉圣公会惯例的分支观点。自从 16 世纪 70 年代以来，这些分支派别的信奉者之中就既有普通大众也有社会精英。"①

如果共同体之中的某种语言所使用的词汇的意义如此具有多样性，那么历史学家如何能确信自己已经准确地阐释了由该共同体的成员所书写的文本了呢？帮助历史学家理解文本的，正是这样一个事实，那就是：过去的文本所使用的大部分词汇和概念，在文本所诞生的共同体之中都是通用的。许多词汇对于整个共同体来说都是通用的；有些词汇则在一些小群体之中是通用的，比如在医学或法律领域之中，因此，理解这些词汇需要掌握相关的专业知识。对这些小群体之中的文本的扩展性阅读，最终会导致对于整个共同体大家庭之中的文本的阅读，而所有这些阅读都有必要对这些专业词汇进行理解。当某一词汇的意义不确定，或是其标准含义不管用的时候，该词汇所在的具体文本的语境，通常能对其可能的意义范围予以限定。因此，历史学家会努力尝试提出该词汇所可能拥有的各种不同的意义，以观察其哪一种意义最适合当前的文本语境以及文本所产生的历史性语境。在 17 世纪的文本中，"清教徒"一词的通行（也是有倾向性的）意义，取决于其所诞生的群体的性质及其书写目的：是清教徒、清教徒的嘲讽者，还是英国圣公会成员。

2. 文本的语境只是别的文本吗

有时候，句子的字面意义使得该词的具体意义无法确定。比如说，如果某文本说"我上周二给他写了封信"，这里，"我"和"他"等词所指代的具体是谁，就不确定了，而且"上周二"的指代也很模糊。为了澄清这些词汇的具体含义，历史学家就必须考虑这些词

---

① Lake, Peter, 'Defining Puritanism-again?', in *Puritanism. Transatlantic Perspectives on a Seventeenth-Century Anglo-American Faith*, ed. F. J. Bremer, Boston, Massachusetts Historical Society, 1993, p. 22.

汇所属的语境。而语境则包括文本的其他部分,同时,历史学家还需要了解该文本的作者以及该文本的写作背景。如果文本只是一封信,信件开头部分的日期将会明确"上周二"具体指的是哪一天,而信件末尾的签名处也能告诉我们"我"指的是谁。至于"他"指的是谁,或许在信中也能找到答案,或者能够在与此信相关的其他通信往来之中得到确认。

文本意义的不确定性,可以通过参考文本的语境来得到解决,这就是我所谓的文本的"基本意义"①,它也是文本的通行意义。为了检测对于文本的通行意义的阐释是否令人满意,历史学家需要考察该阐释的内涵,并核实其是否与作者的信仰、态度以及所处的社会环境及其行为特点相一致。

历史学家可以通过考察文本的历史性语境来理解文本,这样的主张遭遇了两种反对意见。第一种反对意见最好是这样来解释:考察历史编写是如何被建构的。例如,如果你问某位历史学家,他是如何知道这封信的作者的,他会指着信末尾的签名处回答你的提问,但要是这封信不是作者自己写的,而是作者把自己的名字签署在上面呢?如果你一定要求这位历史学家解释为何他认为这封信就是那个人写的,他或许会拿出作者的某部著作,在该著作中作者记录着他写过这封信,但要是这样的记录在其他文本中没有呢?历史学家对于历史性语境的了解似乎总是来自于与该语境有关的文本。因此,事实上,历史学家是参照他们手头上已有的其他文本来对既定文本进行阐释的。在这里,实际的历史事件和人物似乎根本就不是参照物。历史学家对待质疑的一个自然的反应,就是指出自己所提出的推论是有历史文本为证的。但批评者会继续追问说,这样的回答只是提供了其他一些与此相关的文本。这里所谈论的所有证据,都只是某种历史论证话语的一部分,是历史学家所炮制出来的另外一些文本。我们似乎永远也无法超越文本的世界,或许,这就是历史学

---

① McCullagh, *The Truth of History*, London, Routledge, 1998, ch. 5.

家的世界，在文本之外他们一无所知。①

在实践中，历史学家并不认为通过参照原著的历史语境，无法对文本进行阐释。斯宾格尔的如下言论得到了大多数人的响应：

> 在分析文本的意义时，我们所要做的不只是以新历史学派的方式把一定历史时期的"拐弯抹角的"文化"手稿"罗列在一起，这种做法必然会把文化美学化，而且会把文本和语境转变成互文性系列。相反，我们应该力图把文本置于特定的社会背景之中，在这里，文本本身就能揭示政治、经济和社会因素在既定时刻所形成的文化话语情境。正如历史学家一直以来所了解的那样，这样的文本写作过程所涉及的是对权力运作、人类能动性以及社会实践的考察。②

注意，我们在这里并没有提供任何论证，只是对那种否认文本的社会背景具有现实性的观点，提出了驳斥。

针对揭示文本的社会背景的可能性问题所提出来的第二种反对意见，是最近提出来的。在《超越文化转向》一书的导论《社会和文化研究中的新方向》（1999）一文中，博内尔和亨特对此观点进行了很好的表述。他们解释说，后现代理论家用有关社会的语言来替代了社会现实本身。他们写道："在后现代主义文化观的视野中，语言或话语并不是对某种具有先在性的社会认知或情境的反映，也决不能洞察存在的真理：语言或话语本身构成了社会意义的表达，并作为存在于人及其周围世界之间的一道屏幕而发挥其作用……社会范畴只有通过它们的表达或表征才能得以形成。"③ 如果真是这样，

---

① Spiegel, G. M., 'History, historicism, and the social logic of the text in the Middle Ages', *Speculum*, 1990, 65: 59-86.
② Ibid., p. 85.
③ Bonnell, V. E. and Hunt, L. (eds) *Beyond the Cultural Turn. New Directions in the Study of Society and Culture*, Berkeley, University of California Press, 1999, p. 9.

那么历史学家就不能在其自己的社会背景中来阐释文本，而只能通过参照有关社会的其他文本来对文本进行阐释。然而正如我们所看到的，在实践中，历史学家是对社会现实持信任态度的。博内尔和亨特指出："尽管现代的文本作者无一例外都深受文化转向的影响，但他们却拒绝接受用语言或话语来取消社会现实这一大多数激进的文化主义者或后现代主义者的做法。"① 博内尔和亨特还补充说："他们都强调经验、比较和理论假设对于研究工作所具有的资料依据性和内容丰富性意义。他们并没有放弃社会或因果解释——相反，他们力图更好地做好这项解释工作。"②

显然，从事研究实践工作的历史学家拒斥这样的观点，即历史学家是仅仅基于其他文本的基础之上来对既定文本进行阐释工作的。因为历史学家知道如何重建目标文本产生时的社会情境，并十分恰当地将这些社会情境的意义与文本的意义联系在一起加以考察。所以，批评者忽视了这样的一个事实，那就是历史学家在其研究过程中所参照的文件资料，为社会现实提供了证据，而且我们有理由认为这些证据是真实存在的。那些拥有法律权利、金钱、枪支和社会地位的人，操控着真正的权力，强迫其他人服从他们的意志；而那些没有上述权利和地位的人则很容易成为受害者。诸如权力关系等社会关系显然不只是文本。历史学家在对某文本所表达的社会情境予以重建时，当然是要使用社会科学语言的，但这却不是否认在文本中所描述的东西果真存在的理由。如前所述，从根本上说，我们关于世界的所有知识都具有语言性，但我们可以用合理的方法来区分哪些关于世界的描述是可靠的，而且也有充足的实践理由来相信这些描述的真实性。

只要拥有合适的证据，文本的社会背景就很容易得到确认。但

---

① Bonnell, V. E. and Hunt, L. (eds), *Beyond the Cultural Turn. New Directions in the Study of Society and Culture*, Berkeley, University of California Press, 1999, p. 11.
② Ibid., pp. 24-25.

文本的思想背景又如何呢？有时候，我们需要熟悉文本作者的思想发展史，以便对作者所说的东西进行充分的理解。而且我们也需要注意到作者写作时所处的思想背景，以便对其有倾向性的观点、影响以及言论进行评价。正如戴维·霍林格所描写的，与文本阐释工作相关的背景，必须包括所有的"理论知识、文学和宗教传统，以及其他历史学家可以获得的文化资源，因为历史学家知道，在既定历史时期，大多数既定社会成员都会受这些因素的影响"[1]。当然，这是一种夸张的说法。为了确定文本中不确定的推论或意义，历史学家一般没有多大必要做上述大量的工作，他们所要做的只是阅读文本作者的相关著作，而且这些著作也只是历史学家在讨论文本中相关的问题时自己头脑中能够想到的一些著作。当然，这里有一个假定前提，那就是文本作者与历史学家具有相同的文化历史传统，而且历史学家也已经对于所调查的历史主题的背景知识有了充分的了解。如果对于文本作者的文化传统不够熟悉，那么文本阐释的任务就的确十分艰巨了。

3. 作者的意图问题

传统观点认为，了解文本作者的意图对于理解他们的文本是十分重要的。无论是对文本的通行意义进行判断，还是为文本作者希望表达的思想提供论证，历史学家总是会对作者在其出版物中的意图很感兴趣，这常常会为文本中可能的偏见提供重要的参考。文本的写作是为了迎合某些人吗？是为了给某些行为提供合法性论证，还是为了毁坏某种名声？依据文本写作的目的来判断，文本就很有可能存在着某种偏见。

米歇尔·福柯等人则走得更远，他们彻底否定了作为主体的作者的现实性。福柯等人沉湎于这样一种观点，即人们所说的和所写的，都是他们生活于其中的社会和文化的产物。人们总是在很大程

---

[1] Harlan, David, 'Intellectual history and the return of literature', *The American Historical Review*, 1989, 943: 594.

度上按照通行的指示来思维、说话和办事,以致他们自己似乎根本就没有任何自己的想法。福柯坚持认为,主流话语塑造了人们的思维和行为模式。一直以来我们都认为,人具有非物质性的或先验的精神,所以,人是拥有自主性的,是能够以新的、创造性的方式来传递和行使自己的意愿的。现在,这种关于人类本性的理论被当作某种没有必要的东西遭到了摒弃。尽管我们仍然在谈论我们自己和别人,但正如博内尔和亨特所指出的,"自我作为一个有意义的概念性范畴的地位,在很大程度上遭到了侵蚀;自我已经被归结为一种全然被建构的,并因此纯粹是泡沫式的、处于话语实践或文化体系之中的纽结点(nodal point)。既然后文化主义和后现代主义者都鼓吹'主体的死亡',那么他们就很难再给自我留下足够的空间来反作用于社会或文化的决定性作用。"①

当然,人们还在谈论他们的思想、信念、欲望等,但在后现代文本作者看来,这些言论根本就没有任何事实性依据。这就是他们所谓的"自我时尚"(self-fashioning)的一部分,这种风格在很大程度上与人们所扮演的社会角色相关。这一观念在格林布拉特那里尤其得到了发展和说明。格林布拉特揭示了不同的历史个体是如何从自身的文化传统中获取其"性格"特点的。约翰·马丁在对这一观念所进行的有益的讨论中,对英国 16 世纪以来直至格林布拉特等人的相关思想进行了案例综述:"例如,托马斯·摩尔的自我时尚观念,是通过描述自己对宗教权威的服从与对异教和君主制度的反对这二者之间的互动关系而予以讨论的;而威廉·泰德的自我观念,则是通过探讨他一方面反对宗教而另一方面又服从圣经的权威这二者之间的张力关系而得到讨论的。"② 根据格林布拉特的看法,"戏

---

① Bonnell, V. E. and Hunt, L. (eds), *Beyond the Cultural Turn. New Directions in the Study of Society and Culture*, Berkeley, University of California Press, 1999, p. 22.
② Martin, John, 'Inventing sincerity, refashioning prudence: the discovery of the individual in Renaissance Europe', *American Historical Review*, 1997, 102: 1315.

剧性自我表征是最深层、最可靠的"①。斯蒂芬·沙平则认为，人类的身份认同感并不是固定不变的，而是随着环境的变化而不断更改的。他写道："一个人的身份是一个不断塑造的过程，而且还是不断变化和重塑的过程，这个过程贯穿于一个人的一生，发生在个体生活于其中的社会和文化环境之中。"②

马丁对于自我时尚理论的论述十分精辟。他同意这样的观点，即人关于自己的本性的认识是来自于自己所生活的时代的主流话语之中的。但他却又揭示出人是如何既拥有常见的、公共性的一面，又拥有个性、私密性的一面的。"在装扮成为一个具体的人的过程之中，存在着多个层次：天生的禀赋、情感纠结（常常是矛盾的体系）、母语、具体的家庭和教育，以及更为广义的政治、社会和文化因素——所有这一切都是塑造我们的东西，都是使我们之所以成为我们自己的东西。因此，我们永远也不能纯粹是我们所扮演的角色……"③马丁还指出了蒙田是如何对私密的自我进行对比研究的：这个自我发展于孩童时期，直至成人后在既定的社会环境中用一个面具来装扮自己。马丁对这一对比研究进行了发展，他描述了在文艺复兴和宗教改革期间，节俭和忠诚的美德是如何得到弘扬的，并认为，这都必然与私密的自我所应在公共场合展示的东西有关。人们在各种压力面前不得不戴上各种不同的公共面具（"自我的时尚……是多因素决定的……"④），而且，行为呆板、节俭和忠诚，也是不得已而为之的选择。

节俭和忠诚的语言指出了某种隐秘感，尽管这种语言是建构性的，但却不能被视为是对具体地域和时期的相关

---

① Martin, John, 'Inventing sincerity, refashioning prudence: the discovery of the individual in Renaissance Europe', *American Historical Review*, 1997, p. 1319.
② Ibid., p. 1320.
③ Ibid., p. 1337.
④ Ibid., p. 1339.

诗歌文化的一种纯粹的反映,而应视为实际上是相对独立于某种意识形态因素以及宗教或君主制的全面控制的产物。意识形态、宗教或君主制等,被格林布拉特以及其他新历史学派代表人物认为是语言的决定性因素,如果说他们没有把这些因素视为在文艺复兴时期人的身份形成过程中具有绝对霸权性地位的话……

而且,有关节俭和忠诚的所有词汇,都为分歧和对抗提供了条件,这是文艺复兴时期政治生活的一个主要特点。而这却是新历史学派在强调自我的"不自由"时所忽视或没能进行解释的东西。①

这种观照了人的共性和个性两方面特点的人性论,在文艺复兴之前便已有之,并且自那以后一直流传到今天。与那种把人性狭隘地归结为与社会角色相关的话语模式的后现代人性论相比,这种人性论更为可取。因为该理论解释了节俭和忠诚的可能性,对公私领域进行了比较研究,这一切都是后现代理论做不到的,因为后现代人性论否认比较的现实性。

于是,在文本作者对相关概念进行拾遗补漏的基础之上,探索作者所要表达的真实意图是有可能的,即便作者根本就没有直接说出自己的意图,或者是没有明确地表达出来,也同样可以对其意图进行探索。有时候,文本的本意是其字面意义的附属物。乔纳森·斯威夫特的《格列佛游记》本打算讽刺英国的乔治一世国王及其统治时期的政客们。如果了解了这一点,读者就能够总结出斯威夫特的文本所要表达的有两个层次的含义:字面的含义和字面之外的讽刺性的含义。如果我们认为该文本只不过是个离奇的故事,那我们就会认为它只有一个含义,即它的字面含义。

---

① Martin, John, 'Inventing sincerity, refashioning prudence: the discovery of the individual in Renaissance Europe', *American Historical Review*, 1997, 102: 1339-1340.

和福柯一样，今天的历史学家对于成文文本的政治意义非常敏感，也就是说，对于文本作者意欲遵从或改变的某共同体的权力关系十分敏感。斯宾格尔正确地指出，文本的政治性意图是非常重要的，而且他还认为，在对文本进行阐释时，唯有把文本的社会和政治背景考虑进去，才能对文本的政治意图予以揭示。斯宾格尔对一本名为《虚构的特平传》的文稿进行了讨论，该书描述了查理大帝远征西班牙的故事，这份文件被翻译成拉丁文和法文，并于13世纪早期在法国出版发行。由于《虚构的特平传》鼓吹法国贵族政体的荣耀，在法兰西—佛兰芒贵族势力反抗法国卡佩王朝统治期间，该书经反对者之手得到了出版。斯宾格尔说："该书带有浓厚的……党派性和意识形态……烙印，它推动了中产阶级去夺取贵族的地位和特权。"① 这是一本关于"没落中的贵族政体寻求伦理和政治救赎"的著作。② 本书的这一目的为我们提供了一条线索，使我们可以明白：那些出版该书译本的人是多么想让大家来阅读这本书。斯宾格尔还指出，这样一种意图与"身为神职人员的作者当初写这本书时的初衷之间，存在着天壤之别"③。

如何来揭示作者的意图呢？曾经有人认为，通过移情想象就可以完成这一工作。这一想象工作包括：历史学家需要想象作者对自身写作环境的自觉程度，并考虑作者的信仰、价值观和态度，还要想象作者会对上述境况采取怎样的应对措施。一般我们会用这样一种方法来阐释我们周围正在发生的事物，因此，将这种方法运用于历史分析当然也就是十分自然的事了。④ 然而，这种方法却存在着

---

① Spiegel, G. M., 'History, historicism, and the social logic of the text in the Middle Ages', *Speculum*, 1990, 65: 82.
② Ibid., p. 83.
③ Ibid., p. 83.
④ Dilthey, W., 'The understanding of other persons and their life-expressions', in *Theories of History*, ed. P. Gardiner, Glencoe, NY, The Free Press, 1959, pp. 211-225; Collingwood, R. G., *The Idea of History*, London, Oxford University Press, 1946, Pt V, sect. 4.

很多问题。第一个问题就是,它就作者的信仰、价值观和态度问题提出了一个预先假设。因此,第一步需要解决就是,如何才能了解作者的信仰、价值观和态度呢?在没有对作者的思想状态进行专门了解的前提下,我们只能想象作者的世界观和我们自己的世界观是一样的,但这样的想象却注定是错误的。因此,通过移情想象,我们无法真正地揭示别人的思想状态,尽管这一方法常常十分有助于提出可能性建议。第二个问题则是,这一方法具有很大的非批判性。一旦历史学家想象出文本作者想要表达的意图,只要这一想象性假说看上去与历史学家的研究主题及其情况之间十分吻合,那么历史学家就会接受这一假说。但是,所有的其他相关证据还会支持另外一些更为合理的假说,因此,这种吻合性是不充分的。

揭示文本作者意图的合适的方法,仍然是寻求对于所有的相关证据进行最佳解释。有依据的想象能够产生出合理的假说,但这一假说必须接受与之相对立的其他替代性假说的检验,以便揭示出哪一种假说才是最值得信赖的。人的意图通常是最难觉察的,因此负责任的历史学家在缺乏所需证据的前提下应该要承认不确定性。①

4. 文本有客观意义吗

我已经讨论了文本的字面意义、基本意义和作者意图,尽管意义本身还有一个是否存在的问题。可是,我们是否可以说文本的意义就是读者自己阅读出来的东西呢?如果真是这样,那么文本的意义就是读者的思想状态,就是读者所认为的文本的含义。随之可以得出的结论就是:有多少读者,文本就有多少意义。

然而实际上,我们常常都是将某个人对文本的解读与文本的字面意义、基本意义和作者意图进行比较。当某人所论述的文本意义不准确时,我们就会做这样的比较工作。这一做法本身就揭示出,我们将不同的意义进行了比较,但并没有将文本的所有意义都归结

---

① 可参见 McCullagh 所讨论的人们对于柏拉图的《释义》和《斐多》本意的多种不同阐释。McCullagh, *The Truth of History*, London, Routledge, 1998, pp. 152-154。

为某位读者所解读出来的某种意义。你可以认为，当我们在纠正别人的时候，我们只不过是在主张文本所拥有的某种意义，这种意义是我们所支持的，是我们的批评对象所反对的。但我们承认我们自己也会犯错误。文本的字面意义、基本意义和作者意图的确是客观的，是经由上述方法而确立起来的。诸如法律和制度等公共文件都具有客观性含义，这是大家都认可的，也是司法过程的依据。人们都希望依据前面所提到的方法对这些法律条文的含义进行解释，而不是以个人的、有倾向性的方式对其进行解释。这些方法一般足够用来确定文本的意义。一旦掌握了文本的语言、背景和意图，文本的意义通常也就能够确定了。

但如果文本语句的内涵、相互关系和对比关系是无限的，那么文本的通行意义又将如何来确定呢？我认为，对这一问题的回答就是，与实践或论证目标相关的，只是部分内涵。在文本语境中，文本的各种外在联系会增加文本意义的丰富性，并在某些时候对于决定文本的作用扮演着重要角色。在诗歌中，这一点表现得尤其明显。在诗歌这种文本形式中，确定其"通行"意义的工作，比其他文本形式都要艰难。因此，一般来说，不同的读者会对同一首诗歌进行不同的解读。

5. 概述式阐释一定是主观的吗

就某一（或多）个主题，对相关文本进行一般性综述，是历史学家记录文本意义的方法之一。例如，研究文本政治、哲学和宗教思想的历史学家，常常会就这些领域对相关文本的主要观点进行综述。因为这样的概述工作，可以使他们在不同的观点之间进行比较研究。

一直以来威胁着历史学家的一个观念就是，在没有仔细核实其真实性的情况下，历史学家就将自认为正确的关于过去的思想强加给读者。为了避免这样的错误，负责任的历史学家尽可能地提供准确、全面而丰富的相关文本概述。准确的概述，需要提供文本的细节,而且这些细节之间不能有任何冲突。而要完成一份全面的文本概述,就必须把文本中所有的要点都联系起来。一份内容丰富的概述,并不是要求把大量不同的文本罗列在一起,而是把那些切中问题的有突出特点的文本挑选出来进行综述。

让我们以对约翰·洛克的政治性文本的一般性阐释的讨论为例,来说明一份负责任的概述所要符合的前两个条件:准确性和全面性。对于历史学家来说,考察这两个条件显得尤为重要,因为如果没能符合这两个条件,历史学家所提供的概述就会是对文本的一种误读。

麦克芬森在其《占有性个人主义的政治理论》一书中指出,在洛克看来,只有那些拥有财产的人才能视为国家的公民。阿兰·莱恩则指出,麦克芬森的这一概述与洛克的本意之间是大相径庭的,因为洛克在自己的文本中清楚地表明:所有理性的成年人都应该被视为公民。① 麦克芬森之所以会有此误读,或许是因为其马克思式的立场,即认为洛克的著作是为资产阶级政府进行辩护的产物。基于此,莱恩认为在这一点上,麦克芬森的概述是不准确的。此外,麦克芬森在其他方面所作的概述也是不准确的。麦克芬森认为,洛克所说的"财产"指的是物质财富;但莱恩却认为在洛克那里,个人财产包括其有权支配、未经本人同意他人无权支配的所有东西。这样财产不仅包括个人所拥有的物质财富,还包括生命、自由和健康。莱恩评论说:"麦克芬森所作的综述,迫使人们不得不重新考虑提供一份更符合原文含义的综述。"②

概述式阐释还要符合全面性条件,关于洛克的另一个主题的讨论,可以用来说明这一条件的重要性。约翰·普拉门纳茨指出,作为一位伟大的自由主义哲学家的洛克认为,如果政府是人们共同意志的表达,那么人们就应该服从政府的管理。但约翰·邓恩却指出,

---

① Ryan, Alan, 'Locke and the dictatorship of the bourgeoisie', *Political Studies*, 1965, 13: 223.
② Ibid., pp. 227-228.

这只是洛克理论的一部分。此外洛克还认为,人们也应该为了上帝而服从政府的管理。洛克说,上帝希望人们得到保护,但这只有在秩序良好的社会中才有可能实现。因此,为了维持社会秩序以便使人们能够得到保护,人们就应该服从政府的管理。由于忽视了洛克思想的宗教神学的方面,普拉门纳茨对洛克政治契约理论的概述是不全面的。①

这些例子说明了历史学家如何通过求助于为大家所广泛认可的阐释标准来检验其同行们的阐释是否是一种误读。职业历史学家都希望关于文本的一般性概述既准确又全面。

6. 历史学家的偏见

当某位历史学家关于过去的成见,成为推动他对于有关过去的论点采取赞成或否定态度的动机时,这位历史学家对过去的阐释就不仅是错误的,而且还是有偏见的了。有时候,这样的偏见会导致历史学家从相关证据中得出不公正的推论;有时候,这样的偏见会使得他们对于某一历史人物的描述是不公正的,因为他们对于该人物有误导性的认识,即对于人物的认识是片面的和有成见的;有时候,强烈的偏好会引导历史学家去发现导致某历史事件发生的某一类因果关系证据,而忽视另外一些因果关系证据。这里就有两个例子可用来说明历史学家的偏见是如何导致对于托马斯·杰弗逊这位18世纪美国独立战争之父、美国《独立宣言》的起草人的不同认识的。

斯蒂芬·康拉德记录了人们对于杰弗逊早期所起草的名为《英裔美国人的权利观综述》一文的几种不同的理解。该文讨论了英国法规在美国的正当性问题,并认为在美国实行独立于英国法之外的法律是正当的。康拉德一开始就指出,历史学家是如何普遍地把这篇文章视为早期对于天赋人权的一种捍卫的。历史学家之所以这样

---

① Dunn, John, *Political Obligation in its Historical Context. Essays in Political Theory*, Cambridge, Cambridge University Press, 1980, pp. 29-33.

认为，是因为杰弗逊是后来被美国国会于 1776 年 7 月 4 日所通过的著名的《独立宣言》的起草人之一，而该宣言的开头便是："我们认为这些真理是不言而喻的：人人生而平等，他们都从造物主那里被赋予了某些不可让渡的权利，其中包括生命权、自由权和追求幸福的权利。为了保障这些权利，所以才在人们中间成立了政府……"杰弗逊还是美国宪法——著名的 1789 年《权利法案》修正案的起草人。在推动个人权利方面，杰弗逊太有名了，所以历史学家都把他早期的这篇文章视为对于个人权利的捍卫之作。正如康拉德所指出的，杰弗逊已经成为了维护人权的符号性象征，所以"杰出的学者可以感觉到……某种'有必要尊重这一符号性象征的责任感'，这种对于符号的'责任感'甚至作为'历史真理'淹没了符号背后的那个人"①。

康拉德继而指出，把杰弗逊早期的这篇文章解读成对于个人权利的一种捍卫，实际上是一种错误的阐释。在康拉德看来，这篇文章根本就没怎么主张支持个人权利，相反，它的大部分篇幅都致力于论述历史上各种旨在确保正义实现的各种权利主张是如何失败的案例。而且，康拉德还指出："杰弗逊还在该文中多次指出，他认为仅仅主张某种权利的法案，只能使问题更糟。"② 于是，杰弗逊关注的目光从权利问题，转向了英国法的正当性问题。③ 康拉德总结道："我认为，杰弗逊论点的基本要害，根本就不在于其对于权利的主张。"④

康拉德所要揭示的就是：历史学家对于杰弗逊早期的那篇文章的总体性阐释，具有很大的偏见，这种偏见缘于他们对于杰弗逊这

---

① Conrad, S. A., 'Putting rights talk in its place. The Summary View revisited', in *Jeffersonian Legacies*, ed. P. S. Onuf, Charlottesville, University Press of Virginia, 1993, p. 256.
② Ibid., p. 263.
③ Ibid., pp. 265-266.
④ Ibid., p. 273.

个历史人物的先入之见,即他们认为杰弗逊一定是一个维护个人权利的人。历史学家按照这种先入之见来追溯杰弗逊是如何维护个人权利的,但实际上,这样的论点是缺少充分的证据支持的。

康拉德还解释了英国人是如何看待杰弗逊早期的这篇文章的。英国人把该文阐释为"不过就是""弗吉尼亚烟草种植主(杰弗逊也是其中之一)宣布废除他们亏欠英国烟草商的巨额债务的一个决议案"①。康拉德继而指出:"我们中大多数最有学识的历史学家仍然把杰弗逊的《英裔美国人的权利观综述》一文解读成一份纯粹维护个人经济利益的宣言,如果说不一定是把它阐释成一份宣布废除债务的文件的话。"② 可见,对于这份文件,还是存在着另外一种解读方式的,这种与美国人不同的解读方式反映了英国人关注的是美国人亏欠他们的钱,在英国人看来,脱离英国法的管制就意味着会取消弗吉尼亚人亏欠英国商人的大笔债务。

历史学家的成见和利益会强烈地影响他们对文本的解读方式,这就是基本准则。这个观点并不新,但却引导着某些历史哲学家对于历史知识采取了非常怀疑的态度。

这种怀疑论最为自然的反应之一,就是指出历史学家通常是如何纠正自己同行的错误观念的,正如康拉德所做的那样。通过重新仔细考察杰弗逊的那篇文章,康拉德得以指出该文并不是要捍卫天赋人权,而是要考察之所以要反对英国法的另外一些理由。对于该文的内容及其发行历史的仔细考察,使得康拉德得出了这样的结论:该文的本意可能是要"稳定"弗吉尼亚内外"支持独立战争的美国人的情绪",以便在面对英国的非正义举措时培养一种民族认同感。③ 豁免弗吉尼亚人的债务——如果有的话,也只是一种次要的

---

① Conrad, S. A., 'Putting rights talk in its place. The Summary View revisited', in *Jeffersonian Legacies*, ed. P. S. Onuf, Charlottesville, University Press of Virginia, 1993, p. 270.
② Ibid., p. 270.
③ Ibid., p. 271.

关注。

  历史学家的偏见对于认识杰弗逊这个历史人物的影响，还可以通过另外一个案例得到说明，这个案例就是有关杰弗逊与他的奴隶莎莉·亨明斯之间关系的争论。在其妻子死后，有谣言称：自 1784 年以后，杰弗逊就与其一个名叫莎莉·亨明斯的女奴保持了长达 38 年的不正当关系，而且杰弗逊还与这名女奴生了好几个孩子。当然，这样的谣传遭到了杰弗逊本人以及一些尊敬他的白人历史学家的否认。安尼特·乔丹—里德这位法学家（而非历史学家），就针对由《托马斯·杰弗逊与莎莉·亨明斯》（1997）一书所引发的争论而展开了相关讨论。乔丹—里德指出，"大多数杰弗逊的研究者从一开始就没打算承认这一故事的真实性"①。乔丹—里德井井有条地列举了所有的相关见证人和证据，并从个体和总体两个方面对其含义进行了非常细致的考察。有人认为，杰弗逊是一位非常正派的人，他不可能做出这样的事情；作为一名有学识的人，他是缺乏性激情的；出于对家人的爱，他也不可能做出这样的事情；而且，他的种族主义观念、他对黑人的歧视，也使他不可能与黑人女奴保持那种关系。实际上，杰弗逊只不过培养了莎莉·亨明斯的几个孩子贝弗利、麦蒂逊和埃斯顿，并使他们成为了雕塑家和音乐家，而且他还让另外一个孩子哈里特结婚，成为他人的妻子，让所有这些孩子都有了自由身份。

  但是，认为亨明斯与杰弗逊有不正当关系的说法却非常强烈，麦蒂逊和埃斯顿一直都声称他们是杰弗逊的孩子，而且他们也都采用的是杰弗逊家族的姓氏；杰弗逊和亨明斯也一直同居在杰弗逊位于逊蒙蒂塞洛的房子里，其同居时间之长足够生育出所有这些孩子了；亨明斯及其孩子们，是唯一从杰弗逊家里获得自由身份的奴隶，杰弗逊家的其他奴隶都是在杰弗逊死后才获得自由身份的；而且亨

---

① Gordon-Reed, A., *Thomas Jefferson and Sally Hemings*, Charlottesville, University Press of Virginia, 1997, p. 224.

明斯的孩子们的外貌也很像杰弗逊，很多人都有这种感觉。亨明斯本人也宣称杰弗逊与自己生了四个孩子，这足以说明所有这些都是事实，而且显然乔丹—里德也在支持其真实性，尽管她十分谨慎地并没有直接承认这一点。无论如何，乔丹—里德还是正确地指出了这些证据并不能提供无可争议的证明，尽管其综合效果是有说服力的。①

人们一直以为，避免历史偏见的最佳方法，就是敦促历史学家在考察与自己的问题相关的解答证据时，保持一份不偏不倚的和超然的态度。但这种超然的态度却是无法保障的，我认为，在历史书写活动中保持强烈的理性意识，才是更好的解决之道。它包括，在提出某一推论的真实性主张之前，努力搜集与所要提出的推论不一致的证据。正是通过对相关证据的仔细考察，才可以纠正刚才所提到托马斯·杰弗逊案例中所出现的偏见。②

在实践中，产生于历史学家个人偏见的错误往往都由其同行特别是那些与其有着不同偏好的同行来予以纠正，但是，广义的文化性的偏见纠正起来就要困难得多了。本民族的历史常常颂扬本民族的领导人，敬畏本民族人民所取得的成就，而把可能发生的任何灾难都归结为别人的过错。在对民族战争进行历史描述时，这种偏见显得尤其突出，因为这个时候，本民族的美德会被夸大，而敌人的邪恶也会被夸大。这就要求其他民族的历史学家来纠正此类偏见，以期获得一个更为合理的描述。③ 在过去的几十年中，第二次世界大战之前的西方历史中所存在的其他文化性偏见，也已被察觉。书写这段历史的历史学家大多是受过良好教育的男性白种人，他们一般都会忽视工人阶级、有色人种以及妇女在历史活动中的作用。一

---

① Gordon-Reed, A., *Thomas Jefferson and Sally Hemings*, Charlottesville, University Press of Virginia, 1997, p. xv.
② 关于克服历史书写中的偏见问题的详细讨论，参见 McCullagh, 'Bias in historical description, interpretation, and explanation', *History and Theory*, 2000, 39: 39-66。
③ Berghahn, V. R. and Schissler, H.(eds), *Perceptions of History: International Textbook Research on Britain, Germany and the United States*, Leamington Spa, Berg, 1987, p. 15.

且这些被忽视的群体中有人开始抱怨自己被排除在历史活动之外，人们就会广泛意识到以往历史书写中所存在的偏见，而现在，这样的偏见再也无法被容忍了。民族性的偏见仍然在大行其道，即便就是在今天，对于全球资本主义的态度，仍然存在着非常强烈的支持或反对性偏见。有人认为全球资本主义是通向世界自由和繁荣之路；而另外一些人则认为全球资本主义是为了少数人而对全世界所进行的剥削之道。人们只是希望，在不同宗教信仰的人们之间，宗教偏见不要愈演愈烈。

在阅读历史著作的时候，将作者的文化背景也考虑进来，当然是明智之举，因为这将会提醒你：该著作中的偏见可能会来自何处。负责任的历史学家会尽可能采取理性的做法，因而避免由于其偏见而发生显而易见的错误。然而，这里或许仍然还遗留着一些批判性的读者一定会予以谅解的偏见。

7. 连贯性是文本阐释可靠性的充分条件吗

在文本阐释工作中，连贯性从来都不是文本可靠性的充分条件。某种文本阐释与另外一些可靠的相关信息之间，如果以某种方法拥有了连贯性关系，但这种方法却并不是对相关信息进行比较，也不是对其不可能性所进行的任何推论，那么，这样的一种连贯性关系显然就不是判断某种阐释是否具有可靠性的充分条件。文本阐释的可靠性，当然需要这种一致性，但更需要来自可靠信息的实证支持。

例如，经常有人指出，当现代人诉诸古代英国的议会与国王之间的宪政和契约关系来论证1688年英国大革命的时候，他们就会去看天主教徒詹姆士二世国王是如何被清教徒威廉和玛丽所取代的，但约翰·洛克在其《平民政府的两种契约》中却对他们没有记载。奎丁·斯金纳指出，由于忽视了古代的契约，洛克"拒斥和推翻了当时的一个流传最广、最有声望的政治观点"[①]。这样一种推论当然

---

① Skinner, Quentin, 'Some problems in the analysis of political thought and action', *Political Theory*, 1974, 2: 286.

与洛克所没有论述的问题之间存在着一致关系，但这里还有其他一些可能性值得考虑。例如，马丁·托马斯就指出，在理解洛克的《平民政府的两种契约》中的相关论述时，洛克所说的古代宪政式契约与对"平民权的起源、发展和终结的"一般性"理论探索"之间并不存在相关性，这一说法应该被理解为：洛克认为，在决定他所生活的时代的具体政治问题时，它们之间的确存在着相关性。① 斯金纳所提出的资料相关性假说，并不足以用来确立其假说的可靠性。任何一个相关假说的可靠性的确立，都需要就洛克对待古代宪政契约论的态度问题获取更具有实证性的证据支持。

然而，文本阐释的实证支持总是不充分的。如果有证据有力支持某一与之不相一致的观点，那么文本阐释就仍然具有不确定性。历史学家当然可以竭尽全力去排除那些不一致的证据，以便为其阐释与相关证据之间的一致性铺平道路，但只要这样的阐释是权宜性的，也就是说，没有独立的证据支持，那它就是不可靠的。

埃利森·哈纳姆就这一不确定性的根源进行了案例说明，这个案例是关于理查德即后来的理查德三世处死宫务大臣、黑斯廷斯大人威廉的具体日期问题。英国国王爱德华四世死后，他的弟弟理查德夺取了王位。黑斯廷斯大人威廉曾在爱德华四世在位时担任宫务大臣，理查德夺位后命令处死威廉，大概是害怕威廉支持爱德华四世的儿子作为王位继承人。黑斯廷斯大人威廉被处死的具体日期具有某种不确定性，有人认为它发生在1483年6月13日、星期五的那一天；但也有人认为它发生在这个时间的一周之后，即1483年6月20日、星期五。埃利森·哈纳姆支持后一种说法，其依据是：在一封写于1483年6月21日、星期六的信中，描述了该死刑的执行日期是"在过去的星期五"（on Friday last）。哈纳姆承认，这是一

---

① Thompson, M. P., 'Significant silences in Locke's Two Treatises of Government: constitutional history, contract and law', *The Historical Journal*, 1987, 31: 292-293.

个含义模糊的短语，但她又声称，"语境将澄清所有的迷惑"①。不仅通行的字面意义意味着"过去的星期五"指的是1483年6月20日，而且这个日期也与那时的相关证人和证据等所提供的事件叙述十分吻合。

除了王室编年史是一个例外，曼奇尼和所有都铎王朝的记载，都十分清楚地表明：黑斯廷斯大人威廉的死刑执行日期，距离理查德公开宣布即位的时间（1483年6月22日）很近；而且是在逮捕约克公爵事件发生（1483年6月16日）之后。这些事件的先后顺序，不仅已得到了合理的论证，而且也是最有可能和最具有逻辑关系的表述。②

实际上，这两种说法都有证据支持。许多官方文件认为，黑斯廷斯大人威廉死于1483年6月13日。为了使自己的说法与这些相左的证据之间不冲突，哈纳姆不得不断言：这些官方记载是有意歪曲事实。她写道："只要存在着以上三个事实，试图对（官方文件中）很早就出现的错误进行揭示，就显得十分困难，这三个事实分别是：承认官方记载、最终获取普遍的认可、不与理查德三世政府……公开唱反调。"③ 与哈纳姆的观点相反，沃尔夫则为第一种说法提供了证据，他甚至认为，那封包含有"过去的星期五"字样的信，有可能是在1483年6月21日的前几天写的。④ 沃尔夫还指出，历史记录上的错误，有可能并不是理查德一个人所为，而且还是：

> 两个大主教和两个大法官以及其职位后继者，以及其他几位前途无量的司法人员和平民官员，在其职权范围内，

---

① Hanham, Alison, 'Richard Ⅲ, Lord Hastings and the historians', *The English Historical Review*, 1972, 87: 238.
② Ibid., p. 240.
③ Ibid., p. 243.
④ Wolffe, B. P., 'When and why did Hastings lose his head?', *The English Historical Review*, 1974, 89: 841.

他们都是处决黑斯廷斯家族的后继者和执行者。要得出可靠的结论,是不能以唯一的证据为基础的,而是要抱着怀疑的态度去研究英国16世纪的所有历史记录。①

如果在所有的解释中没有一个最有说服力的解释,那么负责任的历史学家就会承认这一研究现状,而不是坚持自己所偏好的某种解释。哈纳姆差不多就是这样做的,她写道:"我完全同意这一观点,即把官方的错误记录认定为真实记录是有必要的,因为它是阻碍人们接受威廉死于1483年6月20日这一说法的主要绊脚石。"②

有时候,人们认为,历史学家必须遵守修辞学循环规则,这就意味着他们必须依靠连贯性,因为连贯性是让读者接受他们的研究结论的唯一的标准。以下就是在研究过程中可能会发生的三种修辞学循环规则:

第一,假设文本中的某一短语的意义不确定,那么历史学家将会挑选一个符合整个文本意义背景的解释方式来对该短语进行阐释。但为了从总体上揭示文本的意义,他们又必须了解作为文本的构成部分的那个短语的意义。他们必须通过判断哪一种阐释是最具有连贯性的,来决定短语在整个文本中的意义以及它作为文本的组成部分的意义。

第二,历史学家借助于对文本的阐释来揭示过去所发生的事情。但为了更好地阐释文本,历史学家就有必要去了解文本的背景,这个时候,文本如何能为其背景提供证据支持呢?历史学家必须通过判断哪一种说法最具有连贯性,来决定该文本的历史起源以及其诞生背景。

第三,或者还有这种情况:在阐释文本意义时,历史学家需要

---

① Wolffe, B. P., 'When and why did Hastings lose his head?', *The English Historical Review*, 1974, 89: 844. 哈纳姆为捍卫自己的观点,对此也作出了回应,参见Hanham, 'Hastings Redivivus', *The English Historical Review*, 1975, 90: 821-827。
② Hanham, 'Hastings Redivivus', *The English Historical Review*, 1975, 90: 826.

对文本作者创作文本的目的进行判断。这个时候,同样的问题出现了,即文本如何能为其创作目的提供证据呢?历史学家必须在承认连贯性的前提下,挑选出它们之间最有连贯性的说法,来对文本的意义和目的进行阐释。

以上是三种假设的情况,在历史描述中真正会发生的是如下这些情况:

第一,在大多数文本中,绝大多数短语的意义都较为清晰,因此作为整体的文本的意义也十分容易确定。在这种情况下,对于某个意义含糊的词或短语进行阐释就不是什么难事了。在英语词汇中,"bank"一词的含义较为含混:它可以指坡度较陡的堤岸,也可以指金融机构。如果我说,天气好的时候,我喜欢坐在河"bank"上读书,这时,你很容易就明白我所说的"bank"指的是堤岸,因为在这个句子中,其他词汇的意义都比较明晰,而唯一意义含混的词汇"bank",根据日常用语背景,其含义也是很容易确定的。

第二,有时候,唯有通过研究文本产生的背景,我们才能了解该文本的历史作用。在上文有关黑斯廷斯大人威廉的具体死亡日期的争论案例中,我们看到了这种情况。但是,正如这种情况所表现的那样,文本本身绝对不可能是其自身背景的唯一证据。否则的话,历史学家就有的受了。但通常情况下,其他的文本会就目标文本的背景提供大量的信息,因此确定该文本的历史作用就并不是很难的事了。

第三,历史学家会在阐释文本时探索文本作者的创作意图,这同样也是一个事实。通常会有大量独立的信息告诉我们有关读者的情况以及文本写作的背景,这些信息使得历史学家会对作者的意图有一个公正的认识。

在对作者意图进行阐释时,总有某种阐释是最优秀的、最符合相关语境和历史背景的。但当历史学家手头缺乏足够的证据,而只有连贯性可以支持某一观点的时候,负责任的历史学家对这一观点的可靠性会保持谨慎态度。

三、历史行为、事件和实践的意义

行文至此，我们一直在讨论文本的意义。现在我们将转而简要地讨论一下历史行为、事件和实践的意义。探讨历史行为、事件和实践的意义的途径有三：第一，追问历史行为、事件和实践对于所涉对象意味着什么，文化历史学家对此类意义形式很感兴趣；第二，追问历史事件的重要后果是什么，或者它们是否是某一重大变革的组成部分；第三，指出具体历史事件与对于该事件的一般性的和理论性的说明之间，是一种怎样的指代关系。

1. 历史事件对于当事人的意义

在过去的几十年中，有些历史学家深受人类学家克里弗德·格尔茨的影响，即在历史行为、事件和实践所发生的社会文化背景中来探索它们的意义。这一主张似乎认为，文化决定了人类主体观察其行为并对其行为进行阐释的方式。格尔茨还有一个主张就是，历史学家可以从人类行为中推论出该行为所发生时的文化背景的价值观。格尔茨十分清楚历史行为的意义对于当事人、对于旁观者，以及对于历史学家来说，是多么不同。但是在实际的研究过程中，他又常常忽视了上述区别，因为他把习惯做法的意义等同于具体执行者的行为意义。例如，在一篇有关巴厘岛人斗鸡活动的著名论文中，格尔茨通过观察巴厘岛人的行为来得出他们对待斗鸡的态度。文森特·克拉潘扎诺对格尔茨的这一观点提出了批评。克拉潘扎诺指出，在格尔茨看来：

> 在斗鸡活动中，人与动物、善与恶、自我与本我、勃起的雄性的创造力与脱缰动物的毁坏力，都融化在憎恨、残忍、暴力和死亡的血战之中。正如其不变的规则一样，很少有人关心胜利者的主人何时把失败者（公鸡）的尸体（通常已被胜利者啄咬得遍体鳞伤）拿回家享用。胜利者的

主人在这个时候总是带着社会成就感、道德满足感、美学圆满感和嗜血成性的快感等综合情感来做这一切的。①

以这种方式来解释所有参与斗鸡活动的巴厘岛人的行为甚或是格尔茨所描述的巴厘岛人在斗鸡活动中所具有的那种情绪体验,是十分不可取的。负责任的历史学家会在三种意义来源即当事人、旁观者以及历史学家之间作出谨慎的区分。

试图在文化中发现某种思维风格或模式证据的文化历史学家,都沉湎于想象某种思维模式的影响力,而忽视了事实是否果真如此以及若是果真如此,该思维模式是如何影响历史事件,又是在多大程度上发挥其影响力的。莱恩·亨特的《法国革命的家族罗曼史》一书就是这方面的一个例证。在这本书中,亨特考察了18世纪法国文学、艺术和法律中有关家族的描绘和讨论,并注意到法国的多次革命是如何经常使用家族的比喻来描述其政治关系的。亨特还发现,在演讲、书籍、小册子以及绘画中,都把处死路易十六和玛丽·阿东尼比作是杀死坏父亲和母亲。亨特指出,"博爱"(fraternity,也译为"兄弟"——译者注)和"自由"、"平等"一起,成为法国革命的口号之一。革命者把自己看作是一个大家庭中的兄弟。② 显然,某些法国革命的参与者,以家庭内部纷争即兄弟们杀死他们的父母的分类方式,来阐释法国革命。

亨特书中的一个十分含混不清的地方,就是她对家庭与政治过程之间的内在联系的看法。有时候,她用家庭的比喻来表达她自己对于法国革命事件的阐释。国王死后,限制父权的相关法律出台了③,亨

---

① Crapanzano, Vincent, 'Hermes' dilemma: The masking of subversion in ethnographic description', in Writing Culture, The Poetics and Politics of Ethnography, ed. J. Clifford and G. E. Marcus, Berkeley, University of California Press, 1986, p. 72.
② Hunt, Lynn, The Family Romance of the French Revolution, Berkeley, University of California Press, 1992, pp. 67-69.
③ Ibid., pp. 40-42.

特评论道:"共和制显示了其反父权制的导向:政治上的父亲已经被杀死了,而日常生活中的父亲也必须服从法律的制约,或者是被国家的权威所取代。"① 亨特一般性地表达了这样一种观念,即家庭作为一种有意和无意的比喻,有助于政治话语的形成。那么它是否也推动了政治行为呢? 亨特提到了西格蒙德·弗洛伊德在《图腾与禁忌》一书中对社会契约的起源所作的论述。弗洛伊德曾在该书中讲述了这样一个兄弟们谋杀其父亲的故事,在杀死父亲后,兄弟们把父亲的女人全留下来供自己享用,并随后形成了一个新的社会,在这个新社会中,他们都要遵守法律的制约。亨特认为,这是说明家庭与政治权力之间的密切联系的另一个证据。一方面,亨特指出了"政治秩序的性心理基础"②,这暗示着一旦国王被认为是一个坏父亲,而革命者被认为是兄弟,那么,处死国王多少就是不可避免的事情了,就像弗洛伊德所说的那样。另一方面,亨特又指出,至少在1794年之前,兄弟间的"博爱"是革命者有意识的目标之一③,她把这称为"一种建立在公平和民治基础之上的政府模式"④。有评论者发现这种对于家族比喻的不同用法,是十分让人头痛的事。"精神气质、政治风格、探索模式、政治正本和意识形态,所有这些都作为'家族罗曼史'的组成部分,在不同的时刻发挥着作用。"⑤

毫无疑问,许多革命者在有些时候都把国家看作是一个家庭,国王和王后是父亲和母亲,革命者是儿子,儿子最终长大成人,要自己来管理国家。但这并不是革命者所使用的唯一比喻,亨特也承认,国王的死也被某些人比喻为一种仪式,一种清除恶的王朝统治

---

① Hunt, Lynn, *The Family Romance of the French Revolution*, Berkeley, University of California Press, 1992, p. 67.
② Ibid., p. 10.
③ Ibid., pp. 12-13.
④ Ibid., p. 73.
⑤ Jones, Colin, 'A fine "romance" with no sisters', *French Historical Studies*, 1995, 19: 283.

的仪式。① 而且，家族比喻又是如何影响历史事件的，在这方面亨特除了为我们提供了一个概念化的把握方式之外，从总体上来说，我们对于具体的影响方式仍然不清楚。

贾伊·弗莱格尔曼的《浪子与浪人：反对父权制的1750～1800年美国革命》也存在着十分类似的问题。弗莱格尔曼考察了美国人使用家族比喻来阐释其与英国以及后来的美国"之父"之间关系的方式。弗莱格尔曼仔细描述了18世纪发生的"革命"中人们对父亲本质的种种认识：有人认为父亲的本质就是通过严刑峻法来管制其天性顽劣的孩子；也有人认为父亲就是通过示范来培养其孩子的思想和性格，从而引导他们为将来独立的生活作好准备。② 弗莱格尔曼说，这种"反对父权制的革命"在美国革命中找到了其"最重要的表达方式"，即美利坚作为一个国家从大不列颠政府的统治中独立出来。③ 但关于父亲本性说观念的变化是如何对政治事件产生具体影响的，弗莱格尔曼并没有说，实际上，他是在为独立战争寻找合法化依据，就像托马斯·佩恩写《常识》一书的目的一样。

显然，法国和美国的革命动机，远不止是家族比喻。即便是在革命意识形态盛行的今天——今天的人们总是以公民权理论作为革命的旗帜，这一比喻也只是扮演着一个很小的角色。负责任的历史学家是不会去过分地鼓吹大众文化观念的历史性作用的。人们对自己所参与的历史事件的作用的认识，应该尽量清晰明确。

2. 作为历史作用的意义

行文至此，我们认为，历史行为、实践或事件的意义，是可以在它们所表达的观念和态度中找到的。但历史学家还会研究另外一种意义，它栖居在不同的历史行为、实践或事件的意义关系网络之

---

① Hunt, Lynn, *The Family Romance of the French Revolution*, Berkeley, University of California Press, 1992, p. 11.
② Fliegelman, Jay, *Prodigals and Pilgrims. The American Revolution against Patriarchal Authority*, 1750—1800, Cambridge, Cambridge University Press, 1982, pp. 1-2.
③ Ibid., p. 5.

中,而且这个关系网络还处于一个历史性叙事的大背景之中。维克多·特纳早已指出,"意义是通过回顾整个的世俗生活过程而获得的……这一过程中的每一个部分的意义,都要通过诉诸整体结果才能获得"①。因此,历史学家有时候把某一历史事件看作是某场战争或革命的导火索,或者是某一变革过程的转折点。亚瑟·丹托将这一点精彩地表述如下:

> 从历史性意义的角度出发追问历史事件的作用,就是追问一个只有在整个故事的背景中才可以找到答案的问题。同一个事件可能在这个故事中拥有不同的作用,这要取决于它处于故事的哪一个部分,或者换句话说,取决于它可能与之相连的随后的事件所具有的差异性……追问某一历史事件的意义,就是要准备接受这样一些文本,在这些文本中,该事件被认为具有某种作用。这就是"历史中的意义",而且追问这样的意义是合法的。②

事件的历史性作用包括几种不同的模式。因果关系模式就是其中的一种常见的模式,即如果某历史事件引起了另外一起被认为是十分重要的历史事件的发生,那么,前者就是具有某种作用的历史事件。有时候,历史事件引发某行为效应的历史性作用,是人为的。例如,某文本的出版发行、某戏剧的上演,以及政治领导人的肖像,都可以解释为试图有意提高或诋毁上述对象所拥有的权力的合法性和权威性。换句话说,这些历史活动的意义取决于它们所有意要达到的效果。凯文·夏普把这种使用文本、戏剧或艺术工作的方法,称之为"表征政治学"(the politics of representation),在这里,文

---

① Turner, Victor, 'Social dramas and stories about them', in *On Narrative*, ed. W. J. T. Mitchell, Chicago, University of Chicago Press, 1981, p. 153.
② Danto, Arthur, *Analytical Philosophy of History*, Cambridge, Cambridge University Press, 1965, pp. 11-12.

化工作被用来发挥劝说的作用，即劝说观众接受或摒弃所描述对象的权威性。① 夏普解释了这一切是如何设计出来的：其设计目的不仅是要表达创作者所拥护的观念，而且还要呼吁观众接受这些作品所宣扬的观点和态度。正是以这种方式，夏普把许多公共作品都视为"协商"的产物，即艺术家或政客与他们的受众之间协商的产物。同样，有时候某作品的政治内涵是否就是历史学家所发觉的或者是否就是作者的本意，这又是一个不确定的问题。例如，夏普就写道："德赖登的《押沙龙与亚西多弗》就试图清除宗法主义以及与之相关的专政和绝对主义威胁论，以便重新确立皇权的有效性。为此，他还重申了人类堕落前支持国王的自然状态，并且（厚颜无耻地）抛掷出其辉格党派做法以与自由党派作对。"② 人们不禁要问，是否这果真就是德赖登写作本书时的本意呢？

历史行为、事件或实践的后果，并非一定是有意要提供某种意义。或许，它们就是一些后果而已，只是历史学家把它们视为具有某种重要性的东西。例如，内文斯和康马格就探讨了邦克山战役的历史作用，以及它是如何被解释为"伟大的""独立战争的第一场战役"的。内文斯和康马格说，邦克山战役的重要性已经远远超出了它的直接后果。因此，他们描述道：

> 这场战役告诉美国人，即便没有很好的组织或装备，他们也能阻击最正规的欧洲部队，而且美国人也通过这场战役大大增强了自信心。当时驻北美的英军总司令豪对这场战役深感痛心，这也是一场让他永远无法忘怀的战役。后来，豪的职位被盖奇（将军）取代，豪则毫无颜面地被召回英国，并羞愧地表示，是自己迫使美国军队参与了这

---

① Sharpe, Kevin, 'Representations and negotiations: texts, images, and authority in early modern England', *The Historical Journal*, 1999, 42: 853-881.
② Ibid., p. 866.

场战役,也正是这场战役迫使英国付出了参与整个战争的代价。①

这里既有这场战役的真实历史后果,也有历史学家认为是对美国独立战争具有重要性的、也是他们打算继续进行叙事的后果。这场战役的作用已不仅仅是其在叙事中的作用,也不仅仅是其真实的历史性作用,而是这两者的结合。

有时,某个历史事件的作用,并不是引发某一重要后果,而是整个重要事件的组成部分,而这一整个事件模式,则是历史学家在对该事件的研究中发掘出来的。请注意,内文斯和康马格是如何把邦克山战役称为"伟大的""独立战争的第一场战役"的,这就是给这场战役设定了其在整个战争中的位置。正如丹托所说的,一个历史事件可以在不同的事件模式中拥有重要的位置。例如,有人会把英国在美国独立战争中的失败看作是英帝国解体的第一步;而另外一些人则会认为,这是新的民族国家——美利坚民族国家诞生的第一步。就像革命和复兴模式的并行一样,历史中的成长和陨落模式的并存,也是十分常见的事情。这样一种做法——把历史事件看作是诸如此类的模式的形成,被称为归纳法。② 这是一种叙事阐释模式,我们将在第五章中对此进行讨论。

历史学家和他们的读者通常会对历史事件的作用特别感兴趣,特别是当这些事件有可能会在现在或将来再次发生的时候,就更是如此了。别忘了内文斯和康马格所说的美国人从邦克山战役中所获取的认识,即"他们能阻击最正规的欧洲部队"。能带来经济繁荣、制度性正义与和平的历史事件,对于今天的我们来说,也具有相似

---

① Nevins, A. and Commager, H. S., *America. The Story of a Free People*, 3rd edn, Oxford, Clarendon Press, 1966, pp. 82-83.
② Walsh, W. H., *An Introduction to Philosophy of History*, London, Hutchinson, 1958, pp. 59-64; McCullagh, 'Colligation and classification in history', *History and Theory*, 1978, 17: 267-284.

的效应，因此，它们也都是我们今天感兴趣的话题。

3. 具体事件与一般、理论性的事件说明之间的指代关系

历史学家长期以来都执迷于研究各种社会形态中的经济、政治和社会结构的某种变化根源。例如，马克思考察了封建主义向资本主义社会过渡的起源，而在马克思之后，许多学者都相继去做同样的研究。还有一些学者会去寻找民主革命的原因。查尔曼斯·约翰逊提出了著名的革命性变革一般要素论，该理论认为，革命的一般要素包括："疏离、招募新人、意识形态转换、对抗以及结构性颠覆。"[1] 埃米利·涂尔干就研究了劳动在社会中不断分化的过程，以及自杀的原因。

通过比较和研究众多具体情况，这些历史学家能够找到其所考察的那类历史事件的主要诱因。例如，涂尔干就发现，已婚并居住在安稳的乡村教区的天主教徒的自杀率，要低于单身并居住在社会流动性很强的城镇的新教徒。涂尔干的一般性结论是："某一社会群体自杀率的高低，与组成该群体的个体整合程度成反比。"[2] 至于劳动分工，涂尔干发现，这是人口增加和经济竞争所造成的专业化的结果。在这种专业化的条件下，人们之间的相互依赖关系越来越加剧，因此，社会的稳定性也就随之增强了。[3]

通过对具体案例的比较和研究，不仅可以促成此类一般性理论的诞生，而且还可以产生出一些与之相左的理论观点，这些观点要求对先前的理论进行修改。例如，涂尔干就发现，社会孤立性并不总是导致自杀，劳动分工也并不总是会导致社会稳定性的增强。相反，当有群体感到不满的时候，分工就会加剧行业或政治冲突。今天的社会科学家已经意识到，他们所认定的社会结构性变化的原因，

---

[1] Johnson, Chalmers, *Revolutionary Change*, 2nd edn, London, Longman, 1983, p. 182.
[2] Durkheim, Emile, *Suicide. A Study in Sociology*, London, Routledge and Kegan Paul, 1952, p. 209.
[3] Durkheim, *The Division of Labour in Society*, trans. George Simpson, New York, The Free Press, 1964.

并非必然会导致他们所设想的某种后果,但通常会增加该后果产生的可能性,其他的事情也与此类似。①

因此,在结构性历史语境中,个别历史事件所发挥的作用就表现为:或者是支持某种一般性理论;或者是提出一种与之相左的另一种理论观点,以期对前者进行修改。

---

① 更多有关历史结构性变革以及其多变性的案例,参见 McCullagh, *Justifying Historical Descriptions*, Cambridge, Cambridge University Press, 1984, ch. 10。

第三章 证实关于过去的描述

对过去发生的事件进行可靠的描述,是历史学家的社会责任。各个共同体都会求助于历史来了解自己文化传统的起源,并对自己的社会实践进行价值评价。它们依赖于历史学家就上述问题以及其他有关过去的传统和实践,为其提供值得信赖的信息。

历史学家如何才能证明自己对过去的描述是可靠的呢?大体说来,通过展示自己的描述是从可获得的证据以及其他先前业已存在的有关过去的信息中合理推导的结果,历史学家就可以证明其描述的可靠性了。本章将解释和举例说明历史学家用来证实其关于过去的描述的可靠性的各种论证方式。

历史学家无法证明自己的描述是绝对真理。对世界作绝对真实的说明,是对所有可能的感性经验、过去、现在和将来进行的一种理想的解释,是一种无法企及的东西。但通常历史学家都拥有足够的资料来支持自己对过去的描述:它们是值得信赖的,因为它们可以驳斥所有批判性探究,而且最终会成为理想解释理论的一部分。简言之,人们通常有理由相信历史学家所作的描述的真实性。

尽管历史学家无法证明关于过去的描述的真实性,但他们却可以为人们提供理由,让人们相信他们的描述是真实的。也就是说,他们能够展示其描述的合理的可靠性。历史描述有一个合理度的问题,同时,合理的可靠性还存在着一致性程度的问题。负责任的历史学家会十分谨慎,在没有充分证据支持的情况下,他们不会夸大其结论的确凿性,而是会指出这些结论所具有的推测性。

当历史学家对过去进行了推论,并继而对之进行验证的时候,他们会在这一过程中考虑到他们认为具有真实性的大量有关自然、社会和历史的信念。正是通过这些知识的帮助,他们得以阐释其证据观,并对过去进行新的揭示。有时候,他们的预言也会被历史发现彻底推翻;但更常有的情况是,他们的一般性历史假说都被历史发现部分地更正了。问题是,历史学家无法保证其用来推导新历史结论的全部信息都是可靠的,并逐一去对它们进行验证。他们的结论的合理性和可靠性,总是与一定的假说相关联,因为在得出这样的结论时他们必须采用这些假说。这是一个无伤大雅的问题,只要这些假说本身有其他观念的支持,你就可以认为其具有科学有效性。如果这些假说具有合理的可靠性,那么建立在其基础之上的历史推论也就具有合理的可靠性了。

人们会发现一个有趣的现象,那就是历史发现总是相互建立在对方的基础之上。证据会指明某些过去的行为,这些行为会揭示行为主体的精神状态,而这些精神状态又会反映有关行为主体实施行为的背景的更多事实。这其中的关系都是解释性的:行为的描述有助于证据解释;对于主体的精神状态的描述有助于解释他们的行为;而对于主体行为环境的描述又有助于对其精神状态进行描述。

你可能已经注意到了,我说过,历史描述"有助于解释"有关过去的特定事实。希望发现某种事实,一般是历史学家在对过去进行调查时的出发点。他们不想对可获得的证据全部进行解释,而是希望找到自己感兴趣的部分。实际上,他们只是大致浏览可获得的证据,并从中找出他们认为与自己想要的信息具有针对性的相关证据。的确,把一封信、一份记录、一张照片或某些其他物质材料叫做"证据",严格说来也是一种不充分的描述;它们一定是某种证据,而历史学家挑选出来作为证据的,是那些他们认为可以对其希望揭示的历史事实有所助益的证据。

为了解释某些可观察的证据的存在,历史学家需要求助于关于事物产生的或然性或可能性原因方面的一般性知识。有时,他们的一般性知识与某一特定事实非常契合,以致他们所要达到的结论可以被毫不犹豫地认为是可靠的,这种推论方式可被称为"直接推论"。而在另一些时候，历史学家并没有自己想要的直接知识信息，于是他们不得不求助于具有一般性的关于证据的可能原因的知识来形成关于该证据产生环境和条件的假说。历史学家有时会自信地认为，正确的假说可能就在所列举的众多可能性之中，这种推论形式被称为"最佳解释论证"。最常见的情况是，处于以上两种推论之间的一种推论是：一般性知识使得某一假说被认为更具有可能性，但要对此进行证实，历史学家还需要寻找其他证据支持，我把这种推论形式叫做"混合推论"。

历史学推论建立在一般性知识、历史学家研究的证据的通常原因的有关知识，以及历史学家所形成的关于过去的假说的通常含义的有关知识基础之上。这种一般知识的来源是多样化的。有些是关于人性和日常活动的常识性知识；有些是关于某种语言（历史学家的母语或他们所学的其他语言）的意义的知识；有时候，历史学家还会采用由自然科学家或社会科学家所创立的一般性理论。历史学家自己提供了关于文化和社会制度，关于某些单词、符号、行为和事件以及常规活动的意义等方面的一般性知识，它们既包括技术和法律方面的，也包括商业和军事方面的，等等。任何时候，一般性知识都必须是一种规定，具有"法则式"的常规性。这些法则式规定的性质将在本章的第二部分进行讨论。我们还会在第二部分讨论这些法则式规定的可靠性是如何建立起来的。

以上所说的推论指的是那些旨在就单纯事件得出结论的历史描述活动。历史学家有时也有兴趣对过去的人物和事件进行归纳性描述。现在我所说的归纳不一定是法则式的，而是偶然性的。本章的第三部分将考察两种常见的偶然性归纳方式，一种是对事物的一般分类特征进行界定；另一种是对某类事件在既定社会中发生的常见因果过程的界定。

对历史进行描述的另一种归纳方法，就是为某一历史主体提供一般性阐释。为方便起见，我会在本书的第六章中对此进行讨论。

最后，有些历史学家对各种社会制度和结构以及它们之间的相互关系非常感兴趣。这些结构是否存在已遭受质疑，但我们却有很好的理由去相信它们的存在。证实有关社会结构的描述将在本章的第四和第五部分予以讨论。

一、证实对单纯事件的描述

历史学家希望更多地了解自己已经认识颇多的某一历史时段或时期，一般是他们从事历史研究的出发点。通常情况下，他们的研究是从提问题开始的，即就他们已经相信在过去的确发生的事件提出具体的问题，以此寻找某类信息。

带着这些问题，历史学家会从他们认为有望获取自己想要的信息的地方来寻找相关的证据。为了解释这些证据，他们需要运用自己的相关知识，即发生在所调查历史时期的具体事件的相关知识，以及有关在该历史时期事件运作过程方面的知识。这些过程方面的知识，有一部分是具有普遍性的人性方面的真理；还有一部分是具体的调查对象所特有的；再有一部分是该历史时期的一般性事实。

根据可获得的证据，对过去的具体事件进行描述，有三种常见的推论方式。第一种我把它叫做"直接推论"；第二种是"最佳解释推论"；第三种是"混合推论"。

1. 直接推论

直接推论通过将证据和描述联系起来的归纳法，根据某一类证据信息，对过去进行描述。例如，假设有位历史学家正在研究一堆信，这些信看起来像是出自同一个人之手。再假设这位历史学家或其他历史学家已经确定了其中大部分信件的作者。如果这位历史学家在考察另外一部分信件的作者时，发现这部分信件与其他信件有着相同的笔迹、相同的遣词造句风格、相同的地址和签名，那么，这些信就无疑和其他信一样出自同一作者之手了。所有这些信都拥有上述这些共同特征，那么就可以合理地认为它们是同一作者所写。

直接推论的基本逻辑形式很简单：

（1）某证据拥有 X、Y、Z 特征；

（2）所有拥有 X、Y、Z 特征的事物都是经由拥有 A、B、C 特征的过程而产生的；

（3）所以，此证据是经由拥有 A、B、C 特征的过程而产生的。

在上述案例中，X、Y、Z 指的是新的特征，而 A、B、C 则指的是这些信产生的过程，这一过程取决于具体的作者及其写作方式，比如是听写的，还是直接用钢笔书写的。

然而，这一基本形式必须能够反映每一个前提和结论的合理可靠性程度。如果每个人都可以认出这些信的特征，那么很有可能这些特征本身就有问题了。如果这些特征并不常见，而是很独特，比如笔迹和签名的风格等，那么这些信就很有可能是出自同一作者之手。结论的或然率与前提的或然率之间是一种函数关系。因此，如果每个前提的真实性或然率是 0.9，那么，结论的或然率就是 0.9×0.9，也就是 0.81。所以，直接推论最好是这样概括：

（1）某证据拥有 X、Y、Z 特征的或然率是 p；

（2）所有拥有 X、Y、Z 特征的事物经由拥有 A、B、C 特征的过程而产生的或然率是 q；

（3）那么，此证据经由拥有 A、B、C 特征的过程而产生的或然率就是 p×q。

历史学家通常都能够非常准确地识别证据的特征，存在争议的往往是第二个前提的或然率问题，即把证据与其产生条件联系起来的归纳问题。例如，假设你正在阅读有关阿伯拉尔的材料，这位 12 世纪初巴黎杰出的哲学教授、牧师，与自己的一个聪明的女弟子赫鲁伊斯有染。他们之间的不正当关系后来被赫鲁伊斯的叔叔发现了，那时，他们已经秘密结婚并生了一个孩子。阿伯拉尔于是就把赫鲁伊斯送到了一处修道院，赫鲁伊斯的叔叔则迫使阿伯拉尔把自己阉割掉，这使得阿伯拉尔几乎在远离赫鲁伊斯的一个宗教社区也难以活命。这个故事充满了戏剧性,或许你能够发现所发生的更多细节。但对于这一事件最具有细节性的说明,却是阿伯拉尔自己所写的一份资料,这就是有名的《灾难史》。

也许你会想,既然阿伯拉尔是在亲自描写发生在自己身上的事,那么他对所发生的事而进行的说明应该是相当准确的了。现在,让我们来考察一下这一结论的真实性,它依赖于这样一个归纳:当事人对自己亲身经历的事件进行描述,这种描述应该是最具有准确性的。但是,这一归纳尚需要论证,因为有些当事人会歪曲事实,美化自己的形象。可是,历史学家吉尔森却认为,我们完全可以排除这种可能性,因为阿伯拉尔在记录中写道,是他自己引诱了赫鲁伊斯,目的就是为了满足自己的性欲,而且这些举动都是在赫鲁伊斯本人不愿意的情况下发生的。吉尔森作了如下评论:

> 我们只能以自己的方式对阿伯拉尔进行推测。然而,需要补充的是,他对自己入木三分的自我分析,表现出他所具有的个性特点,这种特点本身就激励我们相信他所说的话,更何况,目前也没有来自其他渠道的事实材料能证伪他所说的东西。[1]

为了回应阿伯拉尔的《灾难史》,赫鲁伊斯给他写了回信,这些信反映了所发生的事。吉尔森认为,这同样值得信任。"他们俩所说的话……并不是为自己歌功颂德,而是深入剖析自己的缺点。这就是为何他们值得信赖的原因所在。"[2] 吉尔森的归纳所依据的是:如果人们所描述的是自己亲身经历的事,而且在描述的时候当事人还敢于揭露自身的阴暗面,那么,这就证明他们所记录的有可能都是

---

[1] Gilson, Etienne, *Heloise and Abelard*, trans. L. K. Shook, Ann Arbor, University of Michigan Press, 1960, p.1.

[2] Ibid., p.36.

值得信赖的事实。

这一归纳一旦经由简单的推论表述出来，就可以进行仔细推敲了。最近有位叫做缪斯的学者，就对吉尔森的归纳提出了质疑，并为其质疑提供了理由。在考察《灾难史》的文本时，缪斯指出：

> 阿伯拉尔的职业意图，就是要展示圣灵如何发挥其感召力使得他能够战胜千难万苦，从一种自负而堕落的生活走向为上帝的意志而献身的生活……
>
> 他杜撰了这些事件以符合他的这一主题，即一名成功但却道德放荡的老师是如何转变成皈依上帝的信徒的……
>
> 阿伯拉尔之所以要展示自己的罪恶，是为了告诉人们，这些罪恶最终是如何因为皈依上帝而得以战胜的……他的主题是，真正的慰藉并非来自妇女，而是来自圣灵和至善的上帝……
>
> 其叙事的核心，就是强调因皈依上帝而获得的感召力，要远远超过因肉体快感而获得的慰藉……
>
> （他）几乎不承认他在 15 年前所写的那些情书的意义。[①]

吉尔森无意揭露该文本的道德说教意图，而是认为该文本的确存在着职业意图。一旦文本资料被认为是一种说教，一种有职业倾向的材料，那就有理由怀疑其隐藏在字里行间的、所传达的信息的真实性了。的确，缪斯提到了该文本中有几个短语具有哲学意义。"教条主义者认为，阿伯拉尔是在'色欲的驱使下'或赫鲁伊斯'受真爱的驱使'等诸如此类的看法，都是没能认清这些短语的修辞性特点，是阿伯拉尔和赫鲁伊斯有意采用的，每个短语都担负着特定

---

① Mews, C. J., *The Lost Love Letters of Heloise and Abelard. Perceptions of Dialogue in Twelfth-Century France*, Basingstoke, Macmillan, 1999, pp. 31-35.

的功能。"① 因此，我们不应该像吉尔森那样，过于相信《灾难史》的真实性。

吉尔森起初的论证采用的是这一形式：

（1）证据即《灾难史》描述的是作者亲身经历的事件，并把作者自己表现为一个邪恶之人；

（2）只要文本这样做了，那么它所描述的事件就很有可能是真实的；

（3）因此，《灾难史》所描述的事件就很有可能是真实的。

缪斯的观察降低了这种可能性，其所涉及的是另一种归纳，它大体上是："只要文本这样做了，但其目的却是要通过夸大作者的邪恶本性从而强化某种效果的话，那么，作者本人的邪恶性程度有可能就没有所描述的那么严重，尽管所描述的大部分事件都是真实的。"一般说来，一个归纳的条件性要求越高，其准确性就越高。

因为历史推论的结论，即便是直接推论的结论，都存在着错误的可能性，因此，负责任的历史学家总是努力寻找可证伪自己结论的相关信息。历史描述的可靠性与证明性证据和证伪性证据之间都是一种函数关系。因此，吉尔森的评论，即支持《灾难史》可靠性的主张："目前也没有来自其他渠道的事实材料能证伪他所说的东西"至少说明了这样一个事实，那就是：如果有来自其他渠道的事实材料能证伪阿伯拉尔所说的东西，那么我们就有理由怀疑其真实性了。②

2. 最佳解释推论

历史推论的第二种十分常见的形式，是最佳解释推论。历史学家如果想就自己所发现的某类信息提出某种假说，并因此而不得不诉诸一般性知识，来形成一个合理的关于证据起源的假说，但又缺

---

① Mews, C. J., *The Lost Love Letters of Heloise and Abelard. Perceptions of Dialogue in Twelfth-Century France*, Basingstoke, Macmillan, 1999, p. 144.
② 关于直接推论的进一步讨论，可参见 McCullagh, *Justifying Historical Descriptions*, Cambridge, Cambridge University Press, 1984, ch. 3.

乏有力的直接证据支持的话，那么他们就可以使用最佳解释推论这种论证方法。正如该推论形式的名称所显示的那样，它是通过判断哪一种假说对证据产生这一有待研究的问题最具有解释力来完成其推论过程的。严格说来，只有当历史学家把所有合理假说都考虑在内，而且不能把最佳解释遗漏在外的前提下，最佳解释才有可能是成立的。

哲学家、考古学家柯林伍德对这一历史推论形式进行了界定和评述。他以侦探故事为例对此进行了说明：在侦探故事中，侦探需要就谁是杀人凶手问题考虑各种假说，并致力于求证某一最符合大量证据且与已知事实不相违背的假说。据悉在谋杀案发生时就在现场附近的人，都属怀疑对象。[①] 在其考古著作中，柯林伍德还举例说明了有几种考古学研究都要用到这种推论形式。其中最有趣的就是关于罗曼城墙，也就是有名的哈德雷长城的修建目的的讨论。罗曼城墙横贯英格兰北部地区，东西连接了泰恩河和索尔韦湾（大约在纽卡斯尔和卡莱尔之间）。没有直接的证据证明该城墙的修建目的，于是，历史学家不得不对此进行推测。在柯林伍德之前，有研究者认为该城墙的设计和修建是为了抵御苏格兰人从北部边境入侵和掠夺罗曼城。历史学家猜想，罗曼士兵可以凭借绵延在城墙顶部的长廊作为掩体抵御入侵者。但柯林伍德指出，有几个事实与这一假说不符。其中最重要的一点，就是绵延在城墙顶部的长廊只有三四英尺宽，不足一米高。柯林伍德写道："这样的空间，不足以让一个人穿过身后实际的火线；如果'火'线包括了人的投掷空间、必要的身体姿态所占的空间，以及一架重型六英尺的矛（一种重型标枪）所占的空间的话，那么长廊根本就没有空间能满足所有这些需要。长廊实际也不可能成为强有力的、具有威胁性的射击点，即便在最有利的情况下也是如此；想在长廊里搬动伤员也是根本不可能

---

① Collingwood, R. G., *The Idea of History*, London, Oxford University Press, 1946, pp. 266-282.

的。只要有几具尸体……就能使长廊彻底阻塞。"① 柯林伍德的观点是，如果罗曼墙的修建目的是为了用作作战平台以抵御苏格兰人的入侵的话，那么，罗曼人应该把城墙修建得更宽一点。柯林伍德还指出，在城墙上也没有发现火炮和梭堡等罗曼人典型的防御武器和工事。该城墙的修建目的，是为了用作作战平台，以保护英格兰人免受苏格兰人的侵略，这一假说因此与它实际的宽度之间就不相符合了。因为如果这一假说成立的话，那就意味着绵延在城墙顶部的长廊应该比实际的宽度要宽得多。

因此，柯林伍德提出了另外一种解释性假说。在罗曼墙上均匀地分布着堡垒，可用来容纳士兵。柯林伍德的观点是：该城墙有好几个功能。首先，它是划分英格兰与苏格兰的地标，以此为界，苏格兰人不许南下。其次，它充当了一个防御屏障的作用，可以阻挡"走私者、强盗以及其他不受欢迎的人"进入英格兰。② 最后，最具有意义的是，它包括一条高起的、保护性长廊，这样边防士兵就可以在这个高台上巡逻，眺望远方苏格兰军队是否有入侵的打算，而且，罗曼防卫士兵还可以凭借在城墙上的堡垒中的屯兵，支援击退来犯之敌的地面作战。

注意，这一假说是合理的，因为它提供了罗曼人的一般性战略知识，并解释了为何该城墙如此狭窄和薄弱。如果该城墙只是用作临时性的屏障物和一条眺望走廊，那么它就没有必要修建得太宽或太坚固。这一假说解释了为何罗曼墙"沿着险崖"而修建，其原因就是为了帮助守卫士兵看得更远。③

为了进一步证实这一假说，柯林伍德考察了该城墙其中一个功能的内涵。罗曼墙的最东边，濒临索尔韦湾河口处，这样就可能会给入侵者经由水路南下并登陆河岸提供方便。因此，柯林伍德认为，

---

① Van der Dussen, W. J., *History as Science. The Philosophy of R. G. Collingwood*, The Hague, Martinus Nijhoff, 1981, pp. 226-228.
② Ibid., p. 7.
③ Ibid., p. 9.

该城墙可能就是一个方便士兵上下的边防巡逻哨卡，尽管为了给边防士兵更远地眺望经由水路来犯的敌人提供更多的方便，该城墙未必得修建在如此之高的地方。可是，如果他的假说是正确的，那就意味着该城墙顶部的长廊上还应该均匀地分布着堡垒。而后者正好又是他的发现，这样，堡垒的发现就又反过来证实了他的假说。[①]正如柯林伍德的预言，在罗曼墙遗址上考古发现了这样的堡垒。如果某一假说所能解释的东西，比当初预计得还要多，它的可靠性就会增加。随着解释范围的扩大，该假说的可信度通常会相应地提高。

注意，在以上两个案例中，即侦探故事和有关罗曼墙修建目的的讨论这两个案例中，都没有历史学家想要的直接推论信息。但是，历史学家了解大量的可能性，他们可以依据这些可能性形成一系列假说。这些假说都建立在关于可获得的证据的可能原因的一般性知识的基础之上，这样的假说可以形成必要的信息。谋杀犯可能就在谋杀发生处的附近；罗曼墙的修建目的可能就是为了保护英格兰人免受北部苏格兰人的入侵。以这种方式，一般性知识限定了假说的范围，但却没有为其中任何一个假说提供强有力的支持。

再次注意，柯林伍德的假说只是为罗曼墙的几个特征提供了说明，也就是说，对那些看起来与他所想要的信息有关的特征进行了说明，这些信息都与该城墙的修建目的相关。他并没有解释该城墙是如何修建的，也没有说明罗曼人是如何决定修建边防的恰当地点的。他当然也没有为罗曼墙的起源提供全面的解释。

最佳解释推论的一般形式大体如下：

可观察的证据可能是经由拥有某一特征的过程而产生的；

拥有这一特征的过程大体包括 $H_1, H_2, H_3, \cdots, H_n$；

有理由相信，H_1 是其中最具有可能性的；

因此，可观察的事实很有可能就是 H_1 导致的。

在本案例中，可观察的证据就是哈德雷长城，而导致该城墙产

[①] Collingwood, *An Autobiography*, Oxford, Oxford University Press, 1970, pp. 129-130.

生的过程则可能包括保护英格兰人免受北部外敌入侵这一目的。

拥有这一特征的一系列可能性意图分别是：（H_1）士兵把城墙当作作战平台，直接从城墙顶部击退敌人；（H_2）士兵把城墙当作巡逻高地，在敌人未到达之前发现敌情，从而确保士兵能够迅速走下城墙，击退敌军。

有理由相信 H_1 是不成立的，因为该城墙太狭窄了，无法实现在城墙上击退敌人的意图。因此，罗曼墙是因为意图 H_2 而修建的。

有必要指出的是，柯林伍德还提供了进一步的论证。他四处寻找并发现了与意图 H_2 相一致、但却与意图 H_1 不一致的证据。如果（H_1）该城墙的修建意图是为了充当作战平台，那么（E_1）它就应该延伸到河湾入口处以外。但如果该城墙的修建意图（H_2）只是为了充当放哨走廊，那么（E_2）它就无须这样做了，尽管堡垒可用来屯兵。

这一论证形式大体是这样的：

如果假说 H_1 是真的，那么证据 E_1 就会存在，但如果假说 H_2 是真的，那么证据 E_1 则不会存在；

如果假说 H_2 是真的，那么证据 E_2 就会存在，但如果假说 H_1 是真的，那么证据 E_2 则不会存在；

证据 E_1 并不存在，但证据 E_2 却存在；

因此，假说 H_1 是假的，而假说 H_2 则是真的。

以上所介绍的最佳解释推论，其实是一种淘汰式论证。如果知道真实的推论很有可能就在范围明确的一系列可能性之中，而且这其中除了一个假说之外其他所有的假说都与事实不符，那我们就有充足的理由去相信剩下的那一个假说就是真实的推论。

有时，历史学家无法像柯林伍德那样自信地排除所有的错误假说，只留下对其证据的最佳解释性假说。这时，他们不得不权衡每一个假说的利弊。为了在它们中间进行选择，历史学家要考察好几种解释性假说各自的特征，以观察它们中有谁为证据提供了最佳解释。

一个解释性假说应该以什么样的方式来"符合"业已被人们所相信的有关主题的信息呢？为了使某假说更好地符合这些已有的信息资料，（1）信息资料必须能够提出各种有待证实的假说，这意味着假说必须尽可能地具有合理性；（2）假说必须有容纳大量且不同的可能性信息资料存在的空间，也就是说，假说必须拥有很大的解释性范围；（3）假说必须有容纳或然率程度很高的信息资料存在的空间，并因此拥有很强的解释力；（4）必须既没有信息资料表明这一假说的不可能性，也没有其他假说表明该假说的不可能性，因此，该假说不会被其他合理的信念所证伪；（5）该假说一定不能包括附加的临时权宜性成分，而只是为了与似乎可证实自己的信息资料之间相吻合。要根据以上五个标准来判断所有假说的合理性，如果有某个假说在这些方面超出了其他假说很多，以致其他假说无法与之相媲美，那么，就可判定这个假说是可靠的（注意，简单是理论解释和形而上学解释的一个优点，这不是一般性知识的题中应有之义，而是为对所观察的规定性本质进行说明而从事想象的产物）。

因此，把这一标准体系运用在罗曼墙修建目的的案例中，那就是：（1）该城墙的修建有可能是用作作战平台；也有可能是用作巡逻走廊，以保证边防士兵更容易发现来犯之敌；（2）假说要能解释城墙的高度和宽度，以及它为何在索尔韦湾戛然而止，如果该城墙的修建目的是用作作战平台，那么这些特征将无法得到解释；（3）巡逻走廊的假说使得该城墙实际的特征具有很高的可能性，并比其他替代性假说所提供的可能性要大得多；（4）没有其他信息资料与巡逻走廊的假说相违背，而城墙顶部长廊的狭窄性却与作战平台的假说不相符合；（5）巡逻长廊的假说也不存在任何权宜性因素。因此，高地巡逻长廊的假说比其他假说也即作战平台假说更具优先性。[1]

---

[1] 最佳解释推论的进一步讨论，参见 McCullagh, *Justifying Historical Descriptions*, Cambridge, Cambridge University Press, 1984, ch. 2。

3. 混合推论

有时，直接推论的结果是不确定的，为了增强其确定性，历史学家会强调它提供了某类最佳解释的信息资料，一般都是与某类证据相关的事实。因此，历史学家综合运用了两种论证方法，即直接推论和最佳解释推论，这就是为何这种论证方法叫做混合推论的原因所在。

缪斯考察了标明日期在 12 世纪初期的两个人之间的一堆情书①，并指出，这些信一定是阿伯拉尔和赫鲁伊斯所写。② 这些信的内容、"语态、用词和文风"③ 都与阿伯拉尔和赫鲁伊斯的非常接近，所以，缪斯认为这些信有可能就是他们所写。这里所用的归纳就是：如果在上述这些方面，一封信与其他信件之间非常相似，那么所有这些信就有可能是出自同一作者之手。

但是，这样的主张却遭到了彼得·德罗克的反驳。德罗克认为，这些信中所显示的信息似乎是阿伯拉尔和赫鲁伊斯两人之间从未有过任何肉体上的接触，这与实际情况不符。④ 缪斯认为，能证明信中的确包含了德罗克所说的这种含义的证据是十分"脆弱"的。⑤ 缪斯指出，即便这些信的确暗含着两个作者之间存在着一种纯洁的关系，那也不能推翻这些信的作者是阿伯拉尔和赫鲁伊斯这个假说，因为有可能这些信是他们两人在没有发生肉体关系之前写的。⑥ 无论如何，为证明自己的假说，缪斯考察了各种可替代的可能性，并得出结论：没有任何一个替代性可能可以比自己的这个假说更能说明这些信的相似性特点。他写道："这些信的深度和哲学内涵，根本

---

① Mews, C. J., *The Lost Love Letters of Heloise and Abelard. Perceptions of Dialogue in Twelfth-Century France*, Basingstoke, Macmillan, 1999, p. 6.
② Ibid., p. 143.
③ Ibid., p. 143.
④ Ibid., p. 6.
⑤ Ibid., p. 7.
⑥ Ibid., p. 118.

就是其他作者所无法企及的。"① 换句话说，这些信就是阿伯拉尔所写，而"在阿伯拉尔的学生中，能有资格写出这样回信的也只能是赫鲁伊斯"②。

在混合推论中，历史学家的一般性知识意味着历史事实是建立在某类证据的基础之上的，结论的可靠性则是通过展示自己是同类结论中对相同或进一步的信息资料最具有解释力的而得到加强的。缪斯不仅考虑到了这些情书所具有的特征意味着它们的作者是阿伯拉尔和赫鲁伊斯，而且还指出，如果这些情书的作者是其他人，那就无法对这些信的上述特征进行最佳解释。

这里再列举混合推论的另外一个案例。它就是克拉克教授对威尔顿折闭式双连画意义的说明。③ 折闭式双连画是一种小型便携式圣坛背壁装饰画，由两块画板构成，中间用合叶连接，每块画板上都是两面作画，高度约半米。没有文字资料说明这件折闭式双连画上所描画的人物是谁，以及他们在做什么。克拉克认为，这件画上的一些细节、它所描绘的人物和符号，与国王理查德二世非常相似。例如，在其中一块画板上所画的领肩，据悉就是理查德二世在1394～1395年间曾经用过的款式；在另一块画板上，带着链条和皇冠的白色公鹿徽章，出现在跪地国王的披袍上，也是1390年之后理查德二世常见的着装风格；戴在国王脖子上的、点缀着金雀花荚（或壳）图案的金质领圈，也是法国查尔斯六世于1395～1396年在自己的女儿与理查德二世举行订婚仪式时送给理查德二世的。所有这些特征都意味着，画在其中一块画板上的那个跪地的国王，代表的就是理查德二世，但这却不是定论。断言所有这些特征的综合意义，在逻辑上是一个困难，但如果画上这个人物想要表现的就是理查德二世，

---

① Mews, C. J., *The Lost Love Letters of Heloise and Abelard. Perceptions of Dialogue in Twelfth-Century France*, Basingstoke, Macmillan, 1999, p. 143.
② Ibid., p. 143.
③ Clarke, M. V., 'The Wilton Diptych', in Clarke, M. V., *Fourteenth Century Studies*, eds L. S. Sutherland and M. McKisack, Oxford, Clarendon, 1937, pp. 272-292.

那就有助于说明在这件画上所有这些特征的综合意义。因此,假说的解释力有助于证实假说。

附带提一句,我们也要注意这一假说所提供的解释的局限性。它通过告诉我们画中的人物想要表现的是谁,解释了这幅画为什么会选择这些符号。可是,它并没有告诉我们是谁画的这幅画,又是谁出钱资助了这幅画的创作,以及这幅画所要表现的是什么样的场景。它只是解释了其所用符号的倾向性意义。但这却恰好是历史学家最想要的信息。也许我们应该把这种推论叫做:对有待证实的信息资料的"部分最佳解释推论"[1]。

下面介绍混合推论的第三个案例。罗斯戴尔对于19世纪发生的从挪威到苏格兰的移民现象很感兴趣。她指出,"后来的书面材料"为"斯堪的纳维亚人的定居点"提供了"肯定的但却是值得怀疑的记载"[2]。因为这些材料都是"后来"的记载,而且也不甚详细,因此她对其可靠性表示了怀疑。但通过揭示这些值得怀疑的假说所暗含的其他证据,她得以对这些假说进行了证实,并因此扩大了这些假说的解释范围。如果斯堪的纳维亚人如文献所记载的定居在苏格兰,那你一定可以在他们居住的地方找到证据,而罗斯戴尔所发现的就是这些证据。她写道:"斯堪的纳维亚人地名和坟墓的分布、农场和(白银)储藏的分布,都与后来的文字记载相一致。"[3] 特别是墓碑和白银对她确定移民的具体时间(大约就在19世纪)更是帮了大忙。一千年以后,如果没有了这些文物和遗迹,证实这些假说就很困难了,因为文物和遗迹会因遭受破坏而逐渐消失。

在这一部分中所描述的三种推论形式,都是建立在可观察的证据基础上对关于过去的问题进行回答的方式,也可依据它们关于过

---

[1] 克拉克关于威尔顿折闭式双连画的进一步讨论,参见 McCullagh, *Justifying Historical Descriptions*, Cambridge, Cambridge University Press, 1984, pp. 93-98。

[2] Roesdahl, Else, *The Vikings*, trans. S. M. Margeson and K. Williams, London, Allen Lane, 1991, p. 213.

[3] Ibid., p. 213.

去种种具体情况的可靠描述而进行相关的推论，它们是对某一关于过去的描述进行证实的标准方式。

二、法则式规定

法则式归纳，就是能担保反事实性陈述成立的归纳。如果能担保其反事实性陈述"如果它是 A，那它也会（有可能）是 B"成立，那么"所有（或大多数）A 都是 B"这个归纳就是一个法则式归纳。这就是为何法则式归纳在历史推论和解释中如此实用的原因所在。它可以从已知的东西推论出未知的东西，并对其进行证实。

自然与社会的法则起初就是用来说明事物具有常规性的规定的。纯净水在地平面达到摄氏 100 度的时候就会沸腾汽化，这是自然法则，因为这种现象可以不断重复地被观察到。同样，说英语是澳大利亚人的习惯做法，因为他们几乎总是普遍遵守这一惯例。这不仅仅是几率问题。我们无法观察某一现象一定与另外一种现象相关，所以我们用一种法则式关系来说明这种常规必然性。这样，我们就可以合理地去预测与一般情况类似的但却没有观察到的个别情况，就像历史学家所讨论的大多数情况一样。自然法则要比个人和社会实践法则更具有可靠性，但它们在推论和解释中所发挥作用的途径与自然法则是相同的。

历史学家在对过去的事件进行推论时会经常用到法则式归纳。正如我们前面所解释的，直接推论建立在对某类证据的历史意义的法则式归纳基础之上。吉尔森认为，阿伯拉尔的描述是真实的，因为他把自己描述成一个坏人，在吉尔森看来，一般情况下，历史事件的当事人如果把自己在事件中的角色描述为一个坏人，那么他所记录的事件就可能是值得信赖的。对于人类行为的这种归纳适用于所有人；它的范围具有普遍性。

最佳解释推论也要用到一般性知识，无论是提出合理的解释性假说以说明可获得的证据，还是为了验证这些假说而对其内涵进行推论，都是如此。就某类事件的原因提出多种可能性的归纳，是回顾式归纳；而对某类事件的后果提出多种可能性，则属于前瞻式归纳。

柯林伍德对于哈德雷长城修建目的的推论，就是一个十分有趣的案例。它既运用了法则式归纳及其内涵，也运用了对修建该城墙的罗曼人思想的重建式想象。首先，柯林伍德提出了一个回顾式归纳：如果人们修建一个诸如罗曼城墙这样一个巨大的建筑，那么他们一定认为这样一个建筑对他们很有价值，可以帮助他们实现自己想要实现的某种目的。这是对人类普遍本性的一个归纳。接着，柯林伍德又站在罗曼人的立场上，试图想象为何他们会修建这样一座城墙。为了引导自己形成有关该城墙可能用途的种种假说，柯林伍德必须援引有关这样的城墙在罗曼人时代的可能用途方面的一般性知识。该城墙可用来作为作战平台，也可用来当作巡逻走廊。在这种情况下的归纳不是法则式的：修建这样一座城墙的目的不存在法则式规定。相反，这样的一般性知识是一种常识，而非一种必然联系。柯林伍德可以借助于自己有关罗曼人军事史知识的考察来获取该城墙的常识性用途，而这也就是建造者的倾向性意图。

柯林伍德对于这两个假说的可验证的内涵所作的推论，都是合理的。如果罗曼人想要的是一个作战平台，那么他们一定会判断出：应该把它修建得更宽一些，因为这是作战所必需的，太狭窄的城墙无法容纳士兵作战。历史学家明白这一点，因为他们拥有罗曼人作战方式方面的一般性军事技术知识背景。而如果罗曼人想要的是一个巡逻走廊，那么他们就没有必要把它修建到索尔韦河湾以外的地方，但却仍然有必要修建一些堡垒以作屯兵之用。在这些推论中所用到的各种归纳都是常识性的，因此很容易识别。它们分别是：（1）如果人们相信某一大型建筑缺乏效率或没有必要，那么他们就不会去修建它；（2）如果他们认为某建筑的确有必要，比如用来屯兵的堡垒，那么他们就会去修建它。我之所以说"会去"是因为支持的意见有时会被反对意见所阻拦。这些都是前瞻性法则式归纳，它们是对具有常识性的情况的一种合理反应，历史中的许多法则式规定都可判定为在特定情况下的一种合理的行为方式。

正如我们在本章的导言部分所说的，历史学家所用的法则式规定来自于各种不同的方面。正如我们所看到的，历史学家常常援引有关人性和日常活动方面的一般性知识。这些一般性知识已被人们广为接受，以致都无须进行证实，除非建立在其上的推论与已有的成熟历史观相违背。可是近来，17~18世纪在欧洲文艺复兴时期建立起来的、经由19世纪马克思、弗洛伊德和尼采而发展起来的传统人性论却遭到了一些哲学家的挑战，后者根本就不承认有所谓的本质存在。一般性知识的另一个常见来源是关于语言意义方面的知识，特别是语言所使用的单词的意义和指涉。语言学家通常可以提供可靠的语言知识，无论是过去的还是现在的，都是如此。历史学家只是在常见意义似乎并不符合文本之时，才对术语的意义提出了挑战。这个时候他们就会研究单词的用法，以判断其在自己所研究的特定文化范围内的意义和指涉。最后，历史学家有时也会援引自然和社会科学家的相关理论，以助于理解自然界的活动和社会结构的变革。尽管他们并不挑战已知的自然法则，但他们有时会对社会科学家所提出的不具有确定性的规定提出质疑。在一个社会变革中具有意义的规定，并不总是在另外一个社会中也同样管用。

这就提出了历史学家所采用的各种规定的适用范围问题。人们已经普遍接受了这样一种观念，即文化和社会的规定性，只有在表现自己的特定文化和社会背景下才具有意义，而在其他文化和社会环境中却未必同样具有意义。尽管这已是多门社会科学（包括人类学、人种学、社会学、经济学和政治学）所考察过的观念，但它们仍然是历史学家偶尔会研究的对象。在下一章的结尾部分，我们会详细研究社会实践（习惯做法）以及其在解释人类行为中的重要性。

一种行为模式要具有多高程度的常规性，才能成为法则式规定呢？这是一个很难回答的问题。科学家通常都会研究大量不同条件下的各种情形，然后才能对它们是否是法则式规定得出有把握的结论。如果能从受人尊敬的理论中推导出这种规定性，还会增加他们的自信心。然而，历史学家却无须遵守这一程序，他们通常只要参照几种不同的文化和社会规定性情况，就足以判定该规定性是否是自己所考察的特定文化和社会环境中的规范。因此，他们要面对的唯一的问题，就是判断在特定的文化和社会环境中，该规定性的适用范围。有些词汇只在小型的亚文化圈子中使用，而有些社会习惯做法则是特定的社会机构所特有的现象。在服兵役期间你必须向上级行军礼，但在大学中就不必了！

建构能够涵盖普遍情况的社会变革一般性理论，是非常困难的。一般性理论所能做的，看来只能是就主要变革的原因以及其在每一种特定情形下的各种不同的影响提出各种可能性。至于每一种变革到底会产生怎样的具体影响，就是历史学家的事了。这里就有两个相关的案例：历史学家参照经济学理论来说明英国18~19世纪在工业革命期间的工业增长。

经济学理论主张，工业增长首先可归因于对于工业产品需求的增长。莫克尔就考察了日益增长的工业产品需求所具有的重要性，他评论说："在诸如工业革命这样的历史性活动中，需求的因素只能在特定条件下才能发挥其作用，而这些条件则是我们需要予以仔细研究的。"① 例如，产品需求的增长只能导致供应的增长，"如果经济中存在着大量可进入生产领域的未充分利用的资源的话"②。实际上，在考察工业革命期间需求增长的相关证据时，莫克尔收获甚微。需求增长对于工业增长产生明显刺激作用的唯一案例，是棉制品行

---

① Mokyr, Joel (ed.), *The British Industrial Revolution: an Economic Perspective*, 2nd edn, Boulder, CO, Westview Press, 1999, p. 59.
② Ibid., p. 60.

业：对于棉制品的需求增长，推动了发明者提高该行业的产量。①近来，甚至这一最温和的结论也遭到了质疑，有专家认为，"18世纪60年代的经济大发展根本就不能解释为需求增长驱使下的结果"②。

另一个案例则可以从克拉夫茨的著作（1955）中获取。在一篇技术性很高的论文中，克拉夫茨指出，新古典经济增长理论，没有能够说明工业革命期间英国工业发展以及其后的衰败所具有的某些特征。他对所谓的"内生式增长模式"作了如下简要解释：

> 内生式增长模式的核心，就是假定广泛的投资——包括人力和物力以及研发而产生的生产知识的投入，会推动经济的增长，而且这一增长是建立在生产的可再生因素（它们不会在生产循环过程中消失）积累的基础之上。单位资本收益的长期增长，无须外部技术进步的支持便可实现。③

克拉夫茨评价说，这样的理论把增长视为投资的产物，因而无法说明1776~1834年"工业革命时期经济的快速增长"以及"1873年以后的经济萧条"现象。④ 在某一行业范围内可推动生产技术进步的微观投资，可用来说明某些增长现象，但却不可用来说明所有的经济增长现象。这使得克拉夫茨继莫克尔之后指出，宏观投资也在其中扮演着一部分重要的角色。⑤ 克拉夫茨写道："这一观点为外源式技术冲击提供了可能性空间。"⑥

---

① Mokyr, Joel (ed.), *The British Industrial Revolution: an Economic Perspective*, 2nd edn, Boulder, CO, Westview Press, 1999, p. 63.
② Crafts, N. F. R. and Mills, T. C., 'Endogenous innovation, trend growth, and the British Industrial Revolution: reply to Greasley and Oxley', *The Journal of Economic History*, 1997, 57: 955.
③ Crafts, N. F. R., 'Exogenous or endogenous growth? The Industrial Revolution reconsidered', *The Journal of Economic History*, 1995, 55: 746-747.
④ Ibid., p. 755.
⑤ Ibid., p. 757.
⑥ Ibid., p. 757.

克拉夫茨后来捍卫了自己的这一结论。他指出，19世纪后期各个行业中的研发都有一个密集型发展时期，而20世纪晚期的经济合作组织（OECD），却没能带来生产力的任何惊人发展。① 显然内生式创新并不足以用来说明工业革命时期的特定经济增长现象。克拉夫茨写道："没有理由认为技术变革可以被解释为整个都是通过内生式创新完成的——不能排除（外源）宏观投资促发随后的（内生）微观投资的空间。"②

一般社会和经济理论求证的困难，使得它们很难受历史学家的普遍欢迎。比方说，罗纳德·伯格就对唐纳德·伍德华德有关近代初期英国的辅助工人和建筑工匠问题的论述进行了相关评论。他写道：

> 近代初期城市历史学家面临着一个困境：花费数月——甚至是数年的时间对浩瀚的行政管理方面的信息资料进行定量分析，以求获取严谨科学或实用的方法，来为这个时期描绘一个完善而合理的图景，但却因为缺乏严谨性而遭受批评……或许该是我们放弃过于依赖耗时的研究以获取统计学的确定性以及所谓的科学严谨性的时候了，而应该转向如艾琳·鲍威尔这样的经济历史学家所用的那种创造性方法——鲍威尔为前工业化时期的辅助工人提供了丰富和多样的描述。③

问题是，如果缺乏与所描述对象相关的统计信息，人们就没有

---

① Crafts, N. F. R. and Mills, T. C., 'Endogenous innovation, trend growth, and the British Industrial Revolution: reply to Greasley and Oxley', *The Journal of Economic History*, 1997, 57: 954.
② Ibid., p. 955.
③ Berger, R., Review of *Men at Work: Labourers and Building Craftsmen in the Towns of North England, 1450—1750*, by Donald Woodward, *The American Historical Review*, 1996, 101: 1539-1540.

办法说清楚其描述在多大程度上具有典型性。

有些历史学家不仅无法忍受统计学的方法,而且其精确性和实用性也是他们所关心的问题之一。比方说,工业生产率有时也是对需求的反应,这一发现在证实宏观经济理论方面是有用的,但它却并非总是正确,即便在其正确的时候,它也丝毫无助于揭示实业家所注意的过程,即需求的增长及其应对。在帮助我们理解微观层面的因果过程中,它做得也并不多。作为对上述反对性意见的回应,我要指出的是,宏观历史对于社会的价值是重大的。政府在制订经济和社会政策时,想要了解其政策的宏观效果。如果这些政策能刺激产品需求,那么这是否会带来制造业的发展?了解了企业家个人是如何为发展自己的产业而进行决策的,并不能帮助你认识像他们这样的群体一般或大部分可能会怎么做。正因为宏观历史是一个难点且具有一般性,所以我们不应该放弃它。为了建设好政府,我们应该切实地发展它。① 我想添加的唯一条件就是,理论一定不能被可获得的统计数据所局限。比方说,政府在公共资产所有权、税收、债务控制、研发以及教育方面的政策对于经济所产生的影响,就是无法进行量化的。②

三、偶然性归纳

一旦就某一历史话题参考了大量可靠的信息资料之后,历史学家有时就想把自己所发现的这些信息资料所具有的某些共同特征进行总结。他们是通过归纳来完成这一工作的,但这不是法则式归纳,而只是对自己碰巧已经获取的这部分信息资料的一种反映。这就是

---

① David Cannadine 已经揭示出对于工业革命的阐释是如何反映了其得以产生的社会利益的,参见 David Cannadine, 'The present and the past in the English Industrial Revolution 1880—1980', *Past and Present*, 1984, 103: 131-172.
② Davis, J. A., 'Industrialization in Britain and Europe before 1850: new perspectives and old problems', in *The First Industrial Revolutions*, ed. Peter Mathias and J. A. Davis, Oxford, Blackwell, 1989, pp. 63-67.

为何这种归纳被称为"偶然性归纳"的原因所在。

在历史书写中,有两种偶然性归纳比较常见。一种界定的是某类事物的全部或大部分要素所具有的属性;另一种描述的是共同的因果过程。下面我们将逐一来探讨这两种偶然性归纳。

1. 属性归纳

要发现某类事物的偶然属性,就必须对该类事物的内容进行考察(具有讽刺意味的是,本质属性有时是从事物的描述性定义中推论出来的)。考察完某类事物的内容之后,历史学家常常发现,他们的最初的印象是有条件的。就拿上面刚刚讨论过的"英国工业在1760~1830年间获得快速发展"这一案例来说吧,在考察英国在此期间的工业发展状况时,历史学家发现,上述论断只在部分情况下是正确的,而非全部正确。历史学家常常会允许自己的归纳有一两种例外情况发生,但当自己的论断的出错率超过所考察内容的一半时,这样的论断就不得不被当作大体错误的东西而遭放弃了。

莫克尔在其对工业革命的精彩讨论中,对比研究了"传统经济"与"现代部门"。前者指的是"农业、建筑业、家庭工业以及其他传统'贸易'";后者指的是"制棉业、钢铁铸造和精细加工、工程、重工化学、开采业、部分运输业,以及一些消费品制造业如文具和纸张等制造业"[①]。然后,他对英国工业革命期间的经济变化作了如下更具有差别性的归纳:

> 在传统和现代部分之间进行区分,可以帮助我们把工业革命期间英国的经济变化概括为三叉式经济变革;第一,小型经济部门推动了技术革新十分快速而急剧的发展;第二,技术革新的大发展又带来了小型经济部门以传统部门所无法比拟的速度向前发展,并在整个经济中的比重日益

---

① Mokyr, Joel (ed.), *The British Industrial Revolution: an Economic Perspective*, 2nd edn, Boulder, CO, Westview Press, 1999, p. 12.

增加；第三：现代部门中的技术变革逐渐渗透到传统部门的分支领域，导致传统部门最终被部分现代化了。①

证实这些归纳，对于莫克尔来说是很轻松的，因为他知道现代工业与传统部门的基本原则，而且能够对其分别进行考察。

有时，作为研究对象的某类事物拥有太多的构成要素，以致无法对它们全部进行逐一考察。这时，历史学家不得不依赖于具有代表性的样本来证实其归纳。统计学已提供了几种技术性很强的取样方法，这些方法可分别用于不同的情况。这里，我会用案例说明，确保所选取的样本真正具有代表性是十分重要的，不仅如此，这个案例还会告诉我们，有时对象研究物的所有要素并非都具备相同的特征。

梅耶罗威兹就提供了这样一个有趣的案例，这个案例说明了建立在不恰当的样本基础之上的归纳，是错误的归纳。梅耶罗威兹考察的话题是弗雷丹在其《女性的奥秘》一书中所表达的主题，即第二次世界大战后，曾在战争和经济萧条期间独立工作的妇女，却赞同妇女要居于从属地位，要做居家女人这一观点。梅耶罗威兹指出，弗雷丹"关注的主要是四本妇女杂志上的短篇小说"，她把这些故事当作了自己研究的证据。②梅耶罗威兹在"更大范围"的"样本中"（包括一些在相对较小的圈子里发行的刊物）选择了"非虚构的文章"，来展现美国社会的多样性。③"所有这些杂志样本"，她写道，"都既支持妇女要居家，又支持妇女要走出家门，有时甚至在同一句子里也会有两种态度出现。在这些文章中，居家观念与正在形成中的一种强调个人成就的精神气质之间构成了一种张力关系，并与之

---

① Mokyr, Joel (ed.), *The British Industrial Revolution: an Economic Perspective*, 2nd edn, Boulder, CO, Westview Press, 1999, p. 15.
② Meyerowitz, Joanne, 'Beyond The Feminine Mystique: a reassessment of postwar mass culture, 1946—1958', *The Journal of American History*, 1993, 79: 1457.
③ Ibid., p. 1457.

并存。而强调个人成就的精神气质鼓吹的则是非居家运动、个人奋斗、公共服务以及公共成就。"①

为什么弗雷丹会得出如此错误的结论呢？其中部分原因就是她所选择的样本范围太小，不能真正代表美国妇女的总体特征。但在梅耶罗威兹看来，这里还存在着另外一些原因：首先，弗雷丹强调的是社会特征的统一性而非多样性。在弗雷丹看来，美国社会中关于妇女地位问题只有一种主导性的观点，这就是她在自己所阅读到的妇女杂志上所看到的那种观点。今天的历史学家更加关注社会中互相"冲突、矛盾和具有竞争性的各种声音"②。其次，弗雷丹为了支持自己的观点，对证据进行了断章取义地裁减。③或许这与她先前就认为只有一种占主导地位的观点有关。

在验证归纳时，历史学家所要面对的第三个问题，是寻找可靠而有用的有待探讨的特征指标。可靠的指标肯定标志着特征的出现，而且指标也很管用，如果很容易确证的话。

在第一阶段，莫克尔考察了对生活在1760~1850年间的英国人的生活水平提高问题进行归纳的证据。④历史学家遇到的主要问题，就是要努力证实这一归纳是与可靠而有用的"生活水平"指标相统一的。不同的指标体系会得出不同的结果。

经济历史学家所用的两种生活水平指标分别是总消费水平和实际工资收入水平，以此为衡量指标，他们发现"1760~1820年间的生活水平大体没有多大变化，而在随后的1820~1850年间却有了大幅度提高"⑤，但这一指标体系本身的有用性也遭到了质疑。总消费水平是以投入和产出之间的差额来衡量的，而对投入与产出的评估

---

① Meyerowitz, Joanne, 'Beyond The Feminine Mystique: a reassessment of postwar mass culture, 1946—1958', *The Journal of American History*, 1993, 79: 1458.
② Ibid., p. 1457.
③ Ibid., pp. 1479-1480.
④ Mokyr, Joel (ed.), *The British Industrial Revolution: an Economic Perspective*, 2nd edn, Boulder, CO, Westview Press, 1999, pp. 116-126.
⑤ Ibid., p. 116.

又是建立在"主观性很强的资料"基础之上的①，因此，总消费水平的证据并不可靠。实际工资水平作为指标也遇到了困难，因为收集数据资料的年份可能不能代表全部状况；而数据资料所代表的又仅仅是成年男性的工资收入状况，忽视了妇女和儿童的工资状况，后者据悉变化很大。早期的调查者还忽视了自营者所挣的"工资"，如独立艺术家、农场工人和家庭工人，他们的收入并没有随着工厂正规工人工资收入的增加而提高。他们也没有失业问题，特别是在农业中更是如此。最后，实际工资水平作为测量生活水平的一个指标，其可靠性也受到了质疑："如果实际工资的增加被劳动条件恶化所抵消的话，那么实际工资的增加可能并不意味着生活水平的提高。如果城乡工厂的工作和生活越来越繁重、危险和痛苦，那么实际工资的提高就会被这些困难所抵消了。"②

可用来测量生活水平的另外一套指标体系就是莫克尔所谓的"生物性"指标：死亡率、人口出生率、婴儿死亡率以及人群平均身高等，这些都被认为是与营养和生活方式的改进紧密相关的反映体系。死亡率的确在所调查的那个时期（1760～1850 年间）下降了，但"这却又因为多种原因而成为一个有缺陷的指标，这其中的一个主要原因，就是因为它们取决于人口的年龄结构"③。出生率和婴儿死亡率大约在 1820 年之前都有所下降，后来就几乎没有什么变化或变化甚微。人口平均身高也与此相同："的确，在 1850～1854 年间出生的、有共同特点的一组人，要比在 19 世纪出生的、有共同特点的一组人矮。"④ 这些数据与经济指标所推导出来的数据不相符合，因为在经济指标体系下，1820 年之后的生活水平有大幅度提高。莫克尔总结说："因此，在这一阶段，就必然得出这样的推论，即 1850

---

① Mokyr, Joel (ed.), *The British Industrial Revolution: an Economic Perspective*, 2nd edn, Boulder, CO, Westview Press, 1999, p. 117.
② Ibid., p. 121.
③ Ibid., p. 122.
④ Ibid., p. 123.

年前生活水平提高的证据不足，缺乏说服力。"① 看来所能得出的最有说服力的结论就是：在那个时期，在工厂中工作的正规成年男性工人的工资提高了。

因此，如果有可靠的证据证明某类事物的大多数或全部构成要素都拥有某些属性，那么对于某类事物的要素特征所进行的偶然归纳就是可以证实的。

2. 因果或解释关系归纳

原因是导致某种结果或后果产生的倾向和趋势。在特定的情形下，原因总是会有导致某种结果或后果出现的倾向和趋势，这种前后相继关系的发生如同法则式规定（原因的本质将在本书的第七章中深入讨论）。然而，因果链却总是具有偶然性，而不是法则式的。如果板球砸在窗户上，玻璃就有可能会破碎；而玻璃破碎时就有可能会发出巨大的噪音；而如果这时正好有一个婴儿在附近睡觉，那么这个噪音就有可能会把这个睡着了的婴儿吵醒。板球的冲击一定会把窗户玻璃打碎并产生噪音，但却未必会吵醒婴儿。历史学家常常会寻找在特定的环境中一般会发生的偶然性因果相继关系，他们用偶然性因果归纳来对此进行描述。

在这一点上，霍尔顿的《封建主义向资本主义的过渡》一书提供了一个很好的案例。霍尔顿指出，历史学家一般用三种一般性理论来说明封建主义向资本主义的过渡，但这三种理论都不尽如人意。

> 理性经济人不可改变的推动力、生产力要突破过时的生产关系，以及合理化运动的注定前行，所有这些对于解释欧洲向资本主义的过渡似乎根本就是不恰当的。因为按照这样的解释方式，资本主义历史形成背后的统一因果原则并没有成功地揭示出来……

---

① Mokyr, Joel (ed.), *The British Industrial Revolution: an Economic Perspective*, 2nd edn, Boulder, CO, Westview Press, 1999, p. 124.

看来需要采取一种更为宽容的多种原因论、社会变革多种模式论，来分析特定的、不可重复的历史转型，并从偶然性的角度而非历史必然性的角度解释社会发展模式。

　　……近代早期，欧洲民族国家的资本主义发展并没有单一的模式……这大部分是因为内生和外源式发展模式，在欧洲不同国家的资本主义发展过程中各自成功地发挥了其不同的影响。①

霍尔顿解释了欧洲不同国家间的资本主义发展模式存在的差异，特别是法国、英国和普鲁士，它们因为各地的具体情况而在资本主义发展模式上表现出迥异的风格。因此，他对每一个国家内部资本主义发展的共同模式所作的描述，就构成了偶然性因果归纳。这些归纳依赖于经济理论来确定工业化的重要原因，但它们强调了政府对这一过程施加影响的方式是多种多样的。在法国，18世纪的王族和贵族可以从国家经济发展中榨取钱财供自己私用，而资本家却在没有国家支持的前提下，从事贸易和制造业并在这一过程中获得收益。在拿破仑时代强有力的司法和行政框架下，资本家的企业开始繁荣起来。② 在英国，从伊丽莎白时代开始，王族就已经建立了自己的工业项目，1688年革命以后，国家以司法保护的"重商体系"来为商业发展提供支持。③ 在国家的保护下，英国的工业革命极大地刺激了贸易的发展。④ 普鲁士从18世纪初期开始就一直拥有强大的中央政府的管理，政府允许贵族地主发展强大的农产品工业。19世纪，工业在东部地区发展起来，而资本主义经济也受到了关税同

---

① Holton, R. J., *The Transition from Feudalism to Capitalism*, Basingstoke, Macmillan, 1985, pp. 145-146.
② Ibid., pp. 174-175.
③ Ibid., pp. 178-180.
④ Ibid., p. 203.

盟的保护。①

从哲学的角度来看，十分有必要在原因和解释性条件之间作出区分。原因是导致变化的趋势，原因是动态的。解释性条件则是使某一结果在特定情形下比其他结果更具有可能性的事物或状态。简言之，解释性条件对比较性解释很有用（同样，这一部分的内容将在第七章中予以详细介绍）。为了确定解释性条件是否可用来进行相类似的对照比较，历史学家会寻找那些看起来在每一种情况中都有突出影响力的条件。为了判断这些条件的相关性，历史学家必须要考察它们对于其可能要给予解释的结果作出了多大的贡献。比方说，霍尔顿把强有力的国家的出现视为一个条件，用它来解释为何有些国家的资本主义发展会比其他国家更繁荣。例如，荷兰拥有松散的联邦制政府体制，这使它无法为资本家的利益提供恰当的保护。②在某些情况下，特别是在英国和普鲁士，国家自己就建立了工业（"自上而下的资本主义"），这些活动有助于这些国家中资本主义企业的发展。

四、社会结构描述

就社会交往收集了大量法则式归纳之后，历史学家有时就能够确认可以被称为社会结构的社会关系模式了。社会结构的理论分析目前还具有很大的试探性，但我认为以下这些却是有一定把握的分析。

通常会把社会结构区分为三种基本类型，我把它们分别叫做社会组织、社会系统和一般社会结构。社会组织的突出特点是，它们的结构设计是为了在特定的政府中生产特定的产品和服务。在多数情况下，更确切地说，社会组织都是逐步形成的，而并非是计划的

---

① Holton, R. J., *The Transition from Feudalism to Capitalism*, Basingstoke, Macmillan, 1985, pp. 181-185.

② Ibid., pp. 203-204.

结果。但无论如何，它们都会受到政府不断地监管和调整，以提高绩效。工厂和商店、大学和医院、军队和政府都是这样的社会组织。它们由职能部门组成，不同的部门分别扮演着不同的角色（责任），部门之间通过一定的规则和惯例联系起来，并通过具有一定明确性的习惯做法来履行各自的职责。大型组织是由众多小型组织组成的，每个小型组织又分别拥有自己的职能和责任。组织不仅有内部结构，它还与外部权威机构、其他组织以及外部环境之间有着系统性的关系，这些外部资源通常被组织发展为实现自己目标的手段。

社会系统就是没有计划性的社会机构，但无论如何，它包括众多相互之间以一定规范方式连接起来的机构。这些机构有可能是个人集合体，但通常都是一些社会组织。例如，部分经济系统把制造商和初级产品生产商与零售业联系起来，而后者又与消费者联系在一起。所有这些关系都是计划性的，通常是受合同的制约，但整个系统在自由市场经济中是非计划性的。同样，一个政治系统可能会包括政治政党的形成，它受支持者的影响很大，这些支持性力量会推选自己的候选人。政治系统的这一部分是非计划性的，尽管选举程序和政府管理是计划性的。一个教育系统包括许多组织、中小学校、大专院校，它们分别提供不同种类的证书。它们之间的关系就在于：孩子们如果在中小学获得了毕业证书就可以进入大专院校继续学习，而大专院校又为中小学培养教师队伍。虽然如此，教育系统在总体上还是非计划性的。

最后，还存在着一般性社会结构，它们根据人们的财富、权力（经济的、意识形态的或强制的）、地位（社会的、经济的、教育的等）、职业、文化、教育等，把人们划分成不同的群体。因此，历史学家必须想好是研究理想的社会结构还是研究现实的社会结构。

值得一提的是，在理想与现实之间还有另外一种对比关系。理论家有时会建立一种理想的经济模型或官僚制模型，在这种模型中，人们可以进行完美的理性决策，这能够大体接近于某种现实的社会系统，但很少能对其进行准确描述。历史学家对这种模型化的做法不太感兴趣，但无论如何它也是值得注意的。模型可以暗示一些系统内部的规定性，而这是历史学家进行进一步调查研究的前提。

同样，一个人对于自己在社会结构中所处位置的认识，会以怎样的方式影响这个人的行为，这常常是历史学家感兴趣的话题。而一个人对于自己在理想或现实的社会结构中所处位置的认识，有可能并不是完全准确的。因此，历史学家必须意识到人们关于其社会结构的认识与现实的社会结构之间的差别，只有这样，历史学家才能对它们进行辨别。

所有社会成员都没有意识到的社会结构规定性，历史学家也很少能够发现。这是拒绝把社会结构等同于人们观念中的社会结构的原因之一。但历史学家有关社会的话语是否也指代了某些真实的东西？这是一个难题，但却值得对此稍作讨论。

我们所观察的对象常常非常复杂，它们的存在依赖于其构成要素的存在。一棵树的生存取决于树干、树枝和树叶的生存；一座房子的存在取决于其框架、墙面以及屋顶的存在；等等。科学家已经发现，这种依赖关系，或者如哲学家所言这种从属关系，是非常广泛的。例如，一棵树的叶子依赖于组成它们的细胞的生存而生存，而细胞则依赖于分子的生存而生存，分子又依赖于原子的生存而生存，等等。我们总是无法看到所有的自然系统，但我们可以推论它们的存在。例如，我们无法看到组成原子的颗粒；我们也无法看到围绕着太阳运转的整个太阳系。但我们接受这样的观念，即如果系统具有一定的可靠性，而不只是要素的偶然组合，那么我们就可以认为这个复杂的系统是作为整体而存在的。复杂实体的存在得到确认之后，我们就可以研究它们之间的关系了。

社会结构是具有不同程度的稳定性、法则式结构的复杂实体，这就是为何人们一般都能接受其现实性的原因所在。我们无法像看待中等大小的物体（如树和房子）那样来看待它们，这一事实并不构成否定它们存在的理由。我们也无法看到物理力或场，如地球重力和磁场，但为了说明它们的作用，我们却认为它们存在。同样，我们也看不到太阳系，但自从伽利略以后我们都认为它存在，用它来说明行星的轨道。为了说明某一组织中人们之间的常规工作关系，我们讨论控制员工行为的规则、角色和习惯做法。为了解释在某一行业中为何丢失市场就会导致失业，历史学家求助于初级经济理论，作为对资本主义经济体系运作的一种描述，该理论既合理又具有一定的准确性：丢失市场导致收入减少，而这在大多数情况下意味着该行业无力支付工人工资，因此为求生存必然会裁员。

尽管社会组织成员与系统之间的关系是法则式的，但一般社会结构成员之间的关系却不是法则式的，而是取决于具体的情况。在某些国家，掌握政治权力的人最富有，但在其他国家情况却有所不同。在某些国家，受过良好教育的人是较为富有的人群之一，但在其他国家，受过良好教育的人与富人则属于两个互不相干的群体。无论如何，由于在大多数社会中一般社会结构都是由这样几个虽然变化但却在一定时期内保持较大稳定性的指标来衡量的，因此，社会结构就被确认为历史探究的对象之一。

如果社会结构的改变中存在着因果力量，那我们就有很好的理由认为它是真实的存在。在有的社会中，日益严重的失业状况，会导致犯罪率上升。当然这一因果归纳取决于（"服从于"）个体的行为，他/她在失业之后可能会出于各种原因去从事犯罪活动，但这却并不能使这一因果关系无效。比较一下"雨水会腐蚀铁皮屋顶"这一归纳，这是一个真实的因果归纳，尽管这取决于单个水分子与铁分子之间的相互作用式活动。

正如植物和动物的常规行为取决于组成它们的细胞的常规活动一样，社会团体的常规行为也取决于组成它们的单个人的常规行为。但历史学家却可以在没有参考后者的情况下就能够揭示前者。比如，查尔斯·蒂利在对17世纪法国的多次农民起义进行研究之后，就得

出了这样的结论:

> 哪里的农民团体拥有团结的手段,拥有某些集体防御的措施,哪里就会出现新的或日益强烈的呼声,明确反对公开的协议或原则;哪里就会出现一些人或团体借助于对农民的新要求而获利;哪里就会出现农民有效的同盟军,联合斗争于是就有了可能。当抵抗斗争一直持续下去并有组织地向敌方发动进攻时,农民起义就发生了。[1]

用来描述社会结构的词汇中包括一些拥有特殊意义的术语,因此,要在描述社会结构时准确地使用它们,历史学家必须了解它们的含义。例如,规则并不只是一种常见的行为模式,也不只是一种常见的习惯做法,而是对人们在特定的情形下应该如何行为的一种陈述,这种陈述被某些拥有合法权利的机关权威化了。那什么又是合法权利呢?马克斯·韦伯为此提供了答案:

> 有三种纯粹的合法权利类型。它们的有效性建立在如下基础之上:
> (1)理性基础——依赖于这样一种信念,即相信规范规则的"合法"模式及其权力,在这些规则产生相应义务的情况下会提升其权威性。(司法权威)
> (2)传统基础——依赖于这样一种成熟的信念,即相信永恒的传统的神圣性以及在其之下行使权利的合法性地位。(传统权威)
> (3)魅力基础——依赖于某人所具有的具体而杰出的牺牲精神、英雄式的或卓越典范式品格,以及他所揭示或

---

[1] Tilly, Charles, *As Sociology Meets History*, New York, Academic Press, 1981, p.139.

规定的规范模式或秩序。(魅力权威)①

韦伯就是这样揭示出了人们把某一权威视为"合法"的一般性条件。历史学家可以用他的理论来判断某一权威所发布的规则是否合法。这里所引用的大多数著作，不仅会致力于对某些常见的社会结构进行一般性描述，而且还致力于给用来描述社会结构的具体术语下个定义。一旦领会了相关术语，历史学家就可以用社会理论的词汇来对某一社会结构和社会变革进行描述了。

社会历史学家仔细考察了社会理论中的哪些词汇可用来对自己研究的社会进行最佳描述。例如，怀斯曼就曾说过，19世纪的历史学家在考察罗马共和国时，认为它实行的是"一种贵族和平民两党轮流执政体制；而到了20世纪，他们又认为，在家族和家族联盟世袭的基础之上，这样的体制'宗派化'了"。怀斯曼继续指出，"当然，它们之间在某些时候有联盟关系，但那都是暂时的权宜之计；当然，有时候重大事件会把政治精英划分成几个派别，但从任何意义上来看，那都决不是划分成类似与现代英语意义上的'党派'"②。有时，使用某一术语的标准很模糊，也很有争议。主张使用统计学术语，尽可能地把数学式的精确性带入自己学科的经济历史学家，正努力想方设法给相关术语下定义，以便使其所描述的状况可以测量。但社会学理论中并非所有的术语都可进行这样的量化。只要再想一想"生活水平"这个概念就可以了。罗德里克·弗拉德把它描述为"人们衡量自己消费愿望的实现程度"③。在他看来，如果经济历史学家认为自己可以通过测量"人均国民经济值"而对生活水平

---

① Weber, Max, *The Theory of Social and Economic Organization*, trans. A. M. Henderson and Talcott Parsons, ed. Talcott Parsons, Glencoe, NY, The Free Press, 1947, p. 328.
② Wiseman, T. P., 'What is political history?', in *What is History Today?*, ed. J. Gardiner, Basingstoke, Macmillan, 1988, pp. 18-19.
③ Floud, Roderick, 'What is economic history?', in *What is History Today?*, ed. J. Gardiner, Basingstoke, Hampshire, Macmillan, 1988, p. 33.

进行测量，那他们就错了。因为，首先，好生活还有其他构成因素，如良好的卫生保健和悠闲娱乐，这些因素都被忽视了；其次，在大多数社会中，人们享受生活的资源很不平衡，只有少数有钱人有时间来享受生活，而大多数人都需要辛勤工作而无法顾及其他，"因此，人均国民收入根本就无法全面反映某一社会的生活品质"①。

历史学家很少致力于书写社会组织史。当要对更具有广泛性的社会系统进行描述时，他们不得不对其归纳的精确性格外小心。

为了尽量精确，框定所描述的具体社会领域就显得十分重要了。在考察工业革命期间的经济增长问题时，彼得·马塞厄斯评论道：

> 有必要从具有全国决定性的统计数据的苛刻要求中摆脱出来，因为这可能会遮蔽真正的事实。为了认识经济增长的过程，常常必须把分析的焦点放在地方和地区——无论该地区处于某一民族国家的未开发地区，还是处于政治边缘地区。②

例如，棉花工业的增长，在英国就不是全国性现象，而是兰开夏和切希尔等地区的地方性现象。

对社会和经济历史作浮光掠影式的全面归纳，是追求精确性的学者所一贯摒弃的做法。因为在技术发明的推动下，棉花和钢铁工业的生产获得了大幅度的增长，有历史学家（其中最著名的就是罗斯托）就把 18 世纪下半叶整个英国经济的增长都归结为这些行业的发展。但马塞厄斯却认为，这实际上只是非常局部性的现象。因为其他行业也同样有所发展，包括手工纺织业、农业和服务业等。

---

① Floud, Roderick, 'What is economic history?', in *What is History Today?*, ed. J. Gardiner, Basingstoke, Hampshire, Macmillan, 1988, p. 33.

② Mathias, Peter, 'The industrial revolution: concept and reality', in *The First Industrial Revolutions*, ed. Peter Mathias and J. A. Davis, Oxford, Blackwell, 1989, p. 22.

棉花和钢铁业的扩张所带来的杠杆性作用，即便是在边缘地区，都影响到了国民生产总值——无论是通过劳动力雇佣（和工人工资），还是通过投资赢利，或是各种形式的投入产出等方式——这样的解释不足以说明作为整体的全国性现象。经济并非只是在某一行业的带动之下便可尾随跟进的，尽管它们之间有互动关系。①

为了核实某一社会或经济归纳的准确性，历史学家既要认真地考察其可靠性，又要认真地考察其公正性。如果导致某一现象产生的真实条件的确存在，那么这种归纳就是可靠的。例如，"棉花和钢铁业的扩展是因为在这些行业中的投入和产出大幅度增加"这样的归纳就是一个可靠的描述。但如果说棉花和钢铁业是导致全国性经济发展的唯一因素，这就有失公平了，因为它意味着在当时的英国除了棉花和钢铁业就没有其他任何经济增长来源了，而这实际上是错误的，是对英国工业发展原因的一个误导（在第八章中我们将进一步讨论社会变革问题）。

在考察某一社会的一般社会结构时，历史学家必须认识到，对这些结构进行描述没有唯一正确的标准方式，认识到这一点是非常重要的。如前所述，历史学家可以根据经济的、政治的、伦理的、教育的、宗教的等各种各样的变量来建构社会理论。在某些单一结构的社会中，这些变化性结构因素所覆盖的范围会很大。而在这样的社会中，社会上的有钱人大多都是受过最好教育和有权势之人；而最贫穷的人则是少数民族或种族群体，而且也缺乏良好教育。因此，通过区分不同的相关群体，就有可能对在几乎所有这些利益变量之下的社会进行描述了。但在现代社会中，这些变量所覆盖的范围则要小得多。有钱人并非总是受过最好教育的人，也并非总是有

---

① Mathias, Peter, 'The industrial revolution: concept and reality', in *The First Industrial Revolutions*, ed. Peter Mathias and J. A. Davis, Oxford, Blackwell, 1989, p. 20.

权势之人。①

五、结论

本章初步考察了这样一个问题，即对历史进行单纯事件描述和归纳描述的各种方法，都是可以经过逻辑证实的。这其中的每一话题都值得开展更为系统性的讨论②，但本书的目的只是激发人们对历史逻辑的兴趣，而不是要挖掘其细节性的东西。

本章的一个重要观点就是，根据证据对历史进行推论时，法则式归纳是一种重要的方法。证据往往有可能是伪造的，因此，为了揭示更多的有关过去的信息，历史学家想知道这些证据产生的环境。历史学家所采取的第一步，就是去发现制造证据的人为何要制造这样的证据。如果发现了这一点，那么历史学家常常就能够找到主体世界的诸多细节，主体对于过去发生的事是怎么看的，以及他/她试图通过伪造证据想要达到怎样的目的。阿伯拉尔为何要书写自己的历史？通过回答这一问题，历史学家就可以对阿伯拉尔的生活进行有趣的总结。为何罗曼人要修建哈德雷长城？对于这一问题的回答，会引领我们理解古罗曼人所面临的有关北部边疆问题，以及他们是如何来解决这些问题的。

对于人类行为原因的推论，是建立在一些一般性假说基础之上的，即有关造成人们采取行为的一般有哪几种因素的一般性假说。这些假说对于历史研究至关重要，因此，在下一章中，我将对其进行进一步的讨论和解释。

---

① 有关社群分类问题的详细讨论，参见 McCullagh, *The Truth of History*, London, Routledge, 1998, pp. 102-108。

② McCullagh 在其 *Justifying Historical Descriptions* (Cambridge, Cambridge University Press, 1984) 一书中就提供了这样的一个榜样。

第四章 人类行为的原因

历史学家在两种截然不同的情形中需要用到其有关人类行为原因方面的一般性观念。第一种情况就是在对证据进行解释的时候，一旦认定了某可见证据的制造者，历史学家就会对其制造环境感兴趣，因为这可以了解更多有关过去的信息，特别是那些吸引他们的有关过去的特征。第二种情况是在历史学家想要对某种具有历史性意义的行为进行解释时，这时，他们所寻找的行为原因取决于他们理想的解释方式。或许他们想了解行为的所有重要原因，或许他们只是想了解那些最重要的原因，也有可能是可用来说明某一行为而非其他行为形成的特定条件。

有关人类行为的可能原因方面的一般性理论业已建立，且经过了哲学家、心理学家和脑科学家（神经生理学家）的验证。在本章中我要对历史学家所普遍采用的部分理论进行说明，从而帮助读者了解当前历史研究中的习惯做法以及有关人类行为原因方面的一般性知识在历史研究中的至关重要的作用。历史学家对于其有关人类行为原因方面的知识出奇的漠然，他们很少进一步追究自己共同体中的主流常识性理论。我还关注到对于这些理论有反对意见的著名观点，并会对这些论点中所表达出来的优点进行考察。例如，我发现反对用某些心理分析方法来解释人类行为原因的观点，目前就很流行，但后现代主义对人的本质性存在本身的攻击却难以具有很大的说服力。

关于人类行为原因的理论，假定了许多奇怪的实体性存在，说它们奇怪是因为它们是看不见的存在。这其中就包括人的信念、价值观和意图、利益、直觉和关怀；人类文化的规则以及人对社会的期望。所有这些理论性概念，都是因为具有非凡的解释价值而受到了人们的广泛接受。过去，理论家有时会聚焦于这其中的某一两种原因，通常是出于某种实际的目的。他们一般都会努力确定每一种原因的重要性，因此，历史学家应该自愿去考察所有这些原因。

为方便起见，我把本章分为两个部分，第一部分讨论的是人类行为的心理原因，第二部分讨论的是人类行为的文化和社会原因。心理原因大体可分为两类：有意识的心理原因和无意识的心理原因。古典的、常识性人类行为理论倾向于对有意识的心理原因进行分析，它根据影响人类行为决策的欲望、信念和价值观来解释人的各种合理行为。而为了解释非理性行为，则往往需要求助于激情、情感和习惯。人类行为的无意识根源尤其是在19世纪经过马克思、弗洛伊德和尼采而得到了揭示，后来的研究者都是建立在这三个人研究基础之上的，他们共同构成了人类行为无意识根源论的主体内容。马克思揭示了人的行为是如何受自我物质利益的驱使的；弗洛伊德探讨了人类基本的自我保存和繁衍本能对于人类行为的渗透性影响；而尼采则关注的是对于权力的追求构成了人类行为的主要动力。在本章第一部分的结尾处，我考察了后现代主义者对于人类行为心理原因论的批评，并发现这些批评是站不住脚的。

本章的第二部分讨论的是人类行为的文化和社会原因，指出了话语、习惯做法和社会角色可以对人的行为产生影响，并对其原因进行追究。在结尾部分，我对文化和社会原因论的反对性意见（在反对者看来，文化和社会原因对人类行为的影响根本就不存在）也进行了简要考察。

一、人类行为的心理原因

1. 有意识的心理原因

尽管我提到了古典的、常识性的人类行为理论，但严格说来，那不是一个理论，而是一种思潮，是在西方文化历史中一些学者所出版的著作中体现出来的一种思想。这种思想大体上，至少是在19

世纪之前，都把人的心理活动与人的行为联系起来加以思考，认为这些心理活动影响了人的行为产生。我们来列举其中一些观点以说明这一思潮的代表人物的思想本质。

公元前 5 世纪在雅典讲学的大哲学家苏格拉底，对于人的思维能力以及人的思维能力对人的应然行为选择的影响问题就非常着迷。在他看来，这是人不同于其他动物的明显区别。因此，苏格拉底教导①大家说，人总是根据自己对应然行为的判断而采取相应行动的。当然，人们的判断并非总是明智的，但他们相信没有人能够违背自己的判断采取行动。苏格拉底的学生柏拉图承认，人有时也受其他欲望比如对食品、衣服和房子等遮蔽之物以及性等的自然身体性欲求的驱使而采取行动，而且人的行为有时还会受并非总是符合智慧原则的笨拙的意愿的驱使。柏拉图认为，所有这些对于美好生活来说都是重要的，就像一个城邦若想繁荣，就既需要商人也需要勇士是一样的道理。人们面临的挑战就是确保自己的欲望和意志符合智慧原则。②柏拉图之后的亚里士多德主张对人的欲望进行严格的训练，以确保他们能以中庸的态度采取理性的行为。③

罗马帝国时代人们对人性问题进行了批判性研究，在随后欧洲的文艺复兴和启蒙时期，大约 15～18 世纪之间，相关的思想又出现在马基雅维利、蒙田、霍布斯和休谟等人的著作中，主要是他们的有关伦理学和政治学的相关著作中。近年来，对于常识性人类行为原因的分析已经非常透彻。美国哲学家戴维森、哈里·弗兰克福、约翰·费舍尔、梅勒、罗伯特·奥迪以及本尼特·赫尔姆等人的著作都追溯了这一问题的主要哲学讨论。

历史学家对于人类行为原因的哲学和心理学分析并不十分了解，而是喜欢用一些常识性的观念。他们认为：(1) 人的行为一般是有

---

① 参见柏拉图的《曼诺》。
② 参见柏拉图的《国家篇》，第 IV 卷。
③ 参见他在《尼各马可伦理学》中关于德性问题的讨论。

意的结果，是在一定的欲望、信念、价值观和原则的支配下的一种有意识的选择。如果人采取了非理性的行为，那是因为人们受自己的（2）某种无法克服的激情或（3）强烈的情绪的影响而为之。有时，（4）人也会在社会惯例的支配下，遵从某种习惯而采取相应的行动。习惯就是不加批判地遵从权威的指引而采取行动。所有这些都是主体可以意识到的人类行为心理原因。下面我就来对这每一种原因分别进行更为详细的讨论，并举例说明他们在历史书写中的运用。

（1）历史学家的论述常常都是这样开始的，即假定自己希望给予解释的某种行为是由于多种原因而形成的。也就是说，他们认为行为是一个有意识过程的结果，在这个过程中，包括主体对自己欲望、价值观、信念和原则的思考，同时这也是一个导致有倾向性的行为形成的过程。这些倾向要求主题以某种特定的方式采取行动。有历史书写者在这里为人的自由选择留下了空间，承认人们是否根据这些倾向性意图而采取行动要取决于他们自己。如果人类行为中有自由选择的因素，那么支持人要为自己的行为负责这样的观点就要容易一些。如果行为全部都是被决定的（即被动的），人们就可以宣布自己的行为是身不由己，因此也是不应该对其负责任的。

有意识的过程未必都是非常理性的过程。① 一个人决定追求的目标并不一定是他们认为最有价值的目标，而他们为此所采取的行为方式也不一定是自己认为最佳的方案。然而，要是没有这些有意识的过程，历史学家相信，随后的意图和行为也就不会出现了。因此，有意识是行为的必要条件。如果欲望、价值观和信念受到了强烈的支持，那么行为的可能性就很大了。

上述最后两段所要表达的观点，就是行为原因理论的一般性结构。历史学家的解释为来源于主体有意识的价值观、欲望和信念提

---

① 尽管有些历史哲学家，如 W. H. Dray，就是这么认为的（参见 W. H. Dray, *Laws and Explanation in History*, Oxford, Oxford University Press, 1957, ch. 5）。

供了内容,这一内容是解释的认知维度。它们是主体所了解的价值观、信念和欲望。这里就有一个纯粹的案例可用来说明价值观和信念导致某一有倾向性行为产生的方式。它就是麦克芬森对于1861年美国南部为何要脱离联邦所进行的原因解释,这一脱离举动直接导致了美国内战(即南北战争)。

> 满怀着忠诚之心,南方人要为保卫共和制创始人的说法而战,这个说法就是:一个享有有限权力的政府应该保护财产所有权,其选区中也要包括一个由白人贵族和自耕农组成的独立选区,他们不受大城市、冷漠的工厂、忙碌不休的自由工人以及阶级冲突的打扰。(在美国国会中)获取权力的共和党,以其竞争性的、平等主义的和自由劳工式的资本主义意识形态,向南方人发出了这样的信号:北方大多数人已经不可逆转地转向令人惊恐的、革命的未来……脱离联邦就是为阻止黑人共和党人以革命的方式吞噬南部所采取的一种先发制人的应对措施。①

第一句话描述的是南方人所看重的南方社会的方方面面。第二句话则陈述了他们对于北方共和党人意识形态的看法,它显然代表了大多数国会议员选举人的想法。最后一句话得出了结论:他们被迫采取最为合适的行为,那就是,为了捍卫自己所看重的社会免受共和党中央政府的威胁,他们必须脱离美联邦。鉴于上述价值观和信念,这样的决策就具有了相当的合理性,而且一旦形成,就会转化成他们的意志。这就是南方领导人所谙熟的具体价值观、信念和意图,也是推动他们采取行为的原因。

在推动人类行为的真实原因和人们有时为自己的行为所提供的

---

① McPherson, J. M., *Battle Cry of Freedom*, *The Civil War Era*, New York, Ballantine Books, 1988, pp. 860-861.

说辞之间进行区分,是历史学家感兴趣的领域。后者只是人们为自己的行动提供合法性的依据而进行的解释,而并非真正推动他们行动的原因。为了使这一区分工作富有意义,就必须承认某种价值观和信念能产生出一种强烈的特定行为方式倾向,但主体最终有选择其他行为方式的自由。麦克芬森对奴隶制在推动南方人和北方人开展美国内战方面所扮演的部分角色进行了有趣的讨论。历史学家有时怀疑,林肯是反对南方的奴隶制度的,而戴维斯则试图捍卫奴隶制度。然而,他们两人都没有作出十分肯定的回答。林肯说过,北方是为了保护联盟而战,而不是为了废除奴隶制度;戴维斯则说过,南方是为了保护自己的社会免受北方的扩张和侵略以及由此而带来的觉醒而战。麦克芬森评论说:"公开明确地宣誓将捍卫奴隶制作为战争的最初目标,可能会导致南方的分裂而非团结。"[1] 当然,如果林肯在 1861 年宣布以废除奴隶制作为战争的目的之一,那么也会与他的多数支持者意见相左,尽管他在 1862 年 9 月 22 日安蒂特姆之战爆发之后宣布了奴隶的解放。[2]

(2) 当人们的行为是非理性的而历史学家无法想象其行为原因的时候,历史学家就会求助于日常心理学方法而非理性的解释方法来对人类的行为原因进行解释。心理学解释方法把行为解释成一般性情况而非独特事件。1862 年 9 月 17 日,在可怕的安蒂特姆之战(南方人称之为夏普斯堡之战)爆发期间,北部联邦士兵被描述成"像恶魔一样疯狂地进攻、疯狂地射击、歇斯底里地尖叫和狂笑"。战争结束时,有近 6000 人阵亡,17000 人受伤。为了对此行为进行解释,麦克芬森考察了几种心理学可能性。首先,他提到了士兵阻击敌人的"冷酷意志"。

---

[1] McPherson, J. M., *Battle Cry of Freedom*, *The Civil War Era*, New York, Ballantine Books, 1988, p. 312.
[2] Ibid., p. 557.

北方佬士兵并不是在英勇无畏的驱使之下，或是在铁的纪律的推动之下这样做的。他们中很少有人有过前一种体验，内战士兵也很少了解后者是什么。相反，他们这样做，是一种潜在的心理推动的结果，这种心理就是：在大众面前羞于再次失利，而在小团体之中又羞于在战友面前表现为一个懦弱之人。

接着，麦克芬森考察了这场可怕战役的现场效果，"呼啸的机枪和霰弹的穿梭射击"，这些都给在场的士兵造成了一种特别的心理压力。"这种心理状态，让很多男人产生了一种疯狂作战的心态，一种超刺激的狂暴心态，这种心态把他们变成了没心没肺的杀人机器，甚至连自保这种一般本能也不顾了。"① 显然，这样一种心理学解释要诉诸历史学家有关某类行为的典型原因方面的一般性知识。

（3）情绪解释法并非总是缺乏认知性内容。当某种情绪拥有一个目标时，就像一般情况所表现的那样，那么，这种情绪对那个目标的反应，就是一个合理的维度。罗伯特·A·图姆斯是安蒂特姆战役中南方军队的指挥官之一，他的作战原因是什么呢？麦克芬森的解释是："由于在联邦总统选举中失利而深感失望，由于讨厌自己的国务卿一职，图姆斯承担了军旅职务，在战场上寻找自认为是命中注定的名声和荣誉。"② 他不喜欢为北方行政机构工作，这会使他感觉厌烦和受挫，他想在军队之中，获取与军队职衔相关的名声和荣誉。因此，他抛弃了前者，选择了后者。人一般都会躲避自己不喜欢的东西，而追逐自己心仪的对象。这是一种简单的因果理论。但为了解释特定的情绪性行为，还必须添加认知的维度：必须表明想要遗弃的对象，以及想要追逐的目标。因为这些都是主体所心知

---

① McPherson, J. M., *Battle Cry of Freedom, The Civil War Era*, New York, Ballantine Books, 1988, p. 540.
② Ibid., p. 543.

肚明的。由于没有得到期望之中的升迁,图姆斯最终也对自己的军旅生活感到失望了,"随后又以极端反政府的身份再度走入政坛"①——这又是一种情绪性的反应!

(4)人们遵守社会一般习惯做法,以通行的方式采取行动时,他们的行为通常看起来不过就是对某种情形所采取的一种条件反射。在1862年9月23日的弗雷德里克斯堡战役中,北方军队向南方军队展开了一轮又一轮的进攻,南方军队只能以一座石墙作为掩体进行回击,"进攻和射击的速度相当之快,以致他们的射击都达到了机枪的效果"②。南方军队的反应就像是受过了良好的训练,多少有些机械性地对来犯之敌进行回击。

然而,即便是在这种条件反射式的情况之下,依然存在着认知的因素。士兵必须认清敌军,必须把枪对准敌军,这样才能射击。通常情况下,行为总是涉及对引发反应的情形进行阐释,并认识其形成过程,以便有效地开展行动。

历史学家用他们有关人类行为可能原因的一般性知识,来推论具体行为的原因。在这方面的一个著名的案例就是近来史学家丹尼尔·J·戈德哈根对于多数德国人为何要在纳粹时代迫害和杀死犹太人的原因所作的解释。在这一部分的结尾处,读者会发现这是一个有趣的案例研究,它举例证明了在证实人类行为原因的描述中所存在的诸多困难。

几乎没有直接证据用来说明迫害者的动机,但第二次世界大战以后,警察等询问了大多数迫害活动涉嫌者。这些询问笔录能说明迫害者的动机吗?戈德哈根的回答是否定的,因为笔录中所记录的"动机都是谎言,都没能坦承他们自己是最大的历史罪人,而且的确

---

① McPherson, J. M., *Battle Cry of Freedom*, *The Civil War Era*, New York, Ballantine Books, 1988, p. 543.
② Ibid., p. 572.

是最有权势的罪人"①。事实上,他发现,这些人都在一遍又一遍地撒谎。"用各种修辞和故意避重就轻"来最大程度地弱化自己的罪行。

因此,为了揭示迫害者的动机,戈德哈根转向了最佳解释推论。他追问此类行为的可能动机,这些都是普遍存在的。先前的历史学家已经提出了许多类似的动机,戈德哈根则把它们中的一些较为重要的动机进行了列举:震慑力、盲从、群体压力、自私自利和冷漠。②但是,戈德哈根认为,常见的、最重要的动机,是一种具有几乎无可置疑的普遍性的反犹太人观念,一种对犹太人的痛恨心理,认为犹太人是北欧日耳曼人的污染源,是德国社会的敌人。他说,人的行动一般都是有理由的,正是理由使得人的行为具有合法性。在他看来,这种反犹太人的观念是正确说明迫害者惊人施暴行为的唯一原因。③实际上,人类行为一般理论已经把所有的行为动机都作了说明,为了使自己的说法有合理的依据,戈德哈根描述了19世纪德国反犹太人观念的发展情况。这并非鼓吹对犹太人实行灭绝政策,但戈德哈根认为这一政策反映了德国人对犹太人的态度。④更能说明问题的是,希特勒的反犹太人宣传还把犹太人描述成新日耳曼人的敌人,这影响了纳粹时期的德国人。⑤正如理查德·埃利所解释的,反犹太人态度不仅表现在纳粹意识形态之中,而且也在纳粹政府的各个层面的实际活动中暴露无遗。

在更为狭义的、术语的形式意义上对"纳粹意识形态"表示怀疑,并对其在纳粹的有计划宣传中对德国人日常生

---

① Goldhagen, D. J., *Hitler's Willing Executioners. Ordinary Germans and the Holocaust*, London, Little, Brown and Company, 1996, p. 467.
② Ibid., pp. 11-12.
③ Ibid., pp. 13-15.
④ Ibid., pp. 449-450.
⑤ Ibid., p. 133ff.

活的渗透表示怀疑,都是无可非议的。但只要我们把焦点对准 1933 年以后德国社会各个层面的内在问题,我们立即就可以对意识形态作一个扩展性的理解,即把它理解成体现在文化实践、制度设施以及社会关系的层面上——体现在人们的行为以及其建构性背景中,而非仅是他们有意识的思想体现。①

但历史学家,如汉斯·蒙森,却认为纳粹政府机构及其官员并非总是听从希特勒的意志。那么,是否还有理由认为迫害者所实施的大屠杀行为是与纳粹反犹太人的意识形态相一致的呢?

为了证实自己的假说,戈德哈根原本可以对那些明显参加了纳粹党计划的德国人的行为进行考察,比如 SS 成员的活动就是其中一例。这些人的行为,很有可能就是在纳粹党意识形态的强烈驱使下进行的。但戈德哈根认为,涉嫌参与大屠杀活动的所有普通德国人,都受反犹太人观念的驱使。因此,为了寻找具有说服力的证据来支持自己的理论,戈德哈根选择去研究那些没有参加纳粹党的迫害者群体的行为。他选择了三个这样的群体:武警 101 部队,这个组织于 1942 年 7 月在波兰杀害了数百名犹太妇女和儿童;波兰劳工集中营的管理者团队;由 47 名男女士兵组成的团队,他们负责带领 1000 名犹太人和非犹太人妇女从德国东部的黑尔姆布雷希茨集中营出发走上"死亡之旅"。第一个群体中的德国人,背景很复杂,其中有许多是中年人,即便在有机会不这样做的情况下,这群人也还是去屠杀妇女和儿童。在第二个群体中,该集中营的设计就是为了残酷剥削犹太人的劳动力来生产物品以满足德国的战事需要,实际上,这个管理团队鞭打犹太人劳工,不让他们吃饭,直至榨干他们身上的

---

① Ely, R., 'Ordinary Germans, Nazism, and Judeocide', in *The 'Goldhagen Effect'. History, Memory, Nazism-Facing the German Past*, ed. G. Eley, Ann Arbor, University of Michigan Press, 2000, p. 23.

最后一滴血,以最为残忍的方式掠夺和杀害这些被当作监狱犯人的犹太人。在第三个群体中,士兵在行军的过程中不断地鞭打犹太妇女,不让她们吃饭,直至她们饿死在路边。

在有机会不这样做的前提下,这些人为何还要如此残忍地屠杀犹太人呢?他们为什么不继续役使这些犹太人为战争贡献劳动力,反而要杀了犹太人呢?他们为什么会在长途行军的过程中残忍地虐待这些犹太人呢?戈德哈根认为,对上述三种情况的唯一合理的解释,就是因为这些德国人的脑子中有一个关于犹太人的观念,那就是他们的反犹太人观念。戈德哈根系统地列举并排除了其他可替代性解释方案的可能性。[1] 德国人并非出于服从命令而不得不这样做,实际上他们是自愿这样做的,常常还是主动为之。实际上,根本就没有人因为拒绝杀害犹太人而遭受惩罚。德国人骨子里并非对国家言听计从:许多德国人既不听从政府的安排,也不听从长官的命令。同辈压力在其中发挥了一定的作用,但如果大部分人都反对屠杀犹太人的政策,那么这场屠杀就完全可以杜绝!他们中也很少有人出于担心自己的职业升迁的前途而这样做,因为许多人都已上了年纪,而且也不是想在军队或政府中寻找一个好的职位。他们中每个人都应该知道自己行为的后果:这是不容忽视的血淋淋的事实。对所有这些都能进行解释的,只有是那个意识形态的原因:没有他们的反犹太人观念,普通德国人不会做出这样的行为。

到此为止,我们还有一个经典的淘汰制论证法。在列举迫害犹太人的所有可能性原因之后,戈德哈根淘汰了所有其他原因,而只留下了唯一一个最佳原因,那就是他所倾向的合理解释:德国人之所以出于自愿去杀害犹太人,是因为他们有反犹太人观念。这一解释性假说是否有什么缺陷?有理由认为,反犹太人观念不足以用来说明灭绝政策,也有理由认为,服从国家的习惯可能会在其中发挥

---

[1] Goldhagen, D. J., *Hitler's Willing Executioners. Ordinary Germans and the Holocaust*, London, Little, Brown and Company, 1996, ch. 15.

重要作用。

首先，存在着反犹太人观念的国家有许多，但在其他国家并没有导致灭绝犹太人的政策出台。因此，这似乎不足以用来说明德国的屠杀犹太人现象。戈德哈根也承认这不是充分条件：在德国，这种观念之所以会导致屠杀犹太人现象的出现，就是因为国家以系统的方式来执行这种观念。① 其次，在那种情况下，服从国家的愿望似乎是推动德国人杀害犹太人的一个重要因素：如果不是出于服从国家的意愿，犹太人可能就是被隔离甚或被迫害，但不致被杀害。针对这一说法，戈德哈根列举了执行者自愿迫害和杀害犹太人的种种情况，以作为应对。人们可能还会担心，以上这些情况有可能只是例外。对纳粹党意志的尊重，以及要表现出爱国之心的意愿，可能都是许多服从行为的动机所在。最后，如果传统的反犹太人论并非决意灭绝犹太人，那么问题就来了：为何纳粹政府要采取系统的灭绝犹太人政策呢？蒙森的说法是，因为把犹太人从德国驱逐出去，或者是让他们聚居在保留地，一旦俄罗斯入侵，就会有更多的犹太人处于德国人的统治之下，因此，这些措施都存在着实际的困难，为解决这些实际的困难，纳粹政府干脆采取了灭绝犹太人的政策。② 因此，政府的动机，部分地是出于实际的原因，而非意识形态的原因，而德国人只是遵照其领导者的指示行事罢了。

戈德哈根倾向的观点是，如果许多德国人都认为没有必要灭绝犹太人，那他们为何不反对灭绝政策呢？"没有证据就是最好的证

---

① Goldhagen, 'The failure of the critics', in *Unwilling Germans？The Goldhagen Debate*, ed. R. R. Shandley, trans. J. Riemer, Minneapolis, University of Minnesota Press, 1998, pp. 141-142.

② Mommsen, H., 'The thin patina of civilization: anti-Semitism was a necessary, but by no means sufficient, condition for the Holocaust', in *Unwilling Germans？The Goldhagen Debate*, ed. R. R. Shandley, trans. J. Riemer, Minneapolis, University of Minnesota Press, 1998, pp. 184-185.

据",这是对他们同意该政策的最好说明。① 对于这一问题,最为明显的回答是:德国人不敢公开表达对官方政策的反对意见,因为他们担心被当作犹太人的庇护者。戈德哈根坚持认为,德国人可以批判政府,他们对灭绝犹太人政策的支持也是积极而热情的。② 这就又给我们留下了另外一个问题:这样的积极性和热情态度有多高?

从根本上说,戈德哈根的问题就是,大量历史一般性的共性问题,也就是说从大量案例中获取的一般性归纳,无法确保这些案例是否能代表所有的人群。我们无法得知他所选择的案例或人群样本能在多大程度上代表大屠杀所涵盖的所有人群。比如,警察接受了怎样的训练?疯狂的反犹太人观念会对黑尔姆布雷希茨集中营的长官产生多大的影响?即便是在上述情形之下,许多士兵乐于伤害和杀害犹太人,但这样做的士兵的比例有多大?他们中有多少人是出于意识形态的原因而非纯粹的残忍之心、乐于看到别人受苦才这样做的?我们永远都不会知道。像许多学者一样,戈德哈根认为,人的行为总是有原因的,而不仅仅是出于残忍的冲动。同样,他倾向于认为,希特勒意志的执行者,也是在意识形态而非恐惧之心的推动之下采取迫害犹太人的行动的。在戈德哈根看来,这些德国人的所有行为几乎都是有原因的,因此,他就可以从自己有限的样本中推导出整个人群的行为原因。

戈德哈根有时也承认,在所有可能性之中,有些施暴者并非全然接受纳粹的反犹太人意识形态,而只是迫于强权压力去执行长官的意志罢了。但他坚持认为,"大多数迫害者"都拥护反犹太人的观念,这是没有问题的,这是他们实施迫害行为的充分和必要动机。③

---

① Goldhagen, 'What were the murderers thinking?', in *Unwilling Germans? The Goldhagen Debate*, ed. R. R. Shandley, trans. J. Riemer, Minneapolis, University of Minnesota Press, 1998, p. 153.
② Ibid., pp. 153-154.
③ Goldhagen, *Hitler's Willing Executioners. Ordinary Germans and the Holocaust*, London, Little, Brown and Company, 1996, pp. 416-418.

这是一个理性主义者的观点，也是他开始调查的起点。在缺乏准确证据的前提下，我们必须考虑他的这一未经证实的主张。

2. 无意识的心理原因

在 19 世纪之前，人们已经认识到人类行为的无意识原因。圣保罗就坦白承认是权力、一种"原罪"的权力，迫使他以自己都不同意的方式采取行动。① 休谟也解释说，人追求快乐而非理性的自然愿望，是人判断善恶的根本标准。② 但马克思、弗洛伊德以及稍逊一筹的尼采的著作则对历史书写和历史理解有着更重大的影响。他们的理论的最突出的地方，就在于他们以自己独特的方式认为理性的解释要服从于人性中最基本的动机，在他们看来，这些动机在人性中发挥着重要的作用。

（1）阶级、集团和个人利益

认为人类行为主要是由人类理性造成的这样的观念，在 19 世纪和 20 世纪受到了马克思和弗洛伊德的挑战。人们常常引用的马克思著作中的一句话就是："不是人的意识决定人的存在，而是相反，是人的社会存在决定了他们的意识。"③ 马克思的人性论有两个重要的维度：动机理论和意识理论。马克思相信，历史最好是被理解成人类为了舒适和生存而对物品的基本需求愿望的产物。在他看来，社会结构就是在可能的特定生产方式的条件之下，能将生产最大化的框架。一旦技术的发展使得工厂生产富有效率，社会就从建立在农业发展基础之上的封建社会，转变到了以工业生产为主要财富来源的工业社会。新工业的所有者——资本家就在很大程度上取代了封建贵族，获取了大量的财富和权力。为了使自己在政府中有更大的发言权，他们支持宪政改革，这动摇了封建专制制度，为民主政治政党的产生开辟了道路，而后者则是他们可以用自己的财富实施控

---

① 《罗曼斯》7：14-24。
② 参见休谟的《人性论》，第三册，第一部分。
③ Loptson, P., *Theories of Human Nature*, Peterborough, Ontario, Broadview Press, 1995, p. 129.

制的对象。马克思认为,当权者一般都会剥削无权者,他把这描述为一种阶级关系。资本家竭其所能克扣为他们工作的工人也就是无产阶级的工资和工作条件。①

资本家如何才能建立自己的权力并持续剥削他们的工人呢?他们在很大程度上依赖意识形态来实现合法化和维护他们的地位。他们可以诉诸政治理论来使民主改革合法化,比如洛克的天赋人权理论和罗素的共同意志理论。而且他们还可以通过提倡基督教有关谦卑的必要性的教义,要求民众服从权威,这样才能在天国中获得回报,通过这样的方式,他们就可以让工人阶级顺从了。人们虔诚地相信这样的意识形态,但马克思却把它称为"虚假意识"。在马克思看来,人们为自己的行为所提供的解释,并不是他们行为的真正动机。这些理由不过是他们行为的合法化外衣,它们常常都是由无意识的阶级利益推动的结果。马克思的朋友和合伙人恩格斯写道:"意识形态是思想家有意识、但的确是以一种虚假的意识杜撰的结果。真正的动机是思想家所不知道的,否则的话那根本就不是一个意识形态的过程了。"②

但是,马克思承认,有时统治阶级的意识形态得到了强大的支持,以致为被统治阶级所接受,这会确保他们持续保持自己的被统治地位。正如马丁所指出的,这一事实与一个阶级的阶级意识反映了该阶级的客观利益的说法之间,是不相一致的。马克思认为,工人阶级如果想要获取自由和实现自己的基本愿望,那么他们的信念就必须从资本主义意识形态中解放出来,去反映自己真正的阶级利益。马丁评价说,在这种情况下,似乎又是观念在最终意义上决定着行为了。③

---

① 关于马克思理论的卓越简介,参见 Rosenberg, Alexander, *Philosophy of Social Science*, 2nd edn, Boulder, CO, Westview Press, 1995, pp. 109-115。
② Seliger, M., *The Marxist Conception of Ideology. A Critical Essay*, Cambridge, Cambridge University Press, 1977, p. 30.
③ Ibid., pp. 71-73.

占统治地位的意识形态的重要性就在于有助于统治阶级维护其权力,这一说法在安东尼·葛兰西那里得到了很好的理解,葛兰西的意识形态"霸权"理论对此进行了充分的说明。卡尔·伯格斯对葛兰西的霸权观念作了如下总结:

> 葛兰西用霸权来表示一整套价值观、态度、信仰和道德等对市民社会(包括工会、学校、教堂以及家庭等整个社会结构及其行为)的无孔不入的渗透。这就是以这样或那样的方式支持现存的秩序和统治阶级的利益。[1]

葛兰西意识到,如果资本主义体系被颠覆了,那么它的意识形态霸权的真面目、它作为阶级利益工具的本质也就会被揭示出来,于是,另外一种更具有普遍性,特别是对工人阶级更具有感召力的意识形态就会取而代之。正如葛兰西所指出的:"每一次革命都是通过激烈的社会批判活动、文化渗透和扩散而获得进展的。"[2] 于是,与马克思和恩格斯相比,葛兰西认为意识形态在导致历史变革的过程中将发挥着更为重要的作用。

相信阶级只有在具有了自我意识之后才能追求自身的利益,是诸如汤姆森等马克思主义历史学家著作中的核心思想。但汤姆森走得太远,以致贬低了阶级的客观社会条件对于阶级信念的决定性意义。他是通过把阶级定义为能够意识到自身共同利益的群体来做到这一点的。他写道:

> 我认为,除非把阶级看作是社会和文化的构成部分,一个逐渐形成的过程——只有在历经相当一段历史时期、这些过程逐渐完成之后,我们才能把它们当作研究对象,

---

[1] Boggs, Carl, *Gramsci's Marxism*, London, Pluto Press, 1976, p. 39.
[2] Ibid., p. 59.

否则的话,我们就无法理解阶级。1780~1832年间,大多数英国工人开始感觉到他们相互之间存在着一种共同的利益,而且这些利益与他们的统治者和雇主的利益是相对立的。①

尽管汤姆森承认人的价值观在相当大的程度上是由人们的社会经济状况决定的,但他似乎又接受了古典的观点,即认为人们的行为是由其价值观和信念共同推动的结果。在汤姆森所研究的英国历史时期,各个社会群体拥有共同的社会阶级及其利益的书面和口头表达方式,因此,很容易把阶级与拥有共同利益意识的群体联系起来。马克思使用阶级的语言来建立其历史理论,这并非偶然。现代历史学家也在这样做,比如基特森·克拉克就把19世纪30年代英国的宪章运动称为"19世纪上半叶最为典型的阶级斗争模式"②。要求获得男性普选权的宪章运动者,希望随着工人阶级的振兴,恢复与之相匹配的尊严。

> 宪章运动者想要的,无疑就是回到小业主和手工作坊社会,或至少延缓大工厂和高度资本主义的发展速度,这种想法太不切实际了,他们甚至还建议把过剩的人口移民到经营小农场的殖民地。③

然而,宪章运动缺乏有力的领导和组织,因此无法与政府力量相匹敌。

如果说马克思是从整体上来描述工人阶级的利益的话,那么随后的历史学家则注意到了工人阶级内部的不同群体,这些不同的群

---

① Thompson, E. P., *The Making of the English Working Class*, Harmondsworth, Penguin, 1968, p. 12.
② Clark, G. K., *The Making of Victorian England*, London, Methuen, 1962, p. 13.
③ Ibid., p. 135.

体会依据其特殊的条件而采取不同的行为方式。阿萨·布里格斯在介绍题为《宪章运动研究》的论文集时评论说:"这个国家不同地区的生活条件存在着很大的差异,不仅城市、贸易城镇和乡村之间,而且不同城市之间和不同农村地区之间也都存在着相当大的不同。"① 不仅存在着地区之间的差异,而且同一地区内部的工人阶级中也存在着截然不同的群体。布里格斯作出了如下区分:"高级手工艺人阶层,这个阶层包括印刷工、制鞋匠、裁缝、家具木工、书商以及一些小店主;工厂操作工,主要集中在纺织工业区……以及工厂外家庭式工人,不仅包括手工纺织工,而且也包括手工编织工和钉扣子工。"② 布里格斯继续解释道:

(这些群体之间)不仅酬金各不相同,而且社会保障、收入调控、工业环境、在当地社区中的地位以及未来发展前景,无论是对于个人还是对于家庭成员来说,都是各不相同的。③

当然,汤姆森也意识到了这些差异,但他指出:

1790~1830年间的一个明显的事实,就是"工人阶级"的形成。首先,这突出表现为在所有这些不同的群体之间开始形成一种阶级意识,开始意识到他们相互之间存在着共同的利益,而且这一利益与其他阶级的利益之间是相对立的。其次,与工人阶级的阶级意识相伴生的是政治和工业组织的形成。到1832年时,已经建立了基础稳固且拥有自我意识的工人阶级组织——工会、友好协会、教育和宗

---

① Briggs, Asa, *Chartist Studies*, London, Macmillan, 1959, p.1.
② Ibid., p.4.
③ Ibid., p.4.

教运动组织、政治组织、各类期刊——工人阶级的思想传统、工人阶级的社团模式以及工人阶级的结构感。①

布里格斯认为:"试图创建阶级团结感的努力……从来没有彻底成功过。"② 但是他把宪章运动的失败归咎于工人阶级没有寻求中产阶级的支持,特别是在伦敦更是如此。③

不仅马克思的阶级概念遭到了历史学家的挑战——这些历史学家在工人阶级的内部区分出了不同的群体;而且阶级利益的影响也遭到了质疑。人们并非总是受阶级利益的驱使而采取相应的行动,无论是有意的还是无意的。有时,人的行为是为了追求宗教或自然观念,而非阶级观念。④ 在这样说的时候,尼尔等人的观点是:某群体的意识形态是可以与其所属阶级的阶级利益相悖的。如果某一阶级的意识形态是从其他阶级那里借用来的,这种相悖的情况就更加明显了。如果某一群体的利益跨越了阶级的界限,也会出现这种相悖的情况。在阶级之外,还存在着其他一些被剥削的群体,如妇女、黑人和殖民地人民。他们开展了各种社会行动以维护其利益,但不是阶级利益。⑤

要证明阶级利益是推动行为的动机,是十分困难的。比如,想一想对于妇女从属地位的马克思式的解释。1970 年以前,在工作场所对于妇女的歧视是资本主义社会的普遍现象。妇女很少受雇于重要职位,或要求具有男子优势和体力的工作岗位,也无法与男子同工同酬。这些事实意味着在工作场所对妇女采取了一种歧视政策。

---

① Thompson, E. P., *The Making of the English Working Class*, Harmondsworth, Penguin, 1968, pp. 212-213.
② Briggs, Asa, *Chartist Studies*, London, Macmillan, 1959, p. 4.
③ Ibid., pp. 297-299.
④ Neale, R. S., *Writing Marxist History. British Society, Economy and Culture since 1700*, Oxford, Blackwell, 1985, p. 164.
⑤ Kaye, H. F. and McClelland, K. (eds) *E. P. Thompson, Critical Perspectives*, Cambridge, Polity Press, 1990, pp. 4-5; Neale, R. S., *Writing Marxist History. British Society, Economy and Culture since 1700*, Oxford, Blackwell, 1985, ch. 7.

有作者用马克思式的理论解释了这种歧视现象,他们认为,正是在资本家利益的推动之下,剥削者才歧视性地支付女工较低的工资,努力让中产阶级妇女尽量待在家里从事家务劳动,为男人们服务,并强调妇女在生育和抚养后代方面的重要性,而这又反过来有助于资本主义经济的发展。《妇女史上的性与阶级》一书的编者是这样说的:

> 就像许多女权主义者所指出的那样,性别分工是理解资本主义维护其自身的方式的基础,因为这可以让资本主义划分劳动力,确保较低的工资水平,维护自己所拥有的一支廉价的劳工队伍,以及廉价的劳动力维系和再生产系统。①

这里的观点是,由于妇女的从属地位和居家性质有利于资本家的利益,就像在马克思的理论中所解释的那样,所以这些利益就可以用来说明为何大家都普遍同意对妇女采取歧视性态度了。假设实业家没有意识到歧视妇女的所有好处,那么资本主义社会中妇女的从属地位就具有很大的无意识性,即便它如此之通行。那么资本家的利益还可以用来解释资本家的地位吗?乔·埃尔斯特把它叫做"功能主义者的一般性失误"。他写道:"在某些情况下,如工人阶级内部的分裂,对于资产阶级来说的确是有利的,但从这一点出发,我们不应该得出结论说,工人阶级分裂局面的出现,是因为其具有上述效果所致。"② 有人怀疑,歧视妇女现象一定还有其他原因。柯亨在分析马克思理论时就承认:"我的确没有很好的答案来回答生产力是如何来选择能推动自身发展的经济结构的。"③

---

① Newton, J. L., Ryan, M. P. and Walkowitz, J. R. (eds), *Sex and Class in Women's History*, London, Routledge and Kegan Paul, 1983, pp. 2-3.
② Elster, Jon, *Explaining Technical Change. A Case Study in the Philosophy of Science*, Cambridge, Cambridge University Press, and Oslo, Universitetsforlaget, 1983, p. 60.
③ Cohen, G. A., *History, Labour and Freedom: Themes from Marx*, Oxford, Clarendon Press, 1988, p. 17.

事实上，米歇尔·巴雷特已经指出，尽管资本家毫无疑问从廉价劳动力中获得了好处，但他们的确并不需要让妇女从属于男子。相反，这一习惯做法有其他根源，这些根源存在于前资本主义的传统之中。巴雷特写道：

> 性别分工以及相应的男女劳动方式意识形态，从一开始就已嵌入了资本主义的分工之中。在这里，过分强调历史分析的重要性，是不可能的。我不是要声称这一具体的意识形态必然是资本主义生产的一种结构性要求——它只是几种可能的选择之一……的确，我们有理由认为工作与薪酬关系以及劳资矛盾（资本主义生产模式的固有特点）是"性盲区"，而且全然独立于性别问题。[1]

巴雷特指出，对待妇女的态度起源于前资本主义的一种观念，它只是也被包容在资本主义所产生的社会安排之中。例如，资本主义社会也接受了这样的观念，即"妇女主管家务和抚养孩子，是理所当然和理想的事"[2]。这一观念直接限制了社会考虑为妇女设计更合适的工作岗位。"妇女过多地集中于服务性行业和'看护'性岗位，以及一些手工工作，如清洁工等，这些工作都与她们在家里的家务劳动很相似。"[3] "而且，以男人为主导的家庭结构模式，认定男人要负责养家糊口，这就排除了妇女与男人享受同工同酬和同等'工作权'的要求。"[4] 如果这些对待妇女的态度是传统做法，那么资本家就是毫无置疑地根据习惯在做事，而非为了追求自己利益而歧视妇女。只有在没有其他任何替代性解释方案的情况下，这一歧

---

[1] Barrett, Michele, *Women's Oppression Today. The Marxist/Feminist Encounter*, rev. edn, London, Verso, 1988, pp. 98-99.
[2] Ibid., p. 138.
[3] Ibid., p. 181.
[4] Ibid., p. 157.

视妇女的习惯做法有助于阶级或集团的利益才是可信的。我还要指出的是，如果某一习惯做法（如歧视妇女）符合某一统治集团的利益，那么这就为该集团中的成员努力支持和拥护这样的做法提供了动机。歧视妇女符合资本家的利益，是因为资本家都是男性，他们乐于享受从繁杂的家务劳动中解脱出来的自由，而非因为他们是资本家！

如果说马克思只是把重大历史事件归咎于人们追求物质繁荣的利益所致，那么新近的历史书写者则把利益理论运用到了其他方面。

比如马文·哈里斯就主张，人的行为最好是被理解成四种无意识利益或他所谓的"生物性心理成见"推动的结果。这四种无意识利益可归纳为：吃营养食品的需求、借助于尽可能有效的行为保存精力的倾向、性交的欲望、爱与归属的需求。[1] 有了这些倾向以及既定社会的生产方式，就有可能对"社会文化系统"的诸多方面进行解释了。[2] 哈里斯采用的是这样一种方法论原则，即在对文化模式进行意识形态解释之前，先寻求对其进行物质解释。这是因为他相信人通常能够意识到满足自己需要的是什么，并由此采取相应的行为。[3]

哈里斯对于某些明显是非理性的文化习惯做法进行了富有想象力的解释，这些解释展示了这些习惯做法是如何服务于人们的基本利益的。比如，他是这样来解释印度人崇拜母牛的原因的：母牛有生育小牛的能力，能用于耕地、拉车和提供其他劳役，所有这些方面对于养活印度人口的小农场的生存来说都是至关重要的。北美人的炫财冬宴传统，即宴会主办方把自己的大量财物散发给前来参加宴会的人，以此显示自己的地位，也被解释成一种有效的分配食物和财物的方式，即把食物和财物分配给所有的人，特别是那些因恶

---

[1] Harris, *Cultural Materialism. The Struggle for a Science of Culture*, New York, Random House, 1979, p. 63.
[2] Ibid., p. 64.
[3] Ibid., pp. 299-300.

劣气候而遭受损失的人。① 哈里斯承认,人有时会根据自己的价值观和信念而非利益采取相应的行动,但即便如此,他还是认为,人的价值观和信念一般来说是受其利益的支配的。②

另外一位著名的客观利益论支持者是亚伯拉罕·马斯洛。高伯是这样解释马斯洛的理论的:

> 每一个人都受各种匮乏因素的驱使——人总是在寻求满足自己基本的安全需要、归属需要、爱的需要、尊重的需要以及自我实现的需要。健全的人"首当其冲会受其自我发展和最为充分地实现自己的潜能的需要所驱使"。③

因此,在论述基本需求之外,马斯洛还列举了大量的"成长需求",这是高层人士十分自然地努力满足的需求。它们包括完整(正直)、完美(道德、美学)、完全、正义、活力、富足(丰富)、简单……玩乐、真实和自足。④

是否有历史学家已经有意识地采用马斯洛的人性分析方法,我的确不知道,但却有人已经提出:人并非仅仅受基本需求的驱使,而且还要寻求其他任何能够不断给他们带来快乐和自我实现感的东西。后者也是人们行为的动因。提出这种无意识利益理论的最有名的历史学家,就是刘易斯·纳梅尔爵士。他认为,乔治三世时代的许多英国政客进入议会,是为了寻求个人晋升机会,尽管他们声称是在为国家服务。为此,他还提供了大量案例用来说明那个时期的英国议会议员是如何想方设法利用他们的职位来达到个人升迁的目

---

① Harris, Marvin, *Cows, Pigs, Wars and Witches. The Riddles of Culture*, New York, Vintage Books, 1978.
② Harris, *Cultural Materialism. The Struggle for a Science of Culture*, New York, Random House, 1979, pp. 302-303.
③ Goble, F. G., *The Third Force. The Psychology of Abraham Maslow*, New York, Washington Square Press, 1971, p. 32.
④ Ibid., pp. 47-48.

的的，他评论说，这种自私之利"几乎具有普遍性，而且通常是公开的秘密"①。

根据所有这些理论，人常常是依据自己所未能意识到的利益而采取相应的行动的。这可用来说明人们的确已经意识到的欲望和价值观是如何指导其行动的。②

(2) 弗洛伊德和其他心理分析理论

历史学家一般参照把人拽出理性之途的情绪来解释非理性行为，就像前面在描述人类行为的古典常识性理论时所作的解释那样。希特勒对犹太人的痛恨情绪，有助于解释他为何要如此不正当地对待犹太人。希特勒为自己的痛恨情绪提供了原因，但却非常不具有说服力。因此，有些历史学家寻求更为深层的对希特勒的痛恨情绪进行的心理学解释。这就在人性心理分析理论的基础之上，为强烈的情绪提供了心理学解释。

在这一部分中，我将简要描述一些常见的心理分析理论，并举例说明它们在历史研究中的运用。然后，我会转而关注一些常见的对心理分析解释法提出不满意见的理由：孩童期受挫证据的不足、还原论问题、可替代解释方案的可能性，以及证实心理分析理论的真实性的困难。最后，我还要说明，通过考察某种具体情况而确定这样一种解释理论的真实性时所存在的困难。

弗洛伊德是在寻求对歇斯底里和强迫症行为，以及后来试图对全然非理性的梦和失语行为进行解释时，开始创立他的无意识理论的。首先，他借助于考察早期受挫经历和受压抑记忆来解释歇斯底里行为，在他看来，这些经历和记忆会在一定的相关事件中激发暴力反应。他还解释说，梦就是"被压抑的愿望的虚假的实现"③。他

---

① Namier, L., *The Structure of Politics at the Accession of George* Ⅲ, London, Macmillan, 1963, p. 7.
② 参见 McCullagh 在 1991 年对于客观利益是如何解释人类行为所作的充分讨论。
③ Freud, S., *The Essentials of Psychoanalysis*, ed. A. Freud, trans. J. Strachey, Harmondsworth, Penguin, 1986, p. 115.

认为，大部分情况下，这些愿望都是与性有关的欲望，而其实现则是以符号的形式出现的，因此不会冒犯做梦的人，但却会与性器官有某些类似之处。

在建立其非理性行为解释理论时，弗洛伊德被迫对人性问题进行了相当复杂的说明。早些时候，他曾提出本能体验，特别是动物式的生存和繁殖的本能，是人类强烈欲望之源。他还意识到社会对人类思维的影响，因为社会会把大量的人类思维和欲望审查为不可接受之对象。弗洛伊德认为，人一直拥有一个"自我"（ego），它从属于本能的欲望（来自于"本我"即 id），也受社会的制约（被内化在"超我"即 super ego 之中）。此外，自我还要考虑外部世界的情形，因为人正是在其中进行行为选择的。弗洛伊德不断地提出并修改其理论，而且这些理论非常庞杂，因此，这样的概括充其量只是对其真实本质的一个管窥而已。例如，他后来又提出了"爱欲"（eros）概念，认为这是一种本能，是所有事物本性具有的本能；他还把死亡本能（他称之为"自我毁灭的本能"）视为与制造分裂或解体相反的倾向。

弗洛伊德所提出的人性论显然既有助于说明理性行为，也有助于说明非理性行为。任何试图寻找食物和遮蔽之物或寻找配偶的普通行为，都可被归咎于寻求生存和繁殖的基本本能。所有在通行道德框架范围内的有意义的决策，都被解释成受大量欲望控制的超我发挥作用的结果。以这些方式，他的人性理论就可被看作是对古典理性人类行为理论的一种"深化（deepened）"[1]。

弗洛伊德的关注点依然是非理性行为。为了解释大量非理性行为，他创立了儿童发展理论，认为儿童发展影响了成人行为模式。他描述了在他看来是正常的性关系的发展过程，特别是孩子和其父母之间的性关系的发展过程，他还常常把成人非正常的性关系归咎为是对这一正常的儿童期发展过程的一种背离。

---

[1] 在第八章中对人类行为的"深刻解释"进行描述时，我们还要将对这一概念进行考察。

自从弗洛伊德在解释人类行为时展示了无意识的记忆和无意识的本能的重要性之后,随后的理论家就探索了人性中的其他无意识过程在人类行为中所能发挥的作用。阿尔弗雷德·阿德勒认为,人会出于本能地在这个世界和社会中为一种天生的自卑感寻找补偿,其方法就是努力寻求认可和超越他人。雅克·苏鲁塔则在弗洛伊德和阿德勒之后,概括了心理分析理论的几个重要的发展阶段。弗洛伊德的女儿安娜·弗洛伊德关注的是人的自我通过压抑、忏悔、隔阂和投射等行为,与其完整性的威胁相妥协的方式以及与其心理痛苦相斗争的方式。① 梅兰妮·克莱恩则从另一个层面向婴儿对待母亲的态度问题投入了关注的目光,克莱恩认为,婴儿的受挫感会使他们变得精神分裂(一种分裂性人格)、妄想症(爱幻想)和压抑。在她看来,这些症状会对孩子成年后的行为产生影响。② 罗纳德·费耶拜尔和唐纳德·韦尼考特也对相似的问题表示了同样的兴趣,即母亲的支持和爱护会对成年后的心理健康产生多大的影响,以及缺乏母爱可能导致怎样的问题。③ 另一种有影响的理论是由亨兹·考休特提出来的,他创立的人性自恋理论认为,人总是希望自我感觉良好,儿童早期被抛弃的感觉会对成年后的行为产生影响。"在考休特看来,自恋的人在儿童早期经受了被抛弃的感觉,其特征就是产生一种焦虑感、无力建立成熟的人际关系、永远无法满足的受尊敬的需求,以及随着年龄的增长越来越与他人相隔绝。"④ 批评者认为,考休特"忽视了有自恋人格的人所具有的攻击感和痛恨心理"⑤。弗洛伊德之后的这些理论家实际上把他们的"自我心理"、

---

① Szaluta, J., *Psychohistory. Theory and Practice*, New York, Peter Lang, 1999, pp. 128-129.
② Ibid., pp. 130-132.
③ Ibid., pp. 132-134。他们观点的更为详细的总结,参见 Hughes, J. M., *Reshaping the Psychoanalytic Domain. The Work of Melanie Klein*, W. R. D. Fairbairn, and D. W. Winnicott, Berkeley, University of California Press, 1989.
④ Szaluta, J., *Psychohistory. Theory and Practice*, New York, Peter Lang, 1999, pp. 149-150.
⑤ Ibid., p. 150.

"客观关系心理"和"自我心理"与弗洛伊德的心理分析理论进行比较研究,他们更多地把注意力集中在无意识的本能上。①

与其认为这些不同的理论都是不完全的,历史学家毋宁认为每一个理论都关注了人性中的某些一般性特征,而且这些特征可能与历史学家想要进行解释的人类行为是相关的。上述所有的理论都关注了人性中的无意识倾向,这有时可用来说明人类行为。

十分有必要区分出两种不同的心理解释法:一种是只借助于无意识动机来说明人的非理性行为。这其中有一些是十分具有说服力的;还有一种心理解释法就是把成人行为归咎于孩童期经历,这种解释法一般都被判断为具有很大程度的不完备性。

这里就有一个有关第一种解释方法的案例,是由考休特提供的有关德国人为何要广泛而疯狂地支持纳粹党的解释。德国人在第一次世界大战中所遭受的惨败以及随后在魏玛共和国时期所经历的进一步社会分裂,已经使他们丧失了民族自豪感。在希特勒上台之前,德国没有一个政治、学术或艺术领导人可以"为德国人提供发展新的自我形象所必需的集体自我感"②。正是希特勒的个人魅力式领导以及更强大的德国的理想图景,迎合了德国人急需的自信和自尊心理。对于希特勒的支持并不是非理性的,因为希特勒答应要给德国带来巨大的变化。但支持希特勒的广度和力度则需要给予解释,而考休特的自恋理论就提供了这样一种解释方案。

如果你接受了考休特的人性论,那就很容易接受他所作的这一解释。但这里有几处解释参考的是孩童期的经历,相对来说,这些就缺乏可靠性了。

首先就是对希特勒痛恨犹太人的心理所进行的解释。希特勒在

---

① 这里只提到了上个世纪心理分析理论发展中的几个阶段。与此不同的其他分类参见 Runyan, W. M. , 'Alternatives to psychoanalytic psychobiography', in *Psychology and Historical Interpretation*, ed. W. M. Runyan, New York, Oxford University Press, 1988, ch. 12.

② Szaluta, J. , *Psychohistory. Theory and Practice*, New York, Peter Lang, 1999, p. 155.

其书面材料和口头演讲中为自己对犹太人的攻击心理提供了理由。他说,犹太人社团正在侵蚀着德国的完整性,正在侵吞德国的财富,进而他们就会为了他们自己的利益而非德国的利益侵蚀德国的实力。希特勒相信,如果不是犹太人削弱了德国的实力,德国就不会在第一次世界大战中失败,如此等等。越往下读,你就会越来越感到非理性因素的渗出。于是,历史学家就会问,为何他要相信这一无稽之谈呢?为何他要据此采取如此具有攻击性的行为呢?

为了回答这一问题,已经有很多人提供了各种各样的心理解释,在这里,要对它们全部进行充分的讨论,是不可能的。这其中有一个值得推崇的分析,是由怀特在其《精神变态者的上帝:阿道夫·希特勒》中所提供的解释。这明显是在弗洛伊德理论的基础之上,对希特勒的个性所作的庞大而复杂的分析。比如,他对希特勒非理性的反犹太人心理所作的解释:在怀特看来,希特勒把他的祖国——德国看作是自己深爱的母亲,他要保护自己的祖国免受犹太人的蹂躏,而这种心理表达的正是他无意识中要保护自己的母亲免受重重伤害,即首先是免受自己粗暴的父亲的伤害,其次是免受为自己母亲医治乳腺癌的犹太人医生的伤害——这位犹太医生为自己的母亲注射吗啡以减轻疼痛,直至母亲死亡。怀特写道:

> 他把自己对母亲的爱转移到了德国身上,把自己看作是祖国的拯救者,即把祖国从"犹太险境"的威胁中解救出来。因此,他把自己婴儿时期的欲望(这种欲望因亲眼目睹了父亲与母亲的性交过程而得到了很大的强化)投射到了德国身上,即要拯救自己的母亲免受色情的父亲的蹂躏,而要自己占有母亲。[1]

正是在母亲去世的时候,也就是在1908年,希特勒宣布了他反

---

[1] Waite, R. G. L., *The Psychopathic God: Adolf Hitler*, New York, Basic Books, 1977, p. 360.

犹太人的政策。怀特评论道:"希特勒对于犹太人出奇的痛恨,与其母亲的去世之间的密切关系,似乎是很明显的。当然,这二者之间的关联也有可能纯粹是偶然,但如果它们之间存在着因果关系的可能,那么偶然的解释就不能令人满意了。"①

参照孩童期经历对成人行为进行心理解释的第二个案例,是图克尔提供的有关斯大林对于个人崇拜的执迷。图克尔了解到,斯大林害怕反对意见,并在 20 世纪 30 年代对反对者采取了粗暴的清洗政策。图克尔发觉,战后的莫斯科呈现出一种狂热的崇拜斯大林之风;而且在随后的 1956 年,图克尔阅读到了赫鲁晓夫的一份关于斯大林"刚愎自用"行为的报告。这正好符合心理学家卡伦·霍尼所描述的一种个性,她认为,人在早期生活中所经历的焦虑,会在以后的成年生活中得到补偿,补偿的方法有时就是通过制造一种理想化的自我形象,并为了保护这种形象而把那些否认这一形象的人都杀掉。正如希特勒曾利用国家来攻击犹太人一样,斯大林也利用国家来提升其完美的自我形象并把那些对此持质疑态度的人都清洗掉。斯大林小的时候,他那酗酒的父亲经常毒打自己和母亲,因此就具备了霍尼的理论所要求的焦虑来源。②

朗延注意到了这些心理解释法在历史书写活动中所遇到的三种常见困境。③ 首先就是人的孩童期经历常常是缺乏证据证明的,因此有必要对理论所揭示的解释予以证实。弗雷德兰德尔就论述了希特勒童年经历的证据不足问题,而我们所能知道的希特勒是如何在某些事件上把这些经历投射过去的,就更是缺乏足够的证据支持了。我们之所以所知不多,可以用几种不同的方法来进行解释。"无论采

---

① Waite, R. G. L., *The Psychopathic God: Adolf Hitler*, New York, Basic Books, 1977, p. 188.
② Horney, K., 'A Stalin biographer's memoir', in *Psychology and Historical Interpretation*, ed. W. M. Runyan, New York, Oxford University Press, 1988, pp. 63-81.
③ Runyan, W. M., 'Alternatives to psychoanalytic psychobiography', in *Psychology and Historical Interpretation*, ed. W. M. Runyan, New York, Oxford University Press, 1988, pp. 219-244.

用哪一种假说，人们都可以找到一种方法来把这一假说与整个文本整合起来，使其看上去具有一致性，因为可能的替代方案实在是太多了。"① 对于希特勒反犹太人行为的各种解释，就是一个例证。

有时，历史学家也试图用与某种解释理论相一致的孩童期经历来说明非理性行为。穆斯林和乔比对于兰登·约翰逊个性的分析，就是一个典型的例子。他们令人信服地采用考休特的理论来说明约翰逊的控制型人格。"自恋式的缺陷——缺乏足够的自尊、平凡以及与之相伴随的空虚感和孤独感——折磨了约翰逊一生。"② 显然约翰逊很难找到方法放松自己，穆斯林和乔比对此进行了这样的解释：

> 约翰逊的虚伪的生活以及缺乏与别人和平相处的能力，显然与他孩童时期与他的以自我为中心的父母生活在一起有关，因为他的父母没有给童年的他提供必要的爱和安抚。由于被剥夺了应有的被爱和受安抚的权力，使他形成了一种固执的心理——不断地采取各种行为寻求来自外部的安抚资源。③

请注意这里存在的循环论证：约翰逊的行为一定是由于童年时期被剥夺了被爱和安抚的权力而造成的，而童年时被剥夺了被爱和安抚的权力则又是因为约翰逊有这样的行为。人们不禁要怀疑，其他的解释是否就不可能呢？

朗延提到的心理历史学家所要面对的第二个问题，就是所谓的还原论问题，即倾向于把过多的成人行为不恰当地归咎于童年期经

---

① Friedlander, S., *History and Psychoanalysis. An Inquiry into the Possibilities and Limits of Psychohistory*, trans. S. Suleiman, New York, Holmes and Meier, 1978, p. 48.
② Muslin, H. L. and Jobe, T. H., *Lyndon Johnson: The Tragic Self: A Psychohistorical Portrait*, New York, Insight Books, 1991, p. 84.
③ Ibid., p. 86.

历。朗延引用了劳伦斯·斯通的言论:

> 我就是无法想象诸如灭绝 600 万犹太人这样的事可以被解释成是由于希特勒母亲在接受一位犹太医生治疗乳腺癌时死亡了;或者是把路德背叛罗马教会解释成他曾遭到自己父亲的虐待或因为受自己慢性便秘的长期折磨。①

希特勒痛恨犹太医生没能治愈自己的母亲,与他对德国所有犹太人的痛恨是两码事,然而心理分析却常常认为前者与后者之间存在着完全合理的逻辑关系。实际上,要对希特勒灭绝犹太人的政策进行合理的解释,所要做的工作还有很多。

心理历史学家所面临的第三个困难,就是排除了其他替代解释方案的可能性。朗延认为,现存的证据常常与几种不同的解释不相符合,因此这些解释不能被当作是真实的,而只能被当作是种种阐释。图克尔的斯大林个性行为解释说的一位批评者则提出了这样的质疑:斯大林的独断专权的行为方式以及其自负的个性,难道就不是俄罗斯政治文化传统(特别是在沙皇时代更是达到了顶峰,斯大林只不过是出于自己的政治原因延续了这一传统罢了)的一部分吗?② 人们往往会毫不置疑地扮演自己熟悉的、传统的角色,而且他们在这样做的时候没有任何特殊的心理原因。

朗延所界定的心理分析解释法的三种困境,具有很大的意义,特别是第三种困境,意义尤其重大。即便拥有充足的童年期经历证据,即便人类行为有很大可能拥有无意识的原因,任何建立在这些

---

① Stone, L., *The Past and the Present*, Boston, Routledge and Kegan Paul, 1981, p. 220. 这是朗延引述的话,参见 Runyan, W. M., 'Alternatives to psychoanalytic psychobiography', in *Psychology and Historical Interpretation*, ed. W. M. Runyan, New York, Oxford University Press, 1988, p. 225。
② Dallin, A., 'Commentary on "A Stalin Biographer's Memoir"', in *Psychology and Historical Interpretation*, ed. W. M. Runyan, New York, Oxford University Press, 1988, p. 83.

原因基础之上的行为解释仍然需要谨慎为之。

运用心理分析解释法的历史学家还要面临第四个困难,那就是:很难判断某一具体的心理分析理论是否已经成熟。斯坦纳德有力地指出,这些理论实际上无法得到合理的判断。① 他认为,并非所有在童年期遭到父母虐待的人,都会在成年后变成精神病人;而且精神错乱的人也并非全部拥有不愉快的童年经历。这二者之间的关系并不是一一对应的,因而无法支持相关的理论。只要例外情况一出现,那么该理论就一定会努力地对例外情况进行解释,于是,它在实际效果上已经变成无法证伪的理论了。斯坦纳德是这样描写心理分析学家的:

> 通过声称所有的东西最终都会被自己的理论所涵盖,都能借助于所谓的反应形成、置换、升华等防御机制的在场或缺席而得到解释,他们甘愿努力抵制证伪。尽管这种能解释一切的显著功能毫无疑问会有助于心理分析法的传播……但无论从任何角度考虑,心理分析理论根本就不是合格的科学理论,甚至也不是值得推崇的、符合逻辑的解释。②

朗延指出,心理分析理论实际的支持度已远远超过斯坦纳德的预料③,但即便是斯坦纳德也无法确定该方法的可靠性。

求证心理分析解释法真实性过程中所存在的困难,显然在朱利叶·米切尔那里得到了清楚的说明。在其《心理分析和女权主义》

---

① Stannard, D. E., *Shrinking History. On Freud and the Failure of Psychohistory*, New York, Oxford University Press, 1980.
② Ibid., pp. 148-149.
③ Runyan, W. M., 'Alternatives to psychoanalytic psychobiography', in *Psychology and Historical Interpretation*, ed. W. M. Runyan, New York, Oxford University Press, 1988, p. 220.

一书中,米切尔对弗洛伊德关于男尊女卑的解释进行了举例说明。该书的核心思想(在第十二章中)正在于此。在弗洛伊德看来,孩子对父母有性反应。他说,从孩童早期,女孩便把自己等同于母亲,从那时起,女孩就开始无意识地想与自己的父亲发生性关系。为了吸引父亲的爱,女孩会把自己打扮成很吸引人的样子,竭尽所能取悦父亲。米切尔认为,这就解释了为何女性总是从属于男性,且爱慕虚荣。女性对自己父亲无意识的爱所带来的社会后果,在父权制也即以父亲为主导的文化中得到了证实。男孩们则不爱自己的父亲,但却在相同的程度上无意识地想要杀死自己的父亲以取而代之,实际上,他们的确在后来扮演了父亲的角色。因此,男女关系是在孩童时代就已建立起来的,而只是在父权制意识形态中找到了表达方式,这种意识形态就是:女性要服务并取悦于男性。"阶级、时代、社会条件的差异,改变了女权的表达方式,但在与父权的关系中,妇女的地位总是一个可比较的因素。"① "妇女在任何文化中,都是第二性,但不同文化中对于第二性的具体界定却是如此之不同。"②

如果米切尔是对的,那么弗洛伊德的理论肯定就意味着男尊女卑的态度,而这一态度则是让女人从属于男人的父权制意识形态的特征所在。但如何才能证实这一理论呢?弗洛伊德所描述的太多的儿童性史都是无意识的,且具有假说的性质,所以很难找到直接的证据支持。甚至父权意识形态是否真的有一个心理学起源,也是一个难以确定的问题。或许它就是起源于妇女需要待在家里照看年幼的孩子,丈夫则必须为妻儿提供衣服和食物。在女性表现柔弱的地方,正是男性体现其强大实力的地方,体现其优于自己的女人的能力的地方。这里还有另外一个可用来说明父权制起源的完全值得考虑的说法。当然,每一个理论都蕴含着父权制的存在这一事实,并不意味着父权制就确实存在。我们可能永远没有充足的证据来确证

---

① Mitchell, J., *Psychoanalysis and Feminism*, London, Allen Lane, 1974, p. 406.
② Ibid., p. 381.

父权意识形态的起源,因为父权意识形态的起源十分模糊,因此大多数女权主义者都不再去试图寻找这一起源了。

(3) 尼采和权力追逐

尼采宣扬对于权力的追逐。"人追求的不是快乐,而是权力。"①你可能会认为人首先追求的是快乐,而不是权力。但考夫曼认为,对于尼采来说,"快乐感只是拥有权力时的附带现象"②,而不是主要的欲望目标。

尼采指出,基督教有关正义和宽容的道德说教,是中产阶级从自身利益出发,为了保护自身的权力而极力主张的东西。

尼采意识到,他的天赋权力追逐说符合优胜劣汰的自然选择论,因为根据后者,所有的物种都要在竞争中求生存。他的学说也符合自由资本主义的习惯做法,即自由的市场竞争原则。历史中还有许多证据可以证明人是追逐权力的动物。尼采的这一理论得到了米歇尔·福柯的继承。福柯指出,人总是拥护这样一种社会观,即在该社会中,自己的权力可以得到保障或提高。例如,在其《规训与惩罚》一书中,福柯就认为惩罚的习惯做法并非旨在满足所谓罪有应得之说,而是为了在某些时候作为统治权力的公开执行的手段。死刑公开执行,在法国革命以前很常见,是十分血腥残忍的。酷刑和死刑不仅能展示罪犯的罪孽,还能"把罪犯的身体放置在统治权力实施报复的地方,这是体现权力的固定点,也是强调力量不对称的一个机会。我们会看到……真理和权力的关系一直是所有惩罚机制的核心所在,而且在当代的惩戒机制中我们仍然可以发现这一点——不过是以非常不同的方式,而且是会产生非常不同的效果。"③ 我忍不住要引用以下这一长段话,在这段话中福柯把他认为

---

① Kaufmann, W., *Nietzsche. Philosopher, Psychologist, Antichrist*, Cleveland, OH, The World Publishing Company, 1956, pp. 226-227.
② Ibid., p. 227.
③ Foucault, M., *Discipline and Punish. The Birth of the Prison*, trans. A. Sheridan, Har mondsworth, Penguin, 1979, p. 55.

在残忍的死刑公开执行中所涉及的各种权力进行了分类。

> 犯罪和惩罚以残忍的方式紧密联系在一起这一事实，不是有些模糊地被接受的报复原则的结果。在惩罚仪式中，它是一种效果，特定权力机制的效果：这种权力不仅毫不犹豫地直接施加在身体之上，而且还因可见的体现方式而得到了弘扬和增强；这种权力把自己武装成一种军事化的权力，其职能就是维护秩序，但却并非与战争功能全然无关；这种权力把规则和义务表现为个人的束缚，违背它就是一种冒犯，就要受到所谓的报复；不遵守这种权力就是一种敌对行为，是造反的前兆，这与内战期间的原则并无二致；这种权力不仅必须展示它为何要加强其法律，而且还必须展示谁是它的敌人，以及什么样的力量是威胁其存在的主要因素；这样的权力在缺乏连续监管的情况下，会寻求更新其在具体表现形式上的效果；这种权力在仪式化的展示活动中得到了强化，仪式使它成为真正的"超级权力"。①

尽管福柯意指制订社会政策的动机，是政策制订者要维护或加强其权力，但他还是迫不及待地指出（与他之前的葛兰西是大不相同的），人们会建立各种话语将其在社会中的权力正当化，因为话语会规定哪些行为是可接受的，哪些行为则不是。在"语言中的话语"中，他写道："我宁愿在由惩戒符号所构成的话语实践和描述的总体基础之上，来测量声称自己是科学的某种话语（如医学、心理学或社会学）的效果。"②

在《规训与惩罚》（1979）一书中，福柯完成了他的这一愿望。

---

① Foucault, M., *Discipline and Punish. The Birth of the Prison*, trans. A. Sheridan, Harmondsworth, Penguin, 1979, p. 57.
② Foucault, M., *The Archaeology of Knowledge and the Discourse on Language*, trans. A. M. Sheridan Smith, New York, Harper and Row, 1976, p. 232.

在该书中，他指出，在过去约两个世纪以来，刑罚的处罚力度越来越宽松。他把这一变化归结为与惩罚目的有关的话语的变化：已不再需要提供一个令人恐怖的、对肉体实施痛苦折磨的公开场景来恐吓旁观者了；相反，刑罚的目的是为了改造罪犯的灵魂，是要在其"激情、本能、薄弱的意志和精神错乱"等方面发挥作用。[①] 惩罚的严厉程度现在已取决于罪犯的态度。[②] 惩罚变成了私下的而非公开的事情。

惩罚就是在罪犯的肉体和精神上实施权力的过程。福柯把"越来越宽松的惩罚"看作是"新权力策略的效果之一"[③]。新策略所要进攻的不是肉体，而是精神：

> 作为权力镌刻表层的"精神"用符号学作为其工具；通过控制思想来使肉体屈服；作为身体政治原则之一的表征分析，要比仪式化的酷刑或死刑的效果大得多。[④]

福柯的"话语是一种权力工具"的理论已经被众多历史学家采用，他们用福柯的这一理论来研究被压迫群体的历史。比如，爱德华·萨伊德就在其《文化和帝国主义》一书中承认经济利益是帝国主义的动机之一，但帝国主义更愿意把意识形态当作一种控制工具。他写道：

> 帝国主义和殖民主义都不只是一种简单的积累和掠夺行为。它们都得到了令人肃然起敬的意识形态诸形式的支持甚至是推动，这些意识形态既包括这样一种观念，即某

---

① Foucault, M., *Discipline and Punish. The Birth of the Prison*, trans. A. Sheridan, Harmondsworth, Penguin, 1979, pp. 16-17.
② Ibid., p. 18.
③ Ibid., p. 23.
④ Ibid., p. 102.

地区或人民要求和欢迎对其实施控制；也包括各种迎合帝国和殖民控制的各种知识形式：19世纪帝国主义文化经典词汇中就充斥着这样一些单词和概念，如"下等"或"隶属种族"、"从属民族"、"依附"、"扩张"和"主权"等。①

同样，米歇尔·巴雷特考察了妇女的被压迫状况，他写道：

> 在建构和衍生妇女被压迫地位的过程中，意识形态发挥着重要的作用。具体的居家组织和家庭主义的意识形态，是资本主义压迫妇女的核心维度，而且只有通过意识形态分析，我们才能抓住妇女被压迫的秘密所在，即所有妇女都必须遵守的理想的自然"家庭"的秘密所在。只有通过意识形态的分析以及对意识形态在建构性别歧视过程中的作用的分析，我们才能说明女性和男性的愿望，即通过压迫妇女来繁殖理想的家庭结构。②

然而，巴雷特又补充道："我反对这样的说法，即意识形态的问题是与经济关系相分离的。在这里，我会与后阿尔都塞式的女权主义理论保持一定的距离，因为该理论寻求的是把所有有关压迫妇女的各种问题都纳入到话语理论中去。"③

福柯把人类行为看作是对已接受的话语或意识形态的遵从，而话语则是不同的人群维护和加强其权力的方式。他否认人的行为起源于个人的价值观或信念这一共识性观念。全身心拥护这一理论的历史学家就是罗伯特·查迪尔，他用这一理论对法国大革命进行了解释。查迪尔否认法国大革命受意识形态的驱动，而认为那只不过

---

① Said, E. W., *Culture and Imperialism*, London, Chatto and Windus, 1993, p. 8.
② Barrett, Michele, *Women's Oppression Today. The Marxist/Feminist Encounter*, rev. edn, London, Verso, 1988, p. 251.
③ Ibid., p. 253.

是一场争夺权力的斗争。他说,传统历史理论认为法国革命和启蒙运动一样,都是"一场直接、自动和明显是由思想所发动的实际运动……尽管这两场运动之间没有连续的和必然的联系";与此观点相反,查迪尔指出:"我们应该强调(竞争性)话语在表征社会世界时相互之间的裂隙,努力去重新发现这一裂隙,我们要知道,(多样化的)实践在形成之初就已经发明了各种各样分裂事物的新方法了。"① 在另外一个文本中,他又写道:

> 革命活动拥有自身的时机和动态结构,这是任何可能条件都无法包容的。从这个意义上来看,确切地说,法国革命没有起源,它之所以坚持这样一种绝对信念,即自己代表了一个新的开端,那是因为这样做具有表述行为的价值:通过宣布与过去的截然断裂,它构造了一个新的世界。②

他说,启蒙时期的哲学和大众文化削弱了人们对教会和国家旧秩序的尊重,这就使得反对皇权的革命成为可能。但这并不包括为这场革命制订蓝图。

民主理论和实践之间的鸿沟在恐怖统治时期当然还是十分巨大的。革命者为自由、平等和幸福而战,但却发现并杀害了数百名他们认为是新国家的可能的敌人。查迪尔评论说:"所有的实践都体现在其自身的常规、逻辑和理性之中,无法还原成证实它们的话语。"他认为,人的言行应该被理解成"控制关系的转换"。借用福柯的话,他指出:"一次事件……是……"为了应对"激烈的冲突"而

---

① Chartier, R., *On the Edge of the Cliff. History, Language, and Practices*, trans. L. G. Cochrane, Baltimore, MD, The Johns Hopkins University Press, 1997, p. 59.

② Chartier, R., *The Cultural Origins of the French Revolution*, trans. L. G. Cochrane, Durham, NC, Duke university Press, 1991, p. 197.

"对力量关系的一次颠覆、对权力的篡夺"。和福柯一样,查迪尔也喜欢把人视为权力模式的构成因素,而非知识和创新的核心。他说,这一方法包括"把个人当作形成中的、话语实践的或社会的产物,而非孤立自由的'我',因为正是前者决定了个人的历史存在"。个人因此不是一般类的抽象的内容,而是独特的存在物,是在一定时间和空间、经过一个独特的形成过程而造就的产物。[1]

尽管革命者所说和所做的许多事都是为了提高其权力,但据此就认为启蒙运动的政治思想对他们的行为没有指导性的影响,那就有些不合适了。因为实际上,启蒙运动把反对皇权的"众议员"的决策合法化了,并指引革命者起草和推行人权宣言和民权宣言。意识形态并非必然带来其所设计的行为这一事实,并不意味着该意识形态对其所设计的行为的产生根本没有任何影响。正如诺曼·哈普森所指出的,在导致法国革命发生的过程中,存在着三种基本的、互相发挥作用的因素,即"政治的、经济的和意识形态的"因素。[2]孟德斯鸠曾表扬公民道德是古代共和国时期实现自由的条件,如果公民道德丧失了,他认为就需要进行利益平衡以维护和平。罗素也解释说,为了公共利益,个人自由应该得到限制,应该在人类一般意志的前提下界定个人自由。哈普森指出,罗素受到了广泛的拥戴,而且他的思想也经常被立宪会议的众议员引用,即便他们并非总是同意他的观点。沿用弗朗希斯·福雷特的话,哈普森指出,在很大程度上,"一种罗素式的意识形态开始主导和解释法国革命的过程"[3]。"罗素为解释者提供了新耶路撒冷式的愿景,也为他们提供了合法的理由认为法国人为了重生做出了巨大牺牲。"[4]

---

[1] Chartier, R., *The Cultural Origins of the French Revolution*, trans. L. G. Cochrane, Durham, NC, Duke university Press, 1991, pp. 54-71.

[2] Hampson, N., 'The heavenly city of the French revolutionaries', in *Rewriting the French Revolution, The Andrew Browning Lectures 1989*, ed. C. Lucas, Oxford, Clarendon, 1991, p. 46.

[3] Ibid., p. 51.

[4] Ibid., p. 53. 狄德罗关于财产权的论述所产生的影响,参见 Doyle, W., *The Origins of the French Revolution*, 3rd edn, Oxford, Oxford University Press, 1999, p. 34.

因此，人不仅仅受权力的驱使，很多时候还会受激励他们的思想观念的驱使。的确，人头脑中会导致破坏行为产生的关于耶稣的观念，已经推动人们以牺牲个人权力为代价去过一种心怀悲悯的生活。

本章至此，我们已经讨论了两种对立的人性论：第一，古典常识性人性论，即认为人的行为是受价值观和信念驱使的；第二，新人性论，即认为人们只不过是遵从掌权者强加在他们身上的话语而采取行动。我们在第二章中考察作者是否能有自己的倾向问题时，也遇到了类似的冲突和对立。还有一种观点认为，根本就没有什么人的本质存在，尽管这个问题不是第二章所要讨论的对象，但在这里却值得一提。

3. 心理状态的社会和语言结构

有关心理状态的话语所指代的都不是真实的东西，这一思想因为维特根斯坦的《哲学研究》一书而流行开来。维特根斯坦指出，当我们在描述他人的心理状态时，我们其实是在根据既定的语言习惯对他们的行为进行阐释。今天我们所说的不同的话语领域，维特根斯坦把它称为"语言游戏"。他用来解释人类行为的解释学方法，是由布朗·费耶在其《社会理论和政治实践》一书中提出来的。精神状态什么都不是，只不过是一种话语形式，这一理论观点有时被称作"虚无主义"，它是与"实在论"相对的；或者也可称为"结构主义"以与"本质主义"相对。

福柯更是对心理实在论发起了猛烈的攻击。他不仅否认心理状态的实在性，而且也否认了先验自我的实在性，否认非物质的精神能够携带各种影响行为的因素。正如我们刚刚看到的，福柯关注的是话语而非个人信念影响社会行为的方式。

在《知识考古学》一书的结论部分，福柯说，他想"使思想史摆脱其先验的束缚"[①]。福柯宣称，要想理解人的行为，我们只需指

---

① Foucault, M., *The Archaeology of Knowledge and the Discourse on Language*, trans. A. M. Sheridan Smith, New York, Harper and Row, 1976, p. 203.

出人们在描述和论证其行为时所使用的语言即可。我们所使用的语言是围绕着几个不同的主题丛集在一起的：例如，有关惩罚的语言、精神疾病的语言以及有关性的语言，所有这些都是福柯所要书写的对象。每一个这样的话语丛集就是所谓的一种话语，人们在考虑自己将要如何行动时，会参照一两种从自身的文化中汲取来的话语来完成这一过程。福柯认为人的决策和行为只不过是他们所采用的话语的产物，而且也应该这样来理解人的行为。他承认"在研究话语时不从体现在话语中的和缓的、沉寂的和深刻的意识开始，而从无目的的规律的笼统总体开始，可能会遇到很多麻烦"[1]。

福柯用来支持自己理论的最有力的理由，就是他对人的是非观和人性论观点的观察：这些信念随着时间的推移发生了巨大的变化。这一现象似乎证明了：不存在有关是非和人性的客观事实。在福柯看来，只存在各种观点，这些观点借助掌权者之手而得以在某一共同体中盛行开来，同时，推行这些观点也有利于维护掌权者手中的权力。

关于社会对个性的建构，福柯所提供的一个最有名的案例，可以在其关于性史的著作中找到。在该著作中，他指出，同性恋的属性并不是人的一种本质属性，而是社会建构的产物，是社会赋予这一群人的属性。同性恋的属性是一种社会建构的属性而非人的本质属性，这一观点可在以下事实中找到证据，即同性恋在不同时代有着不同的意味。今天的西方学者根据人的性喜好对象来区分是否属于同性恋。我们所认为的同性恋者，就是那些喜欢与自己同性别的人发生性关系的人群。但在古罗马时期，似乎是根据人的性角色即人在性关系过程中是主动的还是被动的、是进攻者还是被进攻者，来区分不同的性恋人群。向别的男人发动性进攻的男人，不会被认为是性变态者；而被其他男人发动性进攻的男人（the cinaedus），才

---

[1] Foucault, M., *The Archaeology of Knowledge and the Discourse on Language*, trans. A. M. Sheridan Smith, New York, Harper and Row, 1976, p. 210.

会被认为是性变态者。① 福柯等人的结论是：人的性取向，不是人的一种本质属性，而只是人被描述的一种方式。他写道：

> 性一定不能被看成是受权力控制的一种天赋的给定物，也不能被看成是知识努力予以逐渐揭示的一种模糊的控制物。性不过就是我们给某种历史建构物起的名称而已：它不是难以把握的躲躲闪闪的事实……②

因此，结构主义者的观点是：我们用来描述人的术语，是文化建构的产物，它们指代的不是人的神秘的本质，而是人的行为模式。

詹姆斯·戴维森在讨论希腊人的同性恋观（与罗马人的同性恋观不同）的时候，也表达了同样的看法。戴维森说，尽管希腊人所说的同性恋关系毫无疑问具有色情的含义，但却很少用来指代性进攻。相反，他们所谓的同性恋关系，一般指的是年长的男性（erastes，即示爱者）与崇拜自己的年轻男性（eromenos，即被爱者）之间的关系。③ 他评论道：

> 鉴于希腊人的（同）性恋是一种角色式性关系、是"社交"的，这本身就表明（希腊人）认为（同）性恋关系，是一种非本质的、姿态式的和社交性的关系形式。换句话说，希腊人认为，性具有真正的虚假性，具有建构性。④

人们把语言、话语当作权力工具使用的方式，是福柯感兴趣的研究对象。他说，当有人把另外一些人叫做"同性恋"的时候，这

---

① Karras, R. M., 'Active/passive, acts/passions: Greek and Roman sexualities', *The American Historical Review*, 2000, 105: 1256.

② Foucault, M., *The History of Sexuality*, vol. 1: *An Introduction*, trans. R. Hurley, Harmondsworth, Penguin, 1981, p. 105.

③ Davidson, James, 'Dover, Foucault and Greek homosexuality: penetration and the truth of sex', *Past and Present*, 2001, 170: 41.

④ Ibid., p. 46.

些人实际上是想要批评或改造这些所谓的"同性恋"者。

毫无疑问,19 世纪有关同性恋、性倒错、鸡奸以及"精神性双性恋"等一整套精神病学、法学和文学话语体系的出现,极大地推动了社会对这些"性变态"领域进行控制;但同时也造成了"对抗性"话语的形成:同性恋者开始代表自己的利益说话,开始要求自己"天赋"的合法性得到承认。他们在这样做的时候,常常使用被医学上认为不合格的相同的词汇和范畴。[1]

看来,罗马人和希腊人所说的同性恋,似乎分别指的是不同的性行为模式,而非指的是同性行为模式具有某种本质属性。而且,19 世纪所说的同性恋似乎常常也是在讨论性变态和非道德的情境下进行的,其目的是要对惩罚和处理形式予以合法化。但这两种情况都无法证明,同性恋不是人的天赋禀性。有些人为何喜欢与同性别的人发生性关系,而另外一些则相反,对于这个问题进行解释根本就不是福柯感兴趣的话题。大多数情况下,我们是这样来解释同性恋行为的,即把人所展示出来的东西当作人的真实的、本质的性格特点,据此,我们会判断说某人天生就具有同性恋的倾向。以怎样的程度来表达与自己同性别的人之间的亲密关系,在某种程度上要受到社会制度和文化习俗的限制和引导。[2]

相信我们借以解释行为模式的状况和事件都是真实存在的,这是一种合理的做法(这在第一章中已经作过详细介绍了)。说某人拥有某种倾向——无论是某种信仰、价值观、态度还是性取向——就

---

[1] Foucault, M., *The History of Sexuality*, vol. 1: *An Introduction*, trans. R. Hurley, Harmondsworth, Penguin, 1981, p. 101.
[2] Weinrich, J., 'Reality or social construction?', in *Forms of Desire*, *Sexual Orientation and the Social Constructionist Controversy*, ed. E. Stein, New York, Garland Publishing, 1990, ch. 8.

是在说此人会在特定的环境中以特定的方式采取行动。这是人的本性的法则式事实，至少在某一时期内是这样的。例如，说某人信仰上帝，这就意味着：当别人问这个人是否信仰上帝时，他/她会倾向于作出肯定的回答，而且还会时不时地敬仰上帝，在自己或自己的朋友需要帮助的时候乞求上帝保佑，等等。要为人的倾向寻找证据，那就要在人的行为中来寻找了，但也正是人的倾向解释了人的行为。我们说倾向是真实存在的，是因为它可以解释许多东西。

在第二章中所讨论的公私领域的观点和态度之间的差异，只能借助于纯粹的信念和态度与"真实"的信念和态度之间的差异而得到解释，它们是一个人"真诚"宣誓和"谨慎"行为的基础。行为模式与真实的倾向之间的差异，在认知领域是十分清楚的。一个人在欺骗他人的时候，他/她明知其一却告诉他人其二。因此，欺骗的概念要求相信与公开感知到的行为模式相反的真实的心理状态。

乔夫·巴德温指出，文艺复兴晚期的学者对比研究了公共场所的自我与私人领域的自我的产生过程。前者又称为"表面形象"（persona），是通过特定的行为模式表现出来的；后者则是个人不愿意在公开场合表现出来的一面。他写道："公开场合的表面形象与私人领域中的自我之间的协商关系，显然已经成为传统修辞学人文主义的批判功能之一。"人文主义者远离一个人必须扮演的公开角色来评价一个人的品性。[①] 一个人拒绝在公开场合扮演的私人领域中的自我角色概念，也蕴含着真实的心理状态与行为模式之间的差异。

只要你承认在社会中存在着相互之间具有竞争性的各种话语——有人支持某种价值观和做法（如追求财富和权力），而另一些人则另有追求（如追求正义和仁慈），你就有必要解释为何人们选择遵守某一种话语而非其他。福柯并没有为此提供解释，他的意图只是要指出人们实际采用的各种话语的内涵。然而，他的著作却告诉

---

① Baldwin, G., 'Individual and self in the late Renaissance', *The Historical Journal*, 2001, 44: 347.

我们，人们会选择那些有助于提高自身权力的话语，但那不是人们实施选择的方式。实施选择，是一个有意图的过程的结果。

克里斯托弗·诺里斯在对后现代理论进行批判时提出了类似的观点。诺里斯说，后现代理论认为人们在决定行为内容时会出现"一个冲突的过程，这一过程在某种程度上没有承载任何可以使其具有人类理智意义的东西——如理性、价值、原则和合法的基础等"。后现代理论无法容忍这样的观点，即人们会根据自己的信念和兴趣来考量所有的可能性并作出决策，因为对于后现代理论来说，一个人根本就没有能力来做到这一切。诺里斯指出，在后现代理论中，人类主体是"已经完全'去中心化'了——超越了最高反思领悟能力的语言游戏结构，变成了话语实践的有限产物、缺乏任何解释能力而只是用来当作平衡物的……一个单词"①。

尽管话语影响着人们的思维方式，但要对人们的决策结果进行解释，还是要采用诸如古典常识性人性论这样的理论，因为该理论认为人有能力形成理性的判断和意图。有必要在话语和具体的信仰及思维模式之间进行区分，话语是对词汇和意义的抽象，信仰和思维模式则能告诉我们历史中的具体主体。实际上，后者在解释人类行为时扮演了一个十分重要的角色，因为正是借助于个体的思维模式，人们才能够得以阐释自己的状况，以及设想如何改变现状。人的个体性的信仰框架，是借助于自己共同体中所赋予的话语来得到阐明的，但却并非会严格跟随话语领域中的某类话语的改变而发生变化。历史学家可以从话语研究中学到的重要之点就在于：人们在绝大多数情况下都不是立足于状况本身而是立足于他们对状况的认知来对状况采取应对措施的。② 还有必要记住的是：人们有能力感知自己的真实行为理由，无论是为了物质利益、为了性的满足，还

---

① Norris, C., *Reclaiming the Truth. Contribution to a Critique of Cultural Relativism*, London, Lawrence and Wishart, 1996, pp. 19-20.
② Smith, J. M. 非常清楚地提出并举例证明了这一观点，参见 Smith, J. M., 'Between discourse and experience: agency and ideas in the French Revolution', *History and Theory*, 2001, 40: 116-142.

是为了增大权力。为行为提供合法性依据的理由，并非总是行为的真实原因。有些行为在无意识的倾向而非主体所提供的理由中进行解释会更具有解释力。

那么，一个人的真实倾向的可靠证据是什么呢？私人领域中的行为是否是更好的指南？例如，在私下的场合对信念、价值观和态度的忏悔就是可靠的吗？历史学家不仅会得到研究目标人物的公开言论和行为的相关记录，而且有时还会得到他们的私人日记。一般说来，私下的忏悔更具有可靠性，因为在这种场合下，忏悔者没有理由弄虚作假。但是，有时候，即便是在私下场合，有人也会假装自己拥有某种引以为荣的信仰、价值观和态度，而有意忽视那些不好的信仰、价值观和态度。自我欺骗就是最好的说明。

最后，我们把一个人所有的行为都看作是其思想和品性的证据，无论是他/她在公开场合的言行还是在私下场合的言行。我们对于一个人的信念和态度所作的说明，因此就是一种最佳解释，是建立在所有可获得的证据基础之上的一种最佳解释。我们认为这些思想和品性是真实的，因为它们的出现有助于对行为模式进行非此即彼的解释。

二、人类行为的文化和社会根源

人的行为不仅是其心理状态的产物，而且也受人们所处的文化和社会的影响。如果说人的生活是由他们所选择的话语塑造的，那么他们的行为则在很大程度上受到其文化的引导。话语既有助于界定社会习惯做法和社会角色（social practices and roles），也有助于为社会习惯做法和社会角色提供合法性依据或对其实施批判。人们还可以通过观察自己身边的常规行为模式来区分不同的习惯做法。人类行为的文化和社会根源，是历史学家日益感兴趣的领域。

1. 社会习惯做法

一个社会的文化包括该社会中的各种话语和各种习惯做法，而且它们之间并非只是相互反映的关系。约瑟芬·玛格利斯把共同体的文化描述成人们有意识创造的一切产物,它包括人们的言论、行为及其产物,这其中就包括人们的共同习惯做法。① 罗杰·查迪尔认为,文化历史考察的并不仅仅是某一共同体中的各种话语,而且也包括该共同体中的各种习惯做法。他写道:"借助于话语表达出来但却并非等同于话语的习惯做法,不能被还原为话语,这一观点应该被看作是所有文化历史研究的基本原则。"②

很难给习惯做法(practices)下一个定义。所谓习惯做法,就是一个人或者是一个共同体中的许多人在特定的情形之下所采用的常规性反应模式。我们吃饭、穿衣和交往等所有这些方面,都是共同的习惯做法。然而,可用来解释人们常规行为的,其实就是他们在采取行为时所养成的习惯(habit)。所谓习惯就是在相同的条件下作出相同反应的倾向,习惯产生习惯做法。正因如此,皮埃尔·布迪厄把产生一个人或一个集体的习惯做法的习惯的集合称为"惯习"。他写道:"作为历史的产物的习惯,又产生了个人或集体的习惯做法,因此,历史按照历史的方案,自己产生了自己。"③ 一个人的习惯到底是具有身体的属性,还是具有无意识和有意识的思想的属性,这很难说。我们所知道的,就是这些行为似乎具有很大的自律性,而且一般是由社会训练教化而来。

尽管有些社会习惯是有意识教育和灌输的结果——主要是对孩子来说的,但也有一些习惯是通过模仿而习得的。近来,苏珊·布莱克莫尔的《谜米机器》一书就强调了模仿作为人类共同行为方式的来源之一的重要性所在。《牛津英语词典》对"谜米"(meme)一词的定义是:"文化的要素之一,可以被看成是通过非基因的方式特

---

① Margolis, J., 'Pierre Bourdieu: habitus and the logic of practice', in *Bourdieu. A Critical Reader*, ed. R. Shusterman, Oxford, Blackwell, 1999, p. 75.
② Chartier, R., *On the Edge of the Cliff. History, Language, and Practices*, trans. L. G. Cochrane, Baltimore, MD, The Johns Hopkins University Press, 1997, p. 69.
③ Bourdieu, Pierre, *Outline of a Theory of Practice*, trans. R. Nice, Cambridge, Cambridge University Press, 1977, p. 82.

别是模仿的方式进行传承的过程。"① 正如基因通过身体与身体之间进行传承一样,在道金斯看来,"谜米"是通过大脑与大脑之间进行传承的。② 布莱克莫尔解释说:

> 所有在人与人之间以这种方式进行传承的东西都叫做谜米。它包括你所使用的全部词汇、你所了解的全部故事、你从他人那里所学到的所有技巧和习惯,以及你喜欢玩的所有游戏。它还包括你唱的歌以及你所遵守的规则。③
>
> 我们人类,由于拥有模仿的能力,所以已经变成需要谜米予以润滑的物理"宿主"。④

人类行为在很大程度上都惊人地遵从社会习惯做法。习惯做法常常在成文规则的支持下,大多都被议会、教会、法庭以及人们所玩的游戏等机制系统化了。它们也会在一些非正式的场合中,如商业领域、大学甚至就像我们所看到的那样在家庭中发挥作用。

角色概念与习惯做法概念之间有交叉,因为大多数社会角色的扮演都涉及采用一系列习惯做法。但角色还涉及人们在某些时候经过深思熟虑后所要履行的责任,而且是以创新的方式来履行这些责任。每个人都要扮演许多角色,而且每个人都会被寄予期望来遵守各种各样的习惯做法。实际上,这些因素对人类行为的控制具有很大的普遍性,因此有学者认为个人要花费一生的时间来弥合自己与社会所规定的各种角色和习惯做法之间的鸿沟。比如埃马斯就学会了这样来反思自己:

---

① Blackmore, Susan, *The Meme Machine*, Oxford, Oxford University Press, 1999, p. viii.
② Ibid., p. 6.
③ Ibid., p. 7.
④ Ibid., p. 8.

随着话语实践场景的改变，主体的身份或者更确切地说是多样化的主体身份也经历了一个持续内化而非一蹴而就的过程，因为我就栖居在多元内化的修辞学体系之中。我被区分为教师、思想家、音乐家、同行、父母、学者、朋友、司机、选举人等。

我受邀……承认有义务不断地在多种修辞体系或话语中进行协商，因为正是这些修辞体系和话语构成了我的意境和价值观，它们构成了一种可能的环境。在这样的思想指导下，我的具有修辞学复杂性的生活，就是从寻找一种恰当的理智模式开始的。①

如果有人有意遵守成文或不成文的规则，那就可以根据他们有关应该怎么做的信念意识来对其行为进行解释。这多少自觉地运用了我们这里所讨论的共同习惯做法。

不仅存在着个体习惯做法，而且还同样存在着集体习惯做法，即人们一起以一种通行的方式采取行动，以获取所有成员都想要的结果。例如，查尔斯·梯利就把许多集体反抗行为看作是通行的习惯做法模式：

抢劫、叛乱、破坏机器、喧闹、斗殴、抗税、哄抢食物、集体自杀、私刑杀害、血仇等都属于标准的、某一群体在特定时期的应激性集体行为。人们有时会认为自己都能够以一种合法而合理的方式来表达自己的不满、愤恨和激情。②

---

① Ermarth, E. D., 'Beyond history', *Rethinking History*, 2001, 5: 210.
② Tilly, Charles, *From Mobilization to Revolution*, Reading, MA, Addison-Wesley, 1978, p. 153.

某种习惯做法会在某一共同体中广泛流传，但这一事实并不意味着共同体中的每位成员都会遵守该习惯做法。正如我们所看到的，常常是共同体中的被确认为亚群体的人会遵守这些习惯做法。历史学家在界定习惯做法的范围时要尽可能准确，也就是说，要准确地界定共同体中有哪些人遵守习惯做法，以及习惯做法的存在时间、地点和条件。

即便是在某一目标群体范围之内，习惯做法也并非总是能够得到完全严格的遵守。习惯做法已经被当作一种习惯性行为模式，它是通过观察和模仿而灌输进人们的头脑之中的，而且通常都是在老师和父母的鼓励之下，以奖励和惩罚作为强化工具而完成的这一灌输过程。然而，人们并不总是会遵守自己所学到的习惯做法。布迪厄认识到，人们是在既定的社会环境或他所谓的"场域"（field）中采取行动的，而且他们会使用通行的行为模式来接近目标，采用"各种策略"来获取理想的结果。布迪厄并不清楚人们具体是怎样意识到自己形成策略的过程的，或者人们在怎样的程度上修改了自己所学到的习惯做法以获取他们想要的结果。例如，如果有一个人遭到了他人的冒犯，这个被冒犯者不是去回击，而是忽视了他人的冒犯行为，并采取了友善的态度以期赢得他人的合作，从而实现某种目标。或者，如果这个人决定对冒犯者采取回击措施，那么他可能会采用新的回击方法，比如打击头部或踢等以前没有采取过的方法。习惯做法以及推动它们产生的习惯，最好是被看成一种常见的应激反应，而非在各种情况下都完全具有自觉性的应对过程。

习惯做法很难确定。正如人类学家和文化史学家所意识到的那样，有些习惯做法十分复杂以致很难准确地领会它们。即便是那些遵守某一习惯做法的当事人也无法总是准确地把该习惯做法表述出来。比方说，能够正确掌握某种语言口语使用方法的人，常常无法说清楚该语言的语法规则。即便惯例并非难以表述，如宴会主持礼仪，但也很难把它们准确地表述出来。在今天的西方国家，人们一般使用刀叉进食，或者如果食物较小（有多小）也可以只用叉子，但有时也允许用手拿着骨头啃（具体在什么时候）。

理论上，人们可以通过观察某种行为方式的常规性，以及该行为方式在共同体中的主导性来确定某一习惯做法。历史学家很少能够拥有充足的资料来做到这一点。议会、司法和委员会程序一般都会有相当详细和完备的记录，有时病人看护也会在医院中有详细的记录资料。因此，这些机构中的习惯做法很容易发现。但在那些此类记录很难获取的地方，历史学家就不得不依赖目击者的报告了。莱斯·伊萨克就依靠这样的方法记录了18世纪弗吉尼亚的小客栈格斗习俗。

> 弗吉尼亚的男人们爱格斗的原因，被一位来访者记录了下来。可能是某个人"因为一时心血来潮而称呼（另外一个人）傻大个儿……或鹿皮兵，或苏格兰人……或者是别人在没有首先打开瓶盖的情况下就把酒递给了自己"。习俗允许人们之间可以用"踢、抓、咬、掐、抠（眼睛）、割破（生殖器）等"方式进行格斗。一个英国人以厌恶的口气评论说，在这里毫无体面可言。双方在开始格斗之前，按照惯例，可以事先约定是否限制格斗方式，"但无论约定的条款有多么具体……格斗双方的冲突依然十分严重，以致双方从来就没有遵守过（他们事先的约定）。"[①]

这段文字中所引用记录的那些作者，大概已经观察过大量格斗的场面，或者与当地相关人员进行过大量的访谈，但仍然很难了解这些行为方式的普遍性程度到底有多大。应激反应模式有多大的普遍性，实际上就是当地人必须采取习惯做法的一般性程度如何？习

---

① Isaac, Rhys, *The Transformation of Virginia 1740—1790*, Chapel Hill, University of North Carolina Press, 1982, pp. 95, 98.

惯做法概念在这一意义上看来具有很大的模糊性。

列维用其《黑人文化与黑人意识》一书的大部分篇幅，分析了黑人的信仰和态度。但在该书中，列维也描述了许多黑人文化的习惯做法，例如黑人圣歌（spirtuals）得以产生的习惯做法。注意看以下这段话，就可以发现，为了证实自己的描述，列维援引了大量相关记录。

> 不止一个人的当下记录，毫无疑问地明确了这样一个事实，那就是：黑人（男人和女人、奴隶和自由民）圣歌的形成期，一般表现在整个南方与白人一起进行的宗教奋兴布道会和定期的教会服务之中，在这些场合，黑人歌手的贡献总是非常突出，引人注意。[1]

对于黑人圣歌的这一说明，十分重要且具有典型性：

> 礼拜日，我们一起待在"祈祷室"，白人牧师开始布道并宣读圣经：
> Dry bones gwine ter lib ergin.
> 亲爱的，上帝会来到我们中间，拯救黑人的灵魂。于是我跳出黑暗的洞穴，载歌载舞，洞穴中的人都会听到来自圣经的言论，我也会把我从非洲听来的歌传唱给大家听，洞穴中的人都学会了我的方法并把它保存下来，并且不断地为其添加新的内容，这样最后就形成了黑人自己的圣歌。

观察者的描述一再证实了这一内部的说明，这些观察者中有许多就是奴隶解放以后很长时间内，美国南部乡村黑人教会而非奴隶

---

[1] Levine, L. W., *Black Culture and Black Consciousness*, New York, Oxford University Press, 1977, p. 21.

服务的见证人。20世纪上半叶,黑人文化在相对较为隔绝的美国南部乡村具有很好的连续性,这使得这一说明对于(1862年之前的)奴隶时期同样具有重要性。①

列维继续引用了相关描述,即在教堂中每个人是如何(无论是黑人还是白人)受激情和兴奋的鼓动而歌唱的。

> 与此相类似的描述,在细节和语言使用上都令人印象深刻。它们清楚地表明,即便是局外人也忍不住会受黑人宗教活动和歌唱时所表达出来的沸腾激情所感染。正是在这一气氛之中诞生的黑人圣歌,无论在奴隶制度存在期间还是之后,都是一种激情式共同意识的产物。

它们不像某些观察者所认为的那样是一种全新的创新,而是熔铸了许多先前就已存在的众多老歌,并将这些老歌与新曲调和歌词混合在一起的结果,这样它就具有很强的传统性但却决不是全然陈旧的古板模式。②

有趣的是,我们有必要指出,圣歌本身的形成,在很大程度上沿用了传统的歌词和音乐,但却使用的是创新的方式。创新圣歌的习惯做法以及把它们运用在宗教礼拜活动之中的方法,从18世纪到20世纪一直都是黑人文化的一个重要因素。

人们可以把对共同习惯做法的描述看成是某种归纳:既是概括性的也是规定性的,因为习惯做法在对大部分内容进行描述的同时还要对其进行解释。把习惯做法看成归纳就会把注意力集中到求证它们所拥有的共性问题上:有必要确立它们所考察的样本在整个共同体中所具有的代表性。如前所述,有些习惯做法只在共同体的一

---

① Levine, L. W., *Black Culture and Black Consciousness*, New York, Oxford University Press, 1977, p. 26.
② Ibid., p. 29.

个亚群体中具有普遍性，而非在整个共同体中都具有普遍性。列维没有告诉我们有多少教堂以他所描述的方式产生了圣歌，或者实际上到底有多少黑人参与了基督教活动。伯尔斯写道："黑人信仰宗教的方式有很多种，有些人根本就不参与任何基督教礼拜活动，特别是在殖民地时期，还有许多黑人参加了伊斯兰教或其他与非洲传统宗教更具有相似性的宗教活动。"①

2. 社会角色

在描述社会角色时，历史学家可参考的定义有以下两种：第一，社会角色一般被定义成一个人有望履行的一整套社会责任，通常伴随着相关的规则和习惯做法。有时这样的角色会被某一机构中的权威所具体化；有时它们则是传统的，是通过观察具有相似社会地位的他人的活动而习得的，而且也是对他人对自己的期望值进行有意识体认的结果。例如，军队中军官的责任和义务，可能就是由军队中的长官来予以具体化的；而大部分父亲和母亲的责任和义务则不是这样的，而是通过相互之间达成共识之后形成的。第二，社会角色指的是人的社会功能，没有人可以将功能权威化，而且即便是当事人也会忽视这种功能的存在。

（1）责任界定

有必要指出的是，还需要对由权威所界定的社会角色和由履行责任的当事人所实际扮演的角色作出区分。在对北美洲南部种植园的主人、监工、奴隶工头和奴隶等角色的有趣讨论中，布拉辛盖姆解释了这些角色在"有关种植园管理的各种契约和文件中"是如何被界定的。② 例如，一个监工的责任就是监管种植园的日常运转。这就意味着要从早到晚地对奴隶进行指导和控制，以确保种植园赢利。此外，监工还有望能够"对种植园的日常活动进行记录，要看

---

① Boles, J. B. (ed.), *Masters and Slaves in the House of the Lord. Race and Religion in the American South 1740—1870*, Lexington, University of Kentucky Press, 1988, p. 2.
② Blassingame, J. W., *The Slave Community*, 2nd edn, New York, Oxford University Press, 1979, p. 238.

看奴隶们的伙食是否准备得当,并要负责维修和保养生产工具和栅栏"①。然而,实际上,监工们是按照自己的要求来阐释其角色的。在大型种植园中,他们无法一直对所有奴隶实施监管,而且有些监工会定期离开种植园去休假。② 理想的角色与现实的角色之间并非完全一致。

角色之所以会在实践中发生偏差,是因为角色扮演者在如何履行责任方面拥有很大的自主性。有些种植园主十分残忍地执行其意志,而有些则十分宽厚,大部分种植园主都介于这二者之间。③ 布拉辛盖姆评论说:"除了制度性的规定有所不同以外,不同的种植园在对待奴隶方面也是不同的。家庭生活、童年经历以及宗教信仰的差异,都会造成种植园主以截然不同的方式来对待奴隶。"④

从奴隶的角度来看,他们的角色定义与其真实的角色扮演之间的差异就更为微妙了。在理论上,奴隶有望在主人的指挥下行动,尊重他们的上级,并听从他们的命令;但在实践中,这样的遵从和尊重常常是缺乏的。布拉辛盖姆是这样来总结奴隶角色观的:

> 种植园主和监工们以非常明确的方式界定了奴隶的角色。对于奴隶角色的制度性规定要求奴隶认同主人的利益,成为健康、整洁、谦恭、诚实、冷静、热情、能干、平和、有耐心、值得尊重、值得信赖和辛勤工作的人。……奴隶还有望是多面手式的劳动力、柔顺而听话的服从者以及无条件的执行者(就像孩子听从父母或士兵听从将军那样)。⑤

---

① Blassingame, J. W., *The Slave Community*, 2nd edn, New York, Oxford University Press, 1979, p. 240.
② Ibid., p. 276.
③ Ibid., pp. 261-265.
④ Ibid., p. 265.
⑤ Ibid., p. 242.

实际情况怎样呢？布拉辛盖姆指出，在文字上被描绘成热情而顺从、在某种程度上还带有孩子气和惰性的奴隶，拥有一种他所谓的"散波"（sambo）人格。[1] 他解释说，尽管奴隶们并非都具有这样的人格，但文献资料的作者们还是想把他们描述成这样，以便"证明奴隶制并非十恶不赦"[2]。另一方面，种植园主担心他们的奴隶有敌对情绪或反抗心理，因此会不断心存疑虑地努力把奴隶控制在自己的手掌之中。[3] 实际上，布拉辛盖姆说，奴隶们并不接受自己的主人给予的角色定义，只是出于不得已才听从指挥的。"显然，奴隶并没有内化为种植园主的文字材料中所界定的角色，也没有自觉地无条件地听从主人的命令。结果，保证奴隶听从命令的首要方法便成了鞭打。"[4]

因此，尽管奴隶们被迫履行分配给他们的角色任务，但对他们的行为所进行的最佳解释应该是：他们这样做的原因不是出于个人对角色的接受，而是因为监工和奴隶工头迫使他们按照角色要求采取行动。在没有接受角色界定的情况下，他们就履行了作为一个奴隶的角色任务。他们这样做，是为了逃避鞭打。[5]

尽管布拉辛盖姆对种植园中的各种角色的分析十分入理，但他却没有能够充分关注一般性问题。对待奴隶的方式以及监工和工头的角色在不同规模的、种植不同农作物的种植园中难道不是存在着很大的差异性吗？根据斯泰姆的观点，情况的确如此。[6] 农场规模越小，主人与奴隶的关系就越是紧密。只有那些拥有 30 个以上奴隶的种植园才能支付得起一名监工的费用，让监工来监督奴隶们工作，

---

[1] Blassingame, J. W., *The Slave Community*, 2nd edn, New York, Oxford University Press, 1979, p. 227.
[2] Ibid., p. 230.
[3] Ibid., pp. 231-238.
[4] Ibid., p. 244.
[5] Ibid., pp. 295-296.
[6] Stampp, K. M., *The Peculiar Institution. Slavery in the Ante-Bellum South*, New York, Alfred A. Knopf, 1965, ch. 2.

以确保种植园主享有更多的休闲生活。只有在这样规模的种植园中，我们才能发现奴隶们被分配在各种不同的岗位上，而不是被要求一个奴隶同时做许多事。而且，奴隶工头的角色也取决于种植园所种植的农作物的品种。棉花种植园使用的是奴隶群帮，而工头的工作就是整天保证奴隶群帮努力工作；但是，那些种植水稻的种植园，由于水稻田是划分成小块区域的，所以他们会让奴隶自己安排时间完成白天的工作，而工头的角色就是把工作分配给每个奴隶，以确保工作顺利完成。许多种植园主会同时使用这两种方法："棉花种植园主常常用奴隶群帮来耕地，但却把锄地的工作划分成一定数量的组成部分，然后分配给奴隶们每天在其自己支配的时间内完成。"[1] 斯泰姆指出，就像棉花和水稻一样，不同区域内种植的甘蔗、烟草和大麻也都分别需要不同的劳作方式。而且，截至1860年，"大约50万居住在南部城镇的奴隶"从事着或多或少具有一定技能性的各种繁重的工作。[2]

斯泰姆不仅对不同种植园和工作岗位中的角色扮演方式的不同十分敏感，而且也注意到有必要对他所描述的这个时期所存在的这些角色进行具体分析。实际上，他认为，这些角色在1830~1860年间并没有发生多大的变化，这才是使他十分感兴趣的原因所在。他写道：

> 1830~1860年间反对废弃奴隶制度的一成不变的坚决性，使得我们有可能对奴隶制度进行制度上的考察，而不必太多顾虑年代问题。具体细节上的重大差异……不能证明南部的奴隶制度发生了本质的变化。相反，它们倒是证明了南方本身的地区性差异，以及不同的奴隶主和奴隶之间的个体差异的存在。[3]

---

[1] Stampp, K. M., *The Peculiar Institution. Slavery in the Ante-Bellum South*, New York, Alfred A. Knopf, 1965, p. 55.
[2] Ibid., p. 60.
[3] Ibid., p. 28.

社会角色可以解释各种不同的历史事实，也可以用来解释角色扮演者的众多个体行为特征。在多数情况下，它们也可用来解释这一事实，即许多人在特定的时空条件下会在相似的环境中采取相似的行为方式。通过指出角色扮演者完成或多或少是由社会界定的、有理由认为个人会予以履行的角色任务的情况，可以对个体的行为模式进行解释。而且，通过揭示这些角色受公众支持的力度以及为大家所接受的广泛度，社会角色还可解释某一社会中占主导地位的行为模式。

（2）社会功能

在某些情况下，历史学家如果说某个人完成了在某一组织中的既定角色任务的时候，他们的意思是说，这个人执行了某种规定性的功能，而非履行了某些责任。这就是所谓的"功能性角色"，它不能解释人们的行为，而只是对其行为的常见效果进行描述。

历史学家已经就希特勒在德国政府中所扮演的角色展开过太多的讨论。科尔肖就在其《纳粹独裁：阐释的问题与角度》一书中对相关论争进行了十分具有权威性的总结和评论。他是这样引入功能性角色这一话题的："在纳粹的规则体系中来安置希特勒的角色和功能，比当初料想得更加缺乏直接性。"[①] 后来，他又提到了希特勒"在多维度（多头统治）的规则体系中"的"功能性角色"[②]。随着书中相关论述的逐层展开，日益明确地显示出这一论争的主题，就是希特勒在政府中的功能，而不是他的角色观，更不是我们刚刚考察过的、广为接受的"元首"角色观。

在下面一段引文中，对于"角色"一词的使用证实了我们的这一设想。首先我们来介绍一下布鲁扎特对于希特勒在政府中所扮演角色的看法，这是他在《希特勒国家》一书中所表达的观点。

---

① Kershaw, Ian, *The Nazi Dictatorship. Problems and Perspectives of Interpretation*, 2nd edn, London, Edward Arnold, 1989, p. 61.
② Ibid., p. 70.

在布鲁扎特看来，与其说希特勒是想在政府中出台各项政策，毋宁说他更倾向于支持在政府体制中产生由来自不同方面的各种力量所交织而成的压力；元首权威的符号性标志，比希特勒这个人的直接统治意志更为重要……在其相当复杂的论述中，希特勒在塑造第三帝国的过程中被赋予了一个至关重要的角色，但却不是以意识形态的"蓄谋"所能容纳的简单而直接的形式表达出来的。[①]

蒙森也同样否定了希特勒的角色任务显然是以制订政策为导向这一说法，在他看来，希特勒的角色就是通过自己的言论激励其他的官员。科尔肖是这样描述的：

> 蒙森首先要关注的两个问题是：希特勒的指令明显缺乏规划性和连续性；以及纳粹政策中所蕴含的德意志帝国的野心……近来，特别是在对其阐释所进行的清晰总结中，蒙森指出："希特勒所扮演的推动者角色……不应该被低估。另一方面，还要认识到，发号施令者只是反人类主义者链条中的一个极端代表，这些反人类主义者幻想着冲破所有制度、法律和道德的制约；而且一旦这种幻想的冲动被注入了动力，他们就会给自己穿上神圣的外衣"……统治精英的角色和意义……一定就是特别关注的对象。[②]

科尔肖还认为，希特勒在迫害和灭绝犹太人时所扮演的角色也具有相同的性质。他说："希特勒的主要角色是这样构成的，即迫害发生时所表现出来的邪恶的语调以及为其他人迫害犹太人的动机和

[①] Kershaw, Ian, *The Nazi Dictatorship. Problems and Perspectives of Interpretation*, 2nd edn, London, Edward Arnold, 1989, pp. 68-69.
[②] Ibid., pp. 68-69.

行为提供保证和合法性依据。"①

不难察觉,历史学家所讨论的独特的社会功能与共同的社会角色之间,是存在着关联的。所有社会角色都要对社会功能进行描述,即一个人在既定的社会背景中应该扮演什么样的角色。从共同的社会角色的角度来看,个人所要扮演的这一部分角色既得到了一般性认可,也被扮演者所接受。有时,在扮演具体的社会角色时,当事者本人及其社会成员都没有能够意识到当事者的功能。于是,这个任务就留给历史学家了。同样的道理,揭示希特勒在德国政府中的角色功能,就落到了历史学家的肩膀上了。

3. 人们扮演社会角色和遵从社会习惯做法的原因何在

人们为什么会扮演社会角色并采纳习惯做法,特别是在这些角色和习惯做法对他们不利的时候,他们为什么还要这样做?这是一个有趣的问题。许多社会习惯做法都能有效地保证一个群体服从于另一个群体。本尼特就列举了前工业化时代英国的那些能保证妇女处于从属地位的社会习惯做法:

> 在前工业化时代的英国,所有的人——女人和男人一样——都要在艰苦的环境下从事长时间辛苦的劳作,但与男人相比,妇女的劳动地位一直很低:她们所获得的培训机会更少,她们所从事的工作都是没人想做的事,她们的职业更加具有不稳定性而且也得不到应有的认同,她们的收入也更低。②

正如巴农所言,"性别化的工人阶级发展史的主要构成要素,就

---

① Kershaw, Ian, *The Nazi Dictatorship. Problems and Perspectives of Interpretation*, 2nd edn, London, Edward Arnold, 1989, p. 105.
② Bennett, J. M., 'Medieval women, modern women: across the great divide', in *Feminists Revision History*, ed. Ann-Louise Shapiro, New Brunswick, NJ, Rutgers University Press, 1994, p. 64.

是揭示体力劳动的意义以及女性主义是如何被建构和被自然化的，然后又是如何被编织在社会关系和制度的网络之中的"①。

人们为何要从属于他人扮演的社会角色并采纳相应的习惯做法呢？他们之所以会一再这样做，主要有三个原因：人们一般都会受给自己留下深刻印象、对自己有诱惑力以及威胁自己的人的影响。给自己留下深刻印象的人包括权威人士或自己尊重的上级。因此，年轻人在选择所要扮演的角色时，会受在智慧和权威性上令他们敬仰的父母、老师或牧师的影响，即便是成年人有时也会为自己上级领导的智慧和完善人格所倾倒。对自己有诱惑力的人，指的是能给自己带来自己所想要的东西的人。这些东西可能是在公司中的晋升机会，也有可能是允许进入精英团体的一个承诺，或者也可能是某种公共的认可。对自己构成威胁的人，则指的是有权给拒绝遵从其意愿的人以处罚的那些人，他们包括父母、警察、法官、雇主以及形形色色的竞争对手。

既然能够对他人构成威胁或形成诱惑，那就说明这些人一定有权力和实力这样做。通常这一部分人是从规则和习惯做法体系中获取了相应的权力，使他们能够以各种方式对他人实施奖励和惩罚。同时，他们也需要相应的物质资源的支持，如有钱来奖励顺从者、有强有力的警察队伍来逮捕冒犯者，以及拥有牢固的监狱来囚禁冒犯者。显然，人们赖以生活和工作的社会结构，对人的行为施加了强大的影响。负责任的历史学家应该把这一影响十分清晰地告诉给自己的读者，以帮助读者认识到其重要性和价值。

直到最近，在弗雷丹和费尔斯通的文本中，对于妇女从属地位的经典解释，都非常好地例证了社会的影响。妇女从属于男人，在很大程度上是把妇女从所有能带来社会地位和经济独立的就业岗位

---

① Baron, Ava, 'On looking at men: masculinity and the making of a gendered working-class history', in *Feminists Revision History*, ed. Ann-Louise Shapiro, New Brunswick, NJ, Rutgers University Press, 1994, p.148.

上驱逐出去这一习惯做法的一种功能。50年前，妇女们找到护士、教师、店员或服务员之类的工作还是很容易的，但她们却大多被排除在法律、医学或工程等专门职业之外，也很难进入商业或工业领域中的管理层。社会对她们的期望就是：找个人嫁了，完成爱人、家庭主妇和母亲的角色。

有些妇女之所以会这样做，是因为有权威人士告诉她们，这就是她们最适合的本职工作，于是，她们便听从建议热情地去扮演这些角色。此外，这样做还有望得到好处和奖励。嫁得好的女性，还可以因丈夫而获得某种社会地位，分享丈夫的荣誉和别人的尊敬，得以进入丈夫的生活圈。除了社会地位，她们还会得到物质奖励：男人会比女人挣得多，因此健康状况良好的丈夫能够提供所有女人都无望以相同的低成本所能提供的舒适的生活及生活方式。如果运气好，婚姻还会带来安全感，女人会因为是丈夫眼中的宝贝而获得一种尊重和认同感。推动女性选择结婚的最后一个因素，就是担心成为老处女。不仅老处女无法享受已婚女人所享有的社会地位、财富和身份，而且社会还会认为她们是失败者，因为她们没能完成本应完成的结婚任务。弗雷丹写道："对于那些以柔顺的女性气质为生存标准的妇女来说，除了性之外，她们没有其他任何获取成就、地位和身份的途径：进行性征服、成为理想的性目标、扮演成功的妻子和母亲身份。"[①] 只有改变社会禁令，允许妇女进入薪酬更高的工作岗位，她们才能从婚姻的束缚中解放出来，才能改变她们在婚姻中的被动地位。

某一社会群体同意屈从于其他群体的案例，在历史上还有一个，这就是德国军队对纳粹政府的屈从。有人认为，德国军队本可以抵制纳粹党徒，拒绝让德国遵循纳粹党的规则。但实际上，军队全面接受了纳粹党的权威性，当然也就没有阻拦它们把德国置于其规则的统治之下。是什么原因驱使军队要这样做呢？奥尼尔在其《1933～

[①] Friedan, Betty, *The Feminine Mystique*, Harmondsworth, Penguin, 1963, p. 255.

1939年间的德国军队与纳粹政党》一书中对此进行了解释。他的观点是："军队屈从了来自各个层面的、呈压倒之势的各种因素的影响，这些因素迫使军队服从政治领袖的领导。"① 在该书的结尾部分，他还对这其中的几种因素进行了概述。

首先，希特勒的领导魅力给有些军人留下了深刻的印象。在希特勒规则的指导下，军队的规模和效率都得到了扩张或提高。"拥有更丰富的……人力、物力和财力资源，服役条件也得到了改善，军队进行了现代化建设，新工作的吸引力以及对于专业技能的强调正好符合多数士兵的心愿，而且军队还在纳粹政府的指导下进行了大规模的调整。"② 希特勒在莱茵兰德和捷克斯洛伐克的成功就归因于"他在军事上的不可战胜性和在政治上的绝对有效性"③。因此，出于对希特勒政府的尊重，军队愿意遵从希特勒的意志。而且，他们还承认自己有义务这样做。1934 年 8 月兴登堡总统去世之后，士兵们被要求宣誓效忠希特勒，而且他们的荣誉也要求他们尊重希特勒的权威。

其次，1935 年之后入伍的新兵，都来自于希特勒的青年运动组织，他们都是新政府的积极支持者。为获取他们的支持，士官们也就必然会表示自己同样支持希特勒。因此表示顺从的士官就会因忠诚于自己的军队而获得奖励。④ 毫无疑问，这也会给政府留下深刻的印象，从而有了更多的升迁机会。

最后，在军队的各级部门，都有人通过揭露军队中有哪些成员对于希特勒及其规则不够积极热情而寻找机会取悦于纳粹党。奥尼尔指出："只要这些人一出现，就会对那些试图反对希特勒的人造成

---

① O'Neill, R. J., *The German Army and the Nazi Party, 1933—1939*, 2nd edn, London, Cassell, 1968, p. 175.
② Ibid., p. 174.
③ Ibid., p. 174.
④ Ibid., p. 173.

强大的压力。人们知道，希特勒会用自己的支持者来取代那些反对者。"① 1938年初弗雷彻将军等人就因为反对希特勒而遭取代，这是对待热情支持态度遭怀疑的军官的典型做法。

4. 社会原因的真实性问题

如果说福柯所要讨论的还是话语使用的社会环境的话，那么有的学者却走得更远，他们根本否定了环境的存在，因为存在的只有文本。这种极端的思想来自于这样一种信念，即对于世界的描述进而赋予世界以意义，需要的是描述者根据自己对单词和话语的理解而不是根据世界本身。他们认为，当我们说某种描述的确是事实的时候，我们只不过是在说：某种描述世界的方式是事实。斯宾格尔指出了这一思想趋向对于历史解释的影响：

> 如果想象是真实的，是真实的想象，而且它们之间没有认识论上的区别，那么就不可能在历史与文献、生活与思想、事物与意义之间建立起因果关系解释框架。一个文本寄居于其中的语境本身是由被建构的意义所构成的，也就是说，是作为"日常生活的文本"而存在的，而且它们之间的关系在本质上也是互文性的。在此基础上，确认社会、政治或经济生活的层面就不太可能了，因为后者在某种程度上组成或构成了由历史性的话语所形成的独立的文化结构"事实"。文本和语境萎缩成一个广义的话语实践生产的脉络。②

你可能会认为，科学家能够证明对于世界的某种描述的真实性，但利奥塔等人坚持认为，科学家的证据标准也只不过是这种具有继

---

① O'Neill, R. J., *The German Army and the Nazi Party*, 1933—1939, 2nd edn, London, Cassell, 1968, p.172.
② Spiegel, G. M., 'History, historicism, and the social logic of the text in the Middle Ages', *Speculum*, 1990, 65: 68.

承性的话语的一部分，而且科学家的结论的有效性也无法得到证实。利奥塔说，力图表现某种关于世界的描述是"科学的"，就是要力图把这种观念强加于其他人，这实际上是一个权力运作的过程。

某一文本或行为的社会语境是否真实的问题，已在第二章中提出来了。在这里我要强调的是：之所以要坚持认为社会关系和文化影响具有真实性，主要是因为它们具有解释价值。副校长有资格也有权力以莫须有的罪名解雇我，但我却不能因此认为这种资格和权力并不存在，否则我就太傻了。权力的存在可以解释为何员工偶尔也会被迫离开大学，不得恢复原职。同样，某一社会的文化的影响也是真实存在的，它们主要通过各种话语来发挥其影响作用，即便是后现代主义者也要承认这种真实性和影响。这些通行的信念、价值观和态度在很大程度上限制并指引着我们的行为。文化的真实性再次拥有了重要的解释价值。无论是权威或权力，还是观念或价值观，它们都不是看得见、摸得着的有形物体，但我们却不能据此否认它们的真实性。我们不能把真实性归结为有形实体，否则的话，后果将不堪设想。

有观点认为，社会现实不过就是有权威和权力的人所拥有的一些概念，是这些人从共同的社会话语中获取的一些概念，而这些概念又反过来影响了这些人的行为。的确，所有关于社会的描述，如韦伯对法律、传统和魅力型权威的分析，都可被视为根本就没有参考任何具有真实性的东西，即便它们有时拥有很强的解释力——例如在解释某一领导人的权威时。在这一点上，就有必要回忆一下我们为何要认为有形实体在这个世界上是存在的。我们所有的思想都与这一观念相关，我们相信它们的存在是为了说明我们对它们的观念把握。同样，相信副校长有权力可用来说明人们为何愿意服从他，这也是通行做法。我们相信事物的真实性，因为这是一种通行做法，特别是在它们能够对我们的经验产生影响的时候，就更是如此了。

还有必要指出的是，我们关于世界结构的信念，重复使用了前后相继关系。例如，我们认为粒子构成了原子、原子构成了分子，而分子则构成了化合物；于是我们认为铁分子集构成了（比如说）钢铁，而钢铁可用来制造刀具。在每一种情况下的关系都是一种前后相继的关系：在这种关系中，复杂事物的存在得益于构成它的简单事物的特征。有机世界的蛋白质、基因、细胞、器官和器官系统也是同样的道理。我们乐于相信所有这些都是存在的，因为它们都分别拥有自身的特殊属性，这些属性是构成它的其他物体所没有的。人们谈论最多的关于事物之间的前后相继关系的案例，就是大脑与思想的关系。在这里我们就很容易发现，思想的属性，如颜色、声音和气味等，是大脑所没有的属性，大脑是物质性实体。有理由认为，个体的行为以及他们所占有的物质资料与社会世界之间，就是一种前后相继的关系，即社会是个体行为及其占有物的结果。因此，副校长的权威取决于相关的法律和法规对于其权威的界定，而这一界定又是经人们所同意的；也取决于一定文化环境中人们给予副校长尊重的传统；同时还取决于这位副校长本人的人格魅力。但副校长的权威可以增加也可以减少，还可以导致常规的偏向性反应模式。相信它们都是存在的，也是一种通行做法。

把自己对于过去社会的分析，与该社会中的成员关于其社会的信念区别开来，对于历史学家来说，是十分重要的。历史学家可以书写某位领导人的魅力型权威，尽管这位领导人的追随者认为他们仅仅是出于对于这位领导人的传统权威的尊重才这样做的。如上所述，人类学历史学家常常没有作这样仔细的区分。这并不是说历史学家在描述过去时应该弃用一切现代概念。例如，毫无疑问，封建社会中存在着阶级，无论当时是否存在阶级的概念。布洛赫以一如既往的认真态度，把封建社会的贵族描写为"实际存在的阶级"①。如果某一词汇在今天的用法与过去的含义之间有着明显的不同，那

---

① Bloch, Marc, *Feudal Society*, 2 vols., trans. L. A. Manyon, London, Routledge and Kegan Paul, 1965, vol. 1, p. 161.

么我们就要反对用这样一些词汇来描述过去了。布洛赫指出，"Serfs"（农奴）一词在中世纪时指的是没有自由的人，但却被现代学者根据自己对该词的理解，把它当作了"半自由者"①。他气愤地补充道："强行把某一专有名词抛掷到过去，最后的结果只能是歪曲该词的含义，无论是有意为之，还是仅仅是把它当作我们今天使用的范畴同等对待而产生的后果，都会把这个词绝对化。"② 显然，布洛赫在书写封建社会的阶级时遗忘了这一点！

为了了解人们如何看待自己过去的社会，历史学家必须考察人们关于过去社会的各种话语。但为了给过去的社会提供一个现代的分析，最好是研究人们的习惯做法。例如，皮尔尼写道："按照公共权的相关规定，中世纪的行会（craft）在本质上可以被定义为享受某一行业垄断性操作权的企业法人。"③ 当皮尔尼这样说的时候，显然是在用现代概念来描述过去的社会，而且他还通过描述欧洲 11 世纪末期以后城市手工艺人是如何形成了同业公会以及它们不久又是如何经由城镇多种权威机构而成为了惯例，来证实其相关描述。

三、结论

本章中，我们考察了历史学家一般认为可能会对人类过去行为造成影响的一系列精神和社会状态。

历史学家根据可获得的证据，用这些观点去提出某一行为的原因假说时，常常并不需要对该行为提供全面的解释。相反，他们关注的只是自己感兴趣的部分。因此，关于阿伯拉尔为何要书写自己的历史的各种假说，就对他关于自己和赫鲁伊斯的暧昧关系的真实态度，特别是他是否有可能夸大了赫鲁伊斯在这件事上的无辜之处，

---

① Bloch, Marc, *The Historian's Craft*, trans. Peter Putnam, Manchester, Manchester University Press, 1954, p. 173.
② Ibid., pp. 173-174.
③ Pirenne, Henri, *Economic and Social History of Medieval Europe*, London, Routledge and Kegan Paul, 1936, p. 184.

产生了各种不同的可能解释。同样,历史学家也考虑到了信件、报纸和官方文件中对于事件所作的记录中可能会有偏见的成分,所以他们总是会在接受这些资料的真实性之前寻找进一步的证据。

当历史学家能够对某一具体事件进行可靠的说明时,他们寻找原因的工作仍将继续,因为他们要揭示有关过去的更多信息。例如,柯林伍德就确信罗曼人曾在英国北部修建城墙,但他没有就此停止探索,而是希望了解罗曼人修建城墙的意图。是谁修建了城墙,以及这一修建工作是如何组织的,这些并不是柯林伍德感兴趣的对象,他感兴趣的只是为什么要修建城墙,以及城墙的意向性用途是什么,可见,他想知道的只是他全部调查内容中的部分解释。同样,在收集有关纳粹时期德国人对犹太人的敌对行为时,戈德哈根想揭示的是迫害者的动机是什么,从而判断在德国政府内反犹太人的态度和宣传所发挥的重要作用。他并没有花费太多的精力去关注执行监禁和灭绝犹太人的官僚政策方法,因为这不是他感兴趣的内容。

有时,历史学家也想对自己所发现的事件进行全面的解释。在这种情况下,他们会关注所有他们认为有意义的原因。在对本章进行总结时,有一位历史学家即塔克特对1792~1794年法国大革命期间发生的恐怖统治时期的起源所作的解释,就是一例。在此期间,许多法国人都因涉嫌反对新成立的共和国而遭监禁或斩首。激发这一恐怖行为的主要原因,是因为有传言说来自国内外的间谍想废除议会。塔克特写道:

> 日益担心间谍或者是一小撮谋杀者甚或是某一大间谍的出现,以及担心他们企图通过秘密行动对革命和革命者的破坏和威胁,是1792年春至1794年夏法国政治精英们的普遍心理。在此期间,90%以上的死刑犯遭指控的原因都是以各种形式煽动叛乱或与共和国的敌人串通一气。着迷于密谋,显然是恐怖时期的政治文化元素之一。[1]

---

[1] Tackett, T., 'Conspiracy obsession in a time of revolution: French elites and the origins of the terror, 1789—1792', *American Historical Review*, 2000, 105: 692.

一旦确立了一种恐惧间谍的心理，它就会产生一种动机去寻找和处决可能的革命敌人。为了防止革命和革命者遭破坏和暗杀，就有必要消灭所有的破坏者和暗杀者。这一合理的解释简单而纯粹。弗雷特完全赞同这一解释，他认为，对于罗素式意识形态的虔诚信仰，在这里发挥了重要的作用，即以极端的方式在民治基础之上建立统一的社会，并认为自己的决策体现的是"普遍意志"。

但这一解释显然不充分。为何革命者担心失败？为何他们要如此非理性地处死这么多人？迈耶观察到："（1792年9月）对于身处监狱之中、手无寸铁的囚犯的大屠杀，显然具有某种疯狂性和盲目性，这些被屠杀的囚犯被认为是国内敌人的典型体现，而且与国外逃亡者和欧洲势力有着密切的联系。比屠杀规模更为恐怖的，是屠杀所使用的方式还非常的残忍和原始。"[1] 迈耶把恐怖主义者残暴的非理性行为，归结为一种"报复"的动机[2]，即在没有任何具体的理论支持的情况下，就认为要干掉所有有胆敢反对自己的人。

塔克特的文章为恐惧间谍的心理提供了一种解释。他指出，有证明表明，在整个法国革命期间都存在着反革命活动，但这不足以解释对于间谍和反革命的担忧或焦虑的程度是否足以导致恐怖统治。塔克特对此进行了三种解释，即理性的解释、社会/文化解释和心理学解释。他说，激进的雅各宾派"深深地怀有这样一种情结，即认为自己关于民主平等的观念具有完全的真实性和正确性"，"只要有人稍微不同意雅各宾派的立场，那就一定被认为是愚蠢的、是受人操纵的傀儡或间谍。在这种意义上，雅各宾派的这种偏执性的多疑做法是与他们对自己信念的执著程度联系在一起的。"[3] 换句话说，雅各宾派太过于热情地忠诚于自己的革命事业，以致任何涉嫌颠覆

---

[1] Mayer, A. J., *The Furies. Violence and Terror in the French and Russian Revolutions*, Princeteon, NJ, Princeton University Press, 2000, pp. 178-179.

[2] Ibid., ch. 5.

[3] Tackett, T., 'Conspiracy obsession in a time of revolution: French elites and the origins of the terror, 1789—1792', *American Historical Review*, 2000, 105: 705.

革命的人都会受到严厉的反击，而且常常是没有合适的理由而遭到反击。因此，雅各宾派的价值观为他们担心和恐惧间谍的心理提供了解释。

其次，塔克特还指出，第二次议会的许多代表都来自"更为基层的社会等级和一些更小的社群，与他们的前任相比，这些代表感觉自己与民众阶级有着更紧密的联系。可能正是因为这个原因，他们与渗透着对阴谋和间谍深感担忧的大众文化有着更为密切的接触，而且他们受启蒙运动的理性怀疑论思想的影响也不深。"[1] 如果代表们的确从自己的地方性社群中汲取了恐惧间谍的心理，那么问题就变成了：为什么这些社团要怀有这样的恐惧心理呢？

塔克特的最后一种解释即心理学解释，是建立在个体偏执狂理论基础之上的。心理学家认为，个体的偏执狂心理特征，"往往不仅表现为对他人的极端不信任，而且也表现为对自己的不信任：没有自律性或自律性很差，而且认同感也格外脆弱"[2]。塔克特解释说，革命以极端的方式推翻了法国的传统政府，引起了国外敌对势力的反对。1791年路易十六国王逃往瓦尼纳，更是增添了人民的极端不安全感："认同感在日益滑坡，对于某人到底是谁、应该依赖谁以及应该信任谁等诸如此类的问题，人们都越来越没有把握。人们自身的集体认同感，在一种不信任他人和不确定的氛围中被消解了——特别是不信任那些被认为是革命阵营中的家贼或潜在的家贼。"[3]

塔克特并没有把自己的解释局限在某一种动机上，而是尽其所能地挖掘每一种解释的潜能。如果理性的和文化的解释无法说明恐怖统治时期人们的情感力量，他就会寻求对其进行心理学解释以作补充，用看起来具有相关性的心理学理论来辅助解释。

---

[1] Tackett, T., 'Conspiracy obsession in a time of revolution: French elites and the origins of the terror, 1789—1792', *American Historical Review*, 2000, 105: 709.
[2] Ibid., p. 712.
[3] Ibid., p. 713.

第五章　历史叙事的方式

历史学家可能会从关于过去的某个问题，或者是对于某历史事件的某个新近的阐释有所疑问开始来着手进行考察研究。他们通常围绕着起初自己感兴趣的问题搜集大量相关的资料，并逐渐形成自己对于该主题的认识。最后才是整理相关信息和思想，把它们公之于众。在这一过程中，可用的方法有好几种。思想史学家会一一列举分析某一作者的思想；文化史学家会描述大量的符号和习惯做法以及它们在产生它们的社会中的意义。两种更为常见的历史综合方法采取的是历史叙事和历史解释的方式。本章讨论的正是叙事问题，第八章将讨论解释问题。通常情况下，叙事旨在提供解释，把叙事和解释合二为一，但我们仍有必要把它们二者分开来加以考察。

尽管历史叙事的结构问题已经论述颇多，但对历史叙事的结构问题却所涉甚少。正如我们将要看到的那样，有关历史叙事的论争通常集中在其可靠性和公正性问题上。但要了解这些论争的关键之点，就有必要确认它们所涉及的各种叙事方式。因此，比较研究三种不同的历史叙事方式即常识性叙事、综合模式和概述式阐释就大有裨益了。当然，还有第四种叙事方式即发生学解释，但那是第八章所要讨论的内容。

对于历史学家来说，有两种十分常见的叙事方式会遭到强烈的批评。第一种就是在没有核实其是否准确代表相关主题的已知详细信息的情况下，就根据该主题的相关性质问题的某些先入之见来进行叙事。我称之为"自上而下的"历史，这种历史书写就是举例证明有关主题的现存观念，而不是证明其谬误性。与此相对应的是"自下而上的"历史，这种历史书写是要判断业已被认为属实的相关主题的具体事实的真实性，即便这意味着推翻当前受到普遍尊重的一般阐释。

　　第二种制造破坏性历史的常见方法,所关注的只是某一历史主题的一个部分,因此这种方法会对该主题的整体形成误导,个中原因通常是道德性的或政治性的。例如,上个世纪初,澳大利亚土著居民的孩子都由政府负责看护、喂养和教育,目的是为了给这些孩子以更好的生活条件和机会。为了执行这一计划,孩子们都被从自己家庭中带走——尽管这些孩子并不愿意离开自己的父母,聚居在城市的宾馆里。支持该计划的人强调的是该计划在教育方面的优势;而反对该计划的人则关注的是这一计划对孩子们的心理伤害以及社会危害性后果。要想对此作出公正的结论,这两个方面都需要进行认真的考察。如果历史学家想展示的只是某一主题的部分历史,那么他们就应该告诉读者他们所做的一切,以便让读者不要误认为他们的叙事代表了对历史整体的公正说明。

　　复杂的是,很多历史叙事凭借的是对某一历史主题有关性质的先入之见,它们只挑选自己感兴趣的某些方面进行论证。因此,看起来似乎所有的历史学都同样是不能令人满意的!在描述不同种类的历史叙事时,有必要区分哪些是凭借了可接受的先入之见进行叙事的,哪些则不是;并对比研究这些方法挑选叙事内容的标准有哪些能避免明显的偏见而哪些则会导致偏见的出现。

　　在过去的几个世纪中,历史学家寻求的是整个西方历史模式的转换,于是他们书写的历史就是为了例证他们所发现的各种模式。利奥塔把这些模式称为"宏大叙事",他本人也因为对宏大叙事模式的摒弃而闻名。[①] 利奥塔知道,宏大历史叙事已被降格,即被用来证明囚禁、酷刑和死刑的正当性,因此他当然要谴责这样的叙事。他所说的宏大叙事指的是对历史变革的一般性说明,这种说明用一个连续性的故事来表征历史。宏大叙事描述了人们应该如何做才能

[①] Lyotard, J-F, *The Postmodern Condition: A Report on Knowledge*, trans. G. Bennington and B. Massumi, Manchester, Manchester University Press, 1984.

到达那个想象中的幸福的故事结尾。我们来总览一下某些西方历史的宏大叙事都产生了怎样的巨大影响。

在15世纪主张重新学习古典文化的文艺复兴运动发生之前，统治西方文化几乎长达一千年的基督教宏大叙事，根据基督教神学（在《圣经》中寻找内容，并经由教会的阐释）来表征历史。《圣经》认为，上帝选择犹太人来显现自身，并赋予他们以法则，但他们却经常不遵守这些法则。上帝于是以耶稣为肉体替身前来看望人类，耶稣以把自己钉死在十字架上的痛苦牺牲为代价，拯救所有接受和信仰上帝的人免受永久的惩罚。自从耶稣死后，我们一直在期待他的第二次降临，这个时刻，就是每个人接受审判和深信获得救赎之际。为了确保自己得到救赎，人类应该服从上帝意志的执行者，特别是教皇和国君以及位居其上的权威人士。于是，中世纪的教会和国家的权威性就有了历史合法性依据。

17、18世纪的启蒙运动带来另外一种宏大叙事，这一次是说追求科学（包括自然科学和社会科学）的人将会获得自由。帮助人类揭示了自然和社会规律的理性，也能够用来为所有人的利益而规范自然和社会。而且，通过运用理性，人们还可以开发新的生产方式，这会大大提高人们的生活水平。理性承诺，它可以帮助人类摆脱贫困与疾病，帮助人类从非正义和不道德中解放出来，从而获得自由。因此，生活在提倡正义和道德的土地上的人们就有必要遵守这些法则，以确保和平和自由的实现。为了自由、平等和友爱，就应该推翻非正义的封建体制，取而代之的是新的、理性的法则。个人的利益要服从国家的需求。

19世纪中叶，马克思教导人们，历史是由人们借以生产自己生活必需品的生产方式决定的。他说，生产方式决定了生产关系，一定社会的生产方式决定了该社会的阶级状况。在古代社会，存在着奴隶主和奴隶两大阶级；到了封建社会，则出现了地主和农奴之间的阶级差别；而在现代社会，资本主义要求资本家占有生产方式，工人则受资本家的雇佣，在工厂里劳作。在马克思看来，人类社会发展的最后一个阶段，应该是这样的社会状况，即在该社会中，工人阶级在意识到自己受资本家的剥削有多深之后，从资本家手中夺取属于自己的生产方式并建立起一个无阶级的社会。这样，每个人就都可以平等地分享利润了。19世纪，历史被用来当作了这样一种合法化的工具，即呼吁工人阶级认识到自己的状况并起来反抗资本家的奴役。

出现在 20 世纪的纳粹式的种族主义理论，作为一种宏大历史叙事，就更为可怕了。在纳粹的这种理论的教化下，德国人越来越认为他们之所以会在第一次世界大战中失败就是因为犹太人从中进行了破坏，因为犹太民族为了其自身的利益剥削了德国人，也即非犹太民族的日耳曼人。希特勒宣称，如果把犹太人隔离起来，如果犹太人的自私能被替换成对德国的忠诚，特别是对能够引领德国人重振光辉的"元首"的忠诚，那么，德国就将会再次强盛。

在上述每一个案例中，宏大叙事实际上都在扮演着把恐怖统治合法化的角色，这样的工具性作用是如此可怕，以致利奥塔说，我们永远也不该再相信这样的宏大叙事了。基督教设立宗教法庭，并把异教徒烧死在死刑柱上；在法国大革命期间，革命政府用断头台处死了国家的敌人。

今天的宏大叙事，其恐怖性程度不如以前了，或许是因为它们还没有得到掌权者全身心的拥护。今天流传着黑人、妇女、穷人和同性恋者受压迫的故事，也流传着剥夺自然的故事。人们讲述这些故事，是希望鼓励政府通过相关的法律来减轻压迫，保护和美化自然。叙事者的目的仍然是为了把自己认为具有巨大价值的东西合法化。或许还可以把经济全球化的趋势与后果，以及公民责任感的逐渐丧失等也列入宏大叙事的清单中去。

利奥塔痛根宏大叙事制造的合法化恐怖，他写道："19 和 20 世纪给了我们太多无法承受的恐怖。"① 利奥塔反对宏大叙事还因为它们没能抓住有关过去的真理,特别是它们忽视了历史的具体细节,而总是描述历史变革的一般过程。严格说来,历史具体事件(包括所有的细节在内)是不能完全而真实地表征出来的:我们所能做到的只是努力描述它们是一种什么样子。利奥塔把这些细节描写成"崇高"的物体,就是因为它们无法用语言或绘画准确地予以领悟这些细节。这些细节在利奥塔看来是"不可表征的"(unprensentable)。试图对它们进行事无巨细的表征,只能导致对物自体的一种"怀旧情结",而物自体本身却是不在场的。在现代艺术和文学中,我们看到了一种试图抓住具体和细节的努力,而所能实现的却只能是一个努力的方向。

这并不是否认多数遵照宏大叙事风格著作而成的历史叙事是有意的或是无意的。澳大利亚早期的历史,过去一直是从勇敢的白种欧洲男人发现这块大陆开始的,然后便是描述他们在与大英帝国政府代理者和其他白人定居者相互交往的过程中的定居生活和文明演进:用囚犯作为劳动力去修建道路和精美的石料建筑物,并驱赶阻挡自己前进脚步的所有土著民。因此,大英帝国把文明带进了澳大利亚。今天的历史书写特别关注弱势群体、妇女、黑人和罪犯。于是毫无疑问很快就会有关于在资本主义及其政府统治下公民责任丧失问题的历史,也出现了有关环境恶化的历史。

自上而下的历史,即遵照主导性的宏大叙事而书写的历史所存在的问题,就是它一般对例外情况不敏感,也疏于对相关证据以及可从这些证据中推导出来的关于过去的事实进行换位阅读。自上而下的历史要维护自己赖以存在的宏大叙事。负责任的历史学家会努力更为公正地对待他们所考察的证据和历史事实,以便不给读者造

---

① Lyotard, J-F, *The Postmodern Condition: A Report on Knowledge*, trans. G. Bennington and B. Massumi, Manchester, Manchester University Press, 1984, p. 81.

成误导。我们现在知道,尽管有些白种澳大利亚人对待土著民很残忍,但他们却并不代表全部。我们还知道,有些著名的探险家并不仅仅是开辟蛮荒的英雄,而且也是在索求物质财富的希望驱使下开始其发现新大陆的历程的。事实要比宏大叙事告诉我们的复杂得多。

负责任的历史,是自下而上的历史,在这种历史书写活动中,历史学家一开始的时候就要收集尽量多的相关主题信息,然后才是考察这些信息的一般意义。以上所提到的新近的一些宏大叙事的确已经触及了自下而上的方法,这也正是它们为什么会受到广泛尊重的原因所在。但当某一历史主题出现了例外情况时,它们决不应该习惯于把某种阐释强加在该历史主题上。

为了判断某一历史叙事的可靠性、公正性和清晰性,就有必要确认其所使用的叙事方式。应该注意的最重要的区别,就是旨在为既定主题提供全面说明的叙事,与只是指出感兴趣的历史对象所具有的相关特征的叙事之间的区别。全面的叙事,希望为其主题提供可靠、公正和清晰性的说明;部分的叙事则不希望做到公正,尽管它们也希望做到可靠和清晰性。①

要想判断历史叙事的可靠性和清晰性,就有必要了解它们所使用的不同方法。为了突出强调它们之间的不同之处,我提出了三种理想的叙事方式,这就是我所说的常识性叙事、综合模式和概述式阐释。正如我们将要看到的那样,在实践中,这三种叙事方法之间的区分并非总是十分明显的,但它们之间的差异足以把它们各自区分开来。

一、常识性叙事

常识性叙事用日常概念来界定叙事主题,用日常信念来讨论行为原因,并用日常活动来解释所发生的事。它不像综合模式和概述性阐释那样,使用社会科学的专业术语和解释性理论,但常识性理

---

① McCullagh, 'What do historians argue about?', *History and Theory*, 2004, 43.

论与专业理论之间的界限区分却并不十分明显。我把前面章节中所讨论的几乎所有解释性理论都视为常识性理论，唯一例外的就是更具有复杂性的现代心理行为理论。有关人类利益和自然本能在推动人类行为方面的重要性的相关理论，已经得到了十分广泛的接受，因此完全可以看作是常识性理论了。

常识性叙事有如下几种常见的形式：

(1) 追溯某一具有连续性的历史主题比方说某个人或某种制度的故事。传记常常是很好的常识性历史内容，即叙述某个历史人物的生平故事，这是我们大家都十分熟悉的。这个历史人物往往拥有独特的野心，并拥有在今天看来非常识性的信念和价值观，但其生活方式以及其家庭、教育、就业和信仰的一般方式对生活所产生的影响却都是十分显著的。

历史学家是否应该在历史事件的原因问题上持有自己的看法？在这样做的时候，他们是否会错误地表征历史？另外一种替代性的办法，是像历史事件的当事人那样来表征有关过去的事件。有些历史叙事的书写者主张要从当事人的角度来描述历史事件，尽管这并不是唯一的视角。例如，奥拉法森就宣称，历史叙事是以这样的方式来建构的，即表征人类行为的前后相继关系，而且，

> 这是领会这种以行为为基础的历史叙事的连续性的一个前提条件，因为在这种历史叙事中，行为本身可以通过历史学的描述得到确认，即在这种历史描述中，当事人被假定会与受到同样行为影响的其他人一样使用相同的叙事方法。[1]

奥拉法森认为，历史叙事描述的是当事人对事态的评价，他们

---

[1] Olafson, F. A., *The Dialectic of Action. A Philosophical Interpretation of History and the Humanities*, Chicago, The University of Chicago Press, 1979, p. 151.

对事态的看法、他们形成看法的过程以及他们对事态的反应等，都是从他们自己的立场出发的。卡尔则指出了人们会以叙事的方式来体验自己的生活，这就为奥拉法森的观点提供了支持性分析。

> 在行为过程中，我们总是"身在此山中"，因而被一种担忧偶然性出现的心理牢牢控制，这种心理假设在我们的事业完成之后，我们一定会找到结论……生活中的行为和痛苦就被看成是诉说我们自己的故事的过程、倾听这些故事的过程、实践这些故事的过程，以及把这些故事贯彻到底的过程……叙事者回顾性的观点……并非与当事人的观点之间具有不可调和的矛盾，而是对行为本身固有观点的一种延伸和提炼。①

卡尔认为，历史学家进行叙事的"第一原则"是要反映历史事件当事人的经验。

尽管正如卡尔所描述的那样，我们常常也的确是从这些叙事角度出发来看待我们自己的生活的，但这决不意味着历史叙事就是历史当事人所叙述的关于他们自己的故事。首先，大多数历史叙事涉及好几个人之间的互动，其结果往往是无法预料的；其次，历史当事人往往会对其所处的状况产生误解，所以历史学家就有必要更正当事人的错误认识以便说明为什么会出现当事人所始料未及的后果；最后，正如卡尔最近所承认的，历史叙事是对过去所发生的事件具有高度选择性和概括性的说明。② 任凭历史当事人事无巨细地、鸡毛蒜皮地诉说他们自己的真实生活体验，势必会使历史叙事变得冗长而琐碎，让人无法忍受。因此历史叙事并不是生活经历的镜像，

---

① Carr, David, 'Narrative and the real world: an argument for continuity', *History and Theory*, 1986, 25: 122, 126.
② Carr, David, 'Discussion: Ricoeur on narrative', in *On Paul Ricoeur. Narrative and Interpretation*, ed. David Wood, London, Routledge, 1991, p. 165.

在记录历史事件时，历史叙事必须进行认真的挑选。

实际上，历史学家所掌握的有关历史事件的信息常常会比历史当事人要多得多，因此历史学家更有可能提供更为准确的历史描述。明知当事人的观点是错误的却在不加说明的情况下就把历史当事人的观点表达出来，势必会对读者造成误导，而且会提供给读者一个可靠性未经合理判断的历史。要想提供一个可靠的历史，历史学家就必须尽量采用如前面的章节中所列举的那些最佳解释理论。

对于传记的另外一种担忧是：历史学家往往根据当前的兴趣，在自己的生活主题中思考历史事件，因此没有对过去生活的整体作出公正的说明。挑选未必就会带来不公正的历史，承认这一点是十分重要的。只要历史学家在描述某一主题时保持前后一致的同等的归纳水平，在挑选所要描述的历史事件时保持同等的详细程度，他们就一定能书写简要而公正的历史。有些传记十分浩大，详尽地描述了许多事件；有些传记则十分简要，只选择重要的事件进行描述，并对其进行摘要式说明。这两种方法都能对主人公进行公正的描绘。

值得担忧的是这样一种习惯，即过多关注读者对于事件的兴趣点所在，而把主人公生平的其他部分都一带而过了。这样一种做法是否必然会导致对于主人公的误解？就拿温斯顿·丘吉尔的传记来说，丘吉尔一生有着很长的一段政治生涯，但其中最重要的阶段莫过于在第二次世界大战期间担任英国首相期间。在第一次世界大战期间，丘吉尔还担任过国务大臣，以后又出任过英国海军部大元帅。在达达尼尔海峡方面的政策失败后，他于1915年从海军退役。1922年他丢失了自己在自由党中的议席，这似乎预示着他政治生涯的结束。但是，后来他重新参加了保守党并在1924~1929年成为内阁成员，接着又成为反对派，直到1939年加入战时内阁，并于1940年5月接替张伯伦成为英国首相。他在第二次世界大战期间对英国的卓越领导确立了他的声誉，战争结束后，随着和平时期的到来，他在普选中失利。因此，关于他的生平的常识性叙事，要着重描述战争时期，而不是其他生平时期。他在担任英国首相期间所作出的许多决策的重大意义也远远超过了此前他所作的许多决策。这就是为何要着重描述这一部分的原因所在。比如，旁丁在其关于丘吉尔的传记中就用了大约 40 页的篇幅来描述丘吉尔在战争期间每年的活动，而只用了大约 6~7 页的篇幅来描述此前丘吉尔在每年中的活动。① 同样，查曼雷也花费了大约 270 页的篇幅来描述丘吉尔在战时的 5 年期间所做的事，而只用了 355 页的篇幅来描述丘吉尔在此前大约 65 年中的生平活动。② 顺便说一句，有意思的是，这些传记作者要想书写丘吉尔的传记，首先就不能把丘吉尔当作一个伟大人物来看待，而是要尽量不偏不倚地依据相关证据来描述他的生平。正如查曼雷所写的："现在的问题是，要把偶像从神龛上取下来，努力辨认活生生的人的轮廓。"③

　　只要以一种连贯的、平衡的方式来描述主人公全部生平的主要特征，那么花费太多的笔墨用于公众感兴趣的领域，这一做法就未必会给主人公一个不公正的描述。然而，如果不太感兴趣的部分全都被忽略掉了，或者很少能得到认可，那么读者就有可能对主人公留下一个极端错误的印象。例如，丘吉尔在战争期间的领导能力和知名度就并不是他整个生平的典型代表。这在上述传记中就特别明显地表现了出来，因为这些传记的确对丘吉尔的一生都作了公正的说明。根据具体的兴趣对相关事件进行详尽的说明，并不会模糊主人公其他的生活侧面，也不会妨碍读者获取一个公正的有关主人公的生平印象。

　　如果历史学家本人对主人公十分尊重或蔑视，并因此竭力忽视主人公生平中好的或坏的方面，那么这样的历史学家就有可能书写出具有个人偏见的传记。琼斯在其关于丘吉尔传记的导言中就提到

---

① Ponting, Clive, *Churchill*, London, Sinclair-Stevenson, 1994.
② Charmley, John, *Churchill: The End of Glory. A Political Biography*, New York, Harcourt Brace, 1993.
③ Ibid., p. 2.

了这样一个案例：有历史学家在书写丘吉尔的先人马尔伯勒大公爵时，就出于个人偏见而作出了具有误导性的历史描述。马尔伯勒是一位富有魅力的大臣，也是一位杰出的将军，他带领军队分别于布莱尼姆（1704）和拉米伊（1706）击败了法国军队及其盟军。安娜女王授予马尔伯勒许多财富和荣誉，尽管他远离英国政界。19 世纪，辉格党历史学家哈拉姆和麦考莱所书写的传记则诋毁了马尔伯勒的名誉。在麦考莱看来，马尔伯勒是：

> 一位属于罪恶体制即自由的辉格党正予以铲除其残余势力的旧的腐朽体制的大臣和受益者。作为一名军人出身的政客，马尔伯勒使与其地位相似的威灵顿公爵感到不安，也是后者的主要反对者；而且他还反对业已形成的代议制政府管理原则，而只拼命主张国家应该掌管在一个人手中，特别是军人的手中。①

由于对马尔伯勒有成见并对之采取有偏见的态度，麦考莱"无情地把他描述为一个在其十分具有野心的、贪婪的和精神错乱的妻子的指使之下的古怪的野心家，他曾不择手段地操纵安娜女王"②。琼斯指出："麦考莱人为地挑选了一些符合自己论断的证据，他的这一做法被帕杰特在 19 世纪中期出版的《布莱克伍德杂志》的一篇文章中予以彻底揭露。1933～1938 年，温斯顿·丘吉尔出版了四卷本的传记以恢复马尔伯勒的名誉。"③

如果历史学家想关注的只是某历史人物的一两个方面的问题，他们可以通过清楚地声明自己所书写的历史无意进行全面描述而避免给读者造成误导性的印象。琼斯自己所书写的马尔伯勒传记正是

---

① Jones, J. R., *Marlborough*, Cambridge, Cambridge University Press, 1993, pp. 2-3.
② Ibid., p. 5.
③ 琼斯指出，丘吉尔所书写的马尔伯勒的个人传记，也存在着颇多的偏见（Ibid., pp. 228-229）。

这样做的。他宣称,他将关注的是马尔伯勒的"军事和外交才华,原因很简单,因为马尔伯勒凭借这两个方面的成就,取得了对西班牙战争的胜利,从而改变了欧洲和英国的历史。马尔伯勒其他方面的问题则没能在传记中给予充分而全面的关注"①。显然,琼斯相信,应该研究伟大人物具有历史意义的成就,而那些如个性或家庭琐事等很少有持续后果的方面则不应该予以关注,对于后者的兴趣也只是为了对前者进行解释。例如,琼斯指出:"'多次退居幕后的经历',使得马尔伯勒保持着温和而镇定的自信。"②琼斯决意描绘马尔伯勒的军事和外交才能,这点明显表现在他著作的结构安排之中。篇幅很长的第一章解释了马尔伯勒在军队中的每一步升迁,直至最后升至詹姆斯二世国王和威廉三世国王的侍臣。然而,书中大部分内容依然是对马尔伯勒在欧洲战场上使其获胜的战略,以及克敌制胜的外交谈判进行了十分详尽的说明。

对具有连续性的体制进行描述的常识性历史,要比对个人历史进行描述的常识性历史复杂得多。与个人不同,具有连续性的体制有着复杂的结构,而且不同的结构之中又存在着好几种截然不同的始创根源。只有考察具有某些相似性的机制——如在法律、教育、医疗、工业、商业、军事等方面的相似性,才可以认清这一点。历史学家感兴趣的是,这些方面是如何服务于社会的,以及它们是如何受社会变革的影响的,但它们内部的结构性重大变化、组织内部不同部分之间的相互关系及其对体制变更的影响也是历史学家感兴趣的对象。

(2)许多常识性叙事研究两个以上人群之间的关系。这些不同人群之间常常会为某些事由展开竞争,这些事由包括:为在战争中取胜、为赢取市场、为获得选举胜利而争夺选票、为某公司的收益而争取更大份额等。有时候,它们之间的关系也会是合作性的,就

---

① Jones, J. R., *Marlborough*, Cambridge, Cambridge University Press, 1993, p. 6.
② Ibid., p. 8.

像政府和企业组织之间，或是司法与福利组织之间那样。

正如在影响一个人生活的问题上人们已经达成了相关的共同观念一样，人们就影响战争胜败的因素、有助于扩大或减小市场的影响因素，以及为何有的候选人会在选举中胜出而其他候选人却会失利等问题，也都形成了共同的观念。这其中有些观念起初就形成于战争理论、经济学或政治学理论，但它们现在已经成了常识性知识。

对于历史学家来说，在对这些具有竞争性的关系进行描述时，如果对其中一方倾注过多的同情之心，那么其结果就会是错误地表达了双方的利益，即颂扬了一方而贬低了另一方。公正的历史不是误导性的历史，因此历史学家必须非常谨慎地寻找代表竞争各方的不同人群的所有行为动机。如果历史学家决心书写的只是冲突一方的历史，那只要不对另一方提供没有充分根据的观点就可以了。这样的历史没有像对竞争双方都进行描述的更具有平衡性的说明那样具有清晰性，因为它没能解释另一方的情况。

（3）有些常识性历史描述和解释的是带来某种具体变化（如从绝对独裁制向民主制的体制变革、从贫弱到繁荣的经济变革，或从矛到枪再到火箭的技术变革，等等）的事件。

这种叙事通常描述的是摧毁某一旧的政体和建立新政体的重大历史事件。为了公正对待历史变革，在有选择地安排详略和广泛程度时，所有重要阶段都必须进行描述。

（4）最后，有些常识性历史描述的是某一重大事件的各种原因，其方法是通过描述既定环境下对导致某一结果产生重大影响的或然性因素（包括激发某一结果或阻碍某一结果产生的可能性因素），描述人们如何实现伟大抱负的技术性叙事尤其激动人心。

为了使这种描述具有公正性，在决定重要性程度时，就必须把所有可能的因素都要囊括进来。在简史中，只有那些增加结果产生的重大可能性因素才能得到描述，但在详史中，却需要把所有的影响因素都要包括进来，包括那些阻碍结果产生的可能性因素。

常识性叙事不仅描述相关主题的历史，还要使自己的描述具有清晰性。为此，它们的做法通常是：首先设定历史场景，接着添加更为详细的必要信息，使得故事的每个阶段具有清晰性。编年史只需按照年代顺序列举出变革而无须作出解释。叙事则更进一步，需要对所描述的重大事件进行解释。核心主题的连续性也为其提供了编年史一般所不具有的主题统一性。

基本叙事中的解释要保持在所谓日常的和常识性的水平，而无须特别艰深。它们是为行为提供直接原因，而不是调查深刻的动机和隐藏在背后的间接根源。后者是深刻解释所要完成的任务，而不是基本叙事所要完成的任务，叙事一旦达到了这样的解释程度，那它就不再是基本叙事了。

然而，即便是日常性的解释也要求助于一般理论，如有关影响人类行为的信念和欲望方面的理论。这是否也是自上而下历史的基本叙事的根本情况？就这一点来说，答案是肯定的，本章旨在强调的重要差别亦在于此。历史学家掌握了一整套大多数事件发生的可能原因和理由，而他们所书写的历史则记录了所有他们认为有影响力的、具有重要性的信息。自上而下历史开始于一个先入之见，即在所有可能原因和理由中挑选出有影响力的部分，并致力于对此进行画地为牢式的描述。

二、综合模式

历史学家常常会找到历史模式（patterns），或更为严格地说，是在研究手头的证据之后所获得的历史信息模式。这些模式是在行为和事件中形成的，而且常常代表着某类变革。对这些模式进行描述，为我们了解过去、了解行为和事件之间发生关系的方式提供了新的信息。

用来描述这些模式的概念，不是日常性的概念，而是从历史研究中创立起来的概念，如"复兴"和"革命"等概念。用这些概念来命名模式种类,是历史中十分常见的事。一般说来,正如我们将要看到的,这些概念本身的定义并不十分确切,因此同一个术语有时会用来指代不同类型的模式。

"综合"(colligation)一词来自于拉丁语"colligere",意思是把事物归纳在一起。有些综合性的单词和短语指的是某种独特的模式,或以同样的方式指代拥有独特性的人物或地点;而有些综合性单词却指的是共性模式,正如通用名词可指代许多事物一样(哲学家认为它们指的是同类事物)。短语"法国大革命"指的就是一种事件模式,而单词"革命"则是一个通用名词,可用来指代所有的革命活动。我将首先描述一些具有独特性的综合概念,然后再描述一些具有共性的综合概念。

沃尔什首先把"综合"一词运用到历史之中①:他指出,历史学家常常通过展示某些行为和其他事件是某一模式的一部分而使得这些行为和事件变得十分清晰。他的第一案例就是:有几个事件都被历史学家描述为希特勒推行其"德国人自主和扩张"政策的手段。

> 希特勒在1936年对莱茵地区的重新占领,可从其德国人自主和扩张的宏伟政策(这是希特勒一上台便开始追求的东西)中得到解释。有了这一政策,以及执行这一政策的或早或晚的具体步骤,如拒绝接受单方面裁军、德国退出国际联盟、吞并奥地利以及占领苏台德地区,实际上都在为其更加清晰的种族隔离行动作准备。②

沃尔什所挑选的全部证据都具有这样的共性:它们都有助于实现希特勒扩张德国势力的愿望。由于其他人也渴望增强德国势力,

---

① Walsh, W. H., *An Introduction to Philosophy of History*, London, Hutchinson, 1958, pp. 59-64.
② Ibid., p. 59.

因此这一政策在其内容上并非全然独具一格，但即便如此，这一政策的独特之处依然在于：它是由希特勒提出来的。所有这些事件都是为了实现他的愿望。

在这种情况下的模式是一种合理的事件模式：所有事件都与共同目标有关。这或许是历史阐释最常见的形式：历史学家往往会挑选和安排那些有利于说明某人具体目的的行为。沃尔什补充说，有时也会看到人们遵从并非自己有意制订的政策。他给出的例子，就是英国人的"帝国使命"观。他说，19世纪晚期，"在英国政治史上实际上存在着一个明显的帝国阶段，即便帝国主义政策并非是那时的主要掌权者有意识接受或有意追求的东西"[①]。

沃尔什还谈到了另外一种合理的事件模式：各种不同的行为可以综合在某个尚无具体目标但却拥有共同的具体思想和价值观的运动概念名下。沃尔什所提到的类似运动有"启蒙运动、浪漫主义运动、19世纪英国改革运动，（以及）垄断资本主义的兴起"[②]。同样，综合在这些运动名下的各种事件都与某种共同的思想有关，这就是为何这一模式是合理的原因所在。

历史学家往往能够察觉到的另一组模式，是变革模式，可用"增长"与"滑坡"、"演化"与"革命"、"分化"与"冲突"等词表现这些变革模式。我把它们称为"正式的"概念[③]，因为它们描述的是变革的形式。有时这些术语也是有限定性条件的，如"经济增长"、"政治滑坡"、"文化演化"和"科学革命"。这些限定性条件会使这些概念更加具体。经济增长一定是指财富的增长，而且常常是生产力发展的结果；政治滑坡一定是指相对于社会中的其他权力来说的政治权力的丧失；文化演化则一定是指信念、价值观和习惯做

---

① Walsh, W. H., *An Introduction to Philosophy of History*, London, Hutchinson, 1958, pp. 61-62.
② Ibid., p. 60.
③ McCullagh, C. Behan, 'Colligation and classification in history', *History and Theory*, 1978, 17: 272.

法的演化;而科学革命则一定是指科学世界观的剧烈变革。我说"一定"是为了强调这些术语在我们的语言中拥有共同的含义,且与任何具体的范式无关。

然而,这样说的时候,历史学家有时是想在具体入微的细节上填补这些模式变革的特征,当然这需要利用他们所熟悉的案例。这样做的历史学家往往相互之间意见达不成一致。斯通在其《1529~1624 年英国革命的原因》一书的长篇导论中回顾了主要的现代革命理论。① 斯通特别推崇约翰逊所提出的政治革命类型论,该理论提出了区分革命类型的六个标准:

> 以所选择的进攻目标为区分标准,无论该目标是政府官员、政治王朝还是作为社会整体的共同体;以革命承担者的性质为区分标准,无论其是群众还是精英;特别是以革命目标和意识形态为区分标准,无论是革新论、末世论、怀旧论、民族形成论、精英论,还是民族主义说辞。②

例如,"扎克雷起义(jacquerie)指的就是自发的农民起义,通常是在传统权威如教会或国王的名义下发动的,而且其目的也是有限的,就是为了清除本地或国家的所谓精英"。"千禧年暴动(millenarian rebellion)与扎克雷起义相类似,但添加了些乌托邦式梦想的特征,通常是在活生生的弥赛亚的激励下采取的起义活动"③,诸如此类,不胜枚举④。最后,斯通赞成霍普对政治革命的分析,该理论把革命划分为四个阶段。第一阶段,人们对传统价值观感到不满;

---

① 也可参见 Richardson, R. C., *The Debate on the English Revolution*, 3rd edn, Manchester, Manchester University Press, 1998, ch. 7.
② Stone, L., *The Causes of the English Revolution*, London, Routledge and Kegan Paul, 1972, p. 6.
③ Ibid., p. 6.
④ Ibid., pp. 7-8.

第二阶段，知识分子等明确了反对现存统治的目标；第三阶段，革命活动出现，中间派向激进派让步；第四阶段，新王朝确立合法性。①

以上提到的正式综合性概念的描述，并不具有唯一性，事实上，它们只是历史变革的一般理想类型。比方说，要想把某次具体的历史事件界定为一场政治革命，就要对之进行分类，也就是说它要符合正式术语、政治革命名称的一般模式。在这种情况下，那就有必要追问：这样的描述是正确的还是错误的？如果事件果真符合特定的模式，那么这个描述就是正确的，否则就是错误的。

有趣的是，某些具体的文化运动，如文艺复兴和启蒙运动，它们所拥有的特征也同样可以在其他历史场合中找到。比如哈斯金斯就在欧洲其他历史时期中发现了14～16世纪文艺复兴运动所具有的几个特征。他说，这些特征就是"借助于吸收古代文明并通过观察在诗歌与艺术领域中……富有创造性的工作……扩展知识，复兴拉丁古典文化和司法制度"②。哈斯金斯指出，这样的价值观也在12世纪的文化复兴运动中有所体现，而且在奥托三世（994—1002）统治时代的德国奥托文化复兴运动和大约公元800年的查里曼统治时期的卡洛林文化复兴运动中也都有所体现。同样，霍尔姆斯也写了一本名为《1400～1450年的佛罗伦萨启蒙运动》的书，在该书中作者指出，15世纪上半叶佛罗伦萨的文化与欧洲启蒙运动时期的文化相类似。霍尔姆斯在书中指出："这些相似之处，在某种程度上一般都被认为是17～18世纪欧洲的启蒙运动的重点特征：对常识性哲学方法的偏好、对传统宗教和形而上学（以及）艺术现实主义的漠然和敌视。"③ 他认为，布鲁尼的著作是对整个世俗历史和国家的描述，而

---

① Stone, L., *The Causes of the English Revolution*, London, Routledge and Kegan Paul, 1972, pp. 21-22.
② Haskins, C. H., *The Renaissance of the Twelfth Century*, New York, Meridian Books, 1957, p. 4.
③ Holmes, G., *The Florentine Enlightenment 1400—1450*, New York, Pegasus, 1969, p. 266.

艾伯蒂和多纳特罗的著作则正反映的是现实主义艺术的兴趣。①

实际上，鉴于综合性术语含义的相对模糊性，它们的实际运用也就具有了不确定性。比方说，历史学家对17世纪40年代形成英国革命的政治历史性事件（如果有的话）是什么就有争议。曼宁对相关的观点进行了如下总结：

> 昂德唐认为17世纪中期英国发生了两次革命："一次是1640～1642年温和的宪政革命；另一次是发生在1684～1685年的更具有暴力性的革命，在后一次革命中，旧议会被废除了，国王也被处死了……"鲁素尔也认为那时的英国爆发过两场革命：第一场是于1642～1646年发生的"议会革命"；第二场则是发生在1647～1649年的"军队革命"。但他又补充说，前一次革命的特征更应该是一次"反抗"，而后一次革命则是"完整意义上的革命"……还有历史学家认为"真正的革命"发生在1648年秋天。"直到第二次国内战争之后……整个新军才成为真正的革命力量"，金特尔斯如是写道。②

曼宁倾向于认为把1648年9月～1649年1月发生的事件，即新军占领伦敦、赶走旧议会并处死国王，看作是"革命的高潮和分水岭，而不是整个革命的全部"，在他看来，整个革命应该开始于1640年皇族政府解体，结束于1660年皇族政府权力重新确立但却受到限制之时。他喜欢把1648～1649年的历史事件称为具有革命性质的"军事政变"③。

---

① Holmes, G., *The Florentine Enlightenment 1400—1450*, New York, Pegasus, 1969, p. xix.
② Manning, Brian, *1649. The Crisis of the English Revolution*, London, Bookmarks, 1992, p. 13.
③ Ibid., p. 15.

在具体的历史情境中，如 1640~1660 年间的英国，运动和变革拥有许多具体的特点。比方说，在英国，用政治权力颠覆君主制和贵族统治，以及议会政府的建立都是在短时期内发生的事，但革命却是由克伦威尔推动的——他不断地呼吁要以自己的行动来证明上帝的意志。换句话说，推动这场革命的思想对于其时间和空间来说都是具有独特性的。政治革命的概念为综合大量历史事件提供了有用的一般性概念，也即有助于说明是哪些历史事件推动了革命的发生。但这并不能真正对革命原因进行根本性的解释，要对革命原因进行解释，历史学家还必须寻找推动革命的思想、革命的领导者，以及革命的方式方法等，而这正是使具体革命具有独特性、成为一般中的个别的地方。

虽然人们接受了某一综合性单词或短语，但对于该术语的真正意指以及它是否可安全地用来指代某一具体历史变革模式，历史学家常常还会心存争议。在这一综合性短语没有被界定清楚之前，是不可能判定它的使用是否安全的。这一观点显然在莫克里讨论 1760~1830 年间英国是否发生过一场工业革命的问题时，已经被清楚地说明了。[1] 简言之，明显的工业创新活动只发生在这一时期英国经济中的某几个阶段，因此，他质疑是否整个这一时期都可以恰当地综合为一场工业革命。另外，变革（尽管十分重大）并没有在这几十年间获取多大的成就，因此他怀疑是否可以真的适合用"革命"一词来指代这一历史时期。

莫克里指出，历史学家实际上倾向于把经历了截然不同的变革模式的这一时期的英国经济变化，称为形成中的工业革命。他描述了对于工业革命四种不同的说明："社会变革学派"把它看作是"人们之间的经济交易方式发生的一场变革。正式的、具有竞争性的和非人格化的物品和生产要素市场的出现，是这一观点的基础"[2]。

---

[1] Mokyr, Joel (ed.), *The British Industrial Revolution: an Economic Perspective*, 2nd edn, Boulder, CO, Westview Press, 1999.

[2] Ibid., p. 7.

"工业组织学派"强调"公司的结构和规模……资本雇佣的兴起和工厂制度的最终建立"①。"宏观经济学派"强调的则是"诸如国民收入增长等综合变量、资本形成比例或综合投资比率,或者劳动力的增长或构成"②。最后,"技术学派"认为技术变革是所有其他变革的基础。技术不仅局限于新工业技术,而且也包括"用于组织劳动、消费者管理、营销和推广等方面的技术"③。

莫克里自己采用的似乎是宏观经济学的观点。他以市场营销为标准把英国历史上的这一段时期称为工业革命:"1760~1830 年间的任何一种经济变量的实际年度变化比率,比(1348 年)黑死病时期以来的任何一个历史时期都要大得多。"④ 但他又为这样的一个事实感到担忧,即最显著的创新和增长只局限于少数几个部门,如棉花、钢铁和机械行业。如此一来,说英国整个工业经济都发生了一场革命是否恰当呢?传统部门,如农业、建筑业和许多贸易领域所发生的变化似乎并不大。通过观察工业革命期间现代部门规模的增长,以及这一增长对于传统部门所产生的渐进式影响并最终导致传统部门的现代化进程⑤,莫克里对上述质疑作出了回答。但是,他的确承认,"工业革命首先是一个区域性的现象,其影响范围只限于兰夏郡及附近地区以及苏格兰低地,英国其他地方则没有明显变化的迹象。直到1851 年,英国劳动力只有27%在受工业革命直接影响的地区工作,尽管几乎每个英国人都受到了工业革命的间接影响,如成为其消费者、用户或观察员。"⑥ 或许更准确的说法应该是:在这一时期,工业革命发生在英国经济的部分领域,因此不能把工业革命看作是英国整个经济的特征。正如莫克里所指出的:"所发生的是一

---

① Mokyr, Joel (ed.), *The British Industrial Revolution: an Economic Perspective*, 2nd edn, Boulder, CO, Westview Press, 1999, p. 7.
② Ibid., p. 8.
③ Ibid., p. 8.
④ Ibid., p. 3.
⑤ Ibid., p. 15.
⑥ Ibid., pp. 4-5.

系列的事件,且发生在一定时间跨度之内,并局限于已知的地区,随后的历史学家为方便起见把这一名称扩大化了。"①

莫克里还质疑了此间英国所发生的经济变化程度是否足以被称为一场革命。"如果是革命,其变化程度当然是十分剧烈的。"莫克里写道,"但到底要多大的变化程度才能算是革命呢?"② 七十年对于完成一场革命来说,时间是足够长的了。"经济变革很少是十分剧烈、突然或英雄式的。因此,有学者发现革命的某些方面很难忍受。"③ 莫克里很乐于把这些变革称为革命,因为它们具有深远而持久的影响和意义④——但演化式变革也同样会带来深远而持久的影响和意义!

叙事可用来表征某一综合模式。如果某一模式使用了某一综合性术语,那么在其运用的表征性有保障的前提下,这一术语就会对该模式进行可靠的描述。为了了解这些保障性前提是什么,历史学家必须尽可能地给该术语下一个清晰的定义。

能使历史学家对历史事件进行综合的模式,并不意味着能以公正的方式表征某历史主题,尽管有时人们以为它能做到这一点。即便工业革命的模式并不能准确地表征整个英国在 1760～1830 年间的经济状况,但此间的英国工业革命却的确存在。由于综合模式并不表征任何具体的主题,所以不应该判断它们的公正性——除非它们被错误地认为完全表征了某一主题。

有时,为了更清楚地说明某一问题,人们喜欢把部分特征当作整体特征来看待。从 1945 年德国战败直到 1989 年苏联解体这段时期,美国政府和苏联政府之间的关系通常被称为"冷战"关系。之所以是"冷战",是因为两个大国之间没有真正火拼。但它又被西方

---

① Mokyr, Joel (ed.), *The British Industrial Revolution: an Economic Perspective*, 2nd edn, Boulder, CO, Westview Press, 1999, p. 2.
② Ibid., p. 3.
③ Ibid., p. 3.
④ Ibid., p. 5.

势力称为战争,因为在他们看来苏联正在努力以共产主义推翻资本主义,而且为应对这一紧张关系,美国也积极加强军备、进行经济建设和加强国际政治势力,以迫使苏联收敛其武力威胁,从而在很大程度上控制其共产主义扩张速度。[1] 历史学家随后便把对历史事件的这一看法,称为立场强硬的现实主义者的两极对立观。

对于"冷战"的这一说明,是美国政府的官方观点。1990年,乔治·布什总统指出:"四十多年来,美国及其盟友一直在控制共产主义,以确保民主得以继续存在。"[2] 对于美国及其盟友与苏联阵营之间关系的这一简单描述,就是要更清晰地表征问题。

如果历史学家认为这一综合模式准确地再现了超级大国之间的关系的话,那么他们就会书写一种叙事来说明这一关系。但是,当他们深入而具体地考察这一关系时,他们会发现,这其中的复杂程度要远比官方描述高得多。早期的修正主义者发现,有证据表明,美国对外政策的设计,就是为了维护其国内经济利益,就像它们要维护国家安全一样重要。[3] 1984年,有机会接触到政府文件的列弗勒写道:"经济考虑也促进了官方下定决心要进入欧亚大陆,同时防止苏联提前控制该地区……(政府官员赞成)这样的观点,即美国长期的繁荣要求有一个开放的市场,无障碍地获取原材料以及欧亚自由资本主义沿线的大部分原住民——如果不是全部的话。"[4] 的确,历史学家越是仔细地考察美苏之间的关系,他们就越是会发现这种关系的复杂性程度有多高。正如列弗勒和佩恩特所写的,"要想把'冷战'的所有复杂细节都描述出来,学者们就必须分析美苏竞争的互动关系以及其在其他地方的国际性展开。为了使这一分析工

---

[1] Hunter, Allen (ed.), *Rethinking the Cold War*, Philadelphia, PA, Temple University Press, 1998,导言部分.
[2] Ibid., p. 3.
[3] Ibid., pp. 8-11.
[4] Leffler, M. P., 'National security and US foreign policy', in *Origins of the Cold War. An International History*, eds M. P. Leffler and D. S. Painter, London, Routledge, 1994, p. 24.

作富有效率，他们还必须把大国之间的地缘政治的、战略的以及意识形态的竞争，与地方性的和区域性的社会经济趋势以及政治斗争整合起来加以考察。"①

实际上，第二次世界大战后的美苏关系是十分复杂的，因而是不能被局限在官方所抛掷的"冷战"视角下进行考察的。"冷战"这一概念已不再适合用来概括美苏之间的关系了，它充其量不过是国际领导人为了他们自己的目的而使用的一个概念而已。所以它不能准确地表征其所指代的美苏关系，正如列弗勒近来所写的，鉴于这一关系的复杂性，"'冷战'否定了任何单一性的大师叙事"②。

"冷战"史学史研究显示，参照有关超级大国间关系的具体信息，自上而下的历史是如何逐渐得到修正的，以及这一关系的复杂性又是如何最终得以承认的。官方的观点是为了给美国军事和对外政策提供正当理由，就像要用"冷战"来反对共产主义那样；但实际上，美国的目标却要多样和复杂得多。现在的美国正在从事某种更具有热度的全球范围内的反恐战争。负责任的历史学家会看到更多的细节，而并非只是官方的路线。

三、概述式阐释

一旦历史学家针对某一历史主题写出了常识性叙事历史，他们往往就会对这一历史进行回顾以看其是否有可能进行概括，即用概括性的术语对所描述的问题进行总结。他们想要的是一种既可靠又公正，而且还最好是清晰的概述。

有时，概述式阐释不过就是对常识性叙事的一种补充，以作为对所叙述的东西的一种反思。例如，伍兹就写了一部很长的有关富

---

① Leffler, M. P. and Painter, D. S. (eds), *Origins of the Cold War. An International History*, London, Routledge, 1994, p. 11.
② Leffler, M. P., 'The Cold War: what do "we now know"?', *American Historical Review*, 1999, 104: 502.

布赖特的个人传记①，在写作行将结束时，他对富布赖特这个人进行了剖析，以此作为该书的总结，并在某种程度上进一步解释了他所说过的东西。在伍兹看来，评论者发现很难把握富布赖特这个人，因为他有时的行为像一个自由主义者，有时又像一个老派的保守主义者。第二次世界大战后不久，富布赖特积极主张美国要借助于振兴欧洲、通过马歇尔计划以及为希腊和土耳其提供军事援助以控制共产主义在欧洲的扩张。在美国本土，他又积极支持向贫困开战，反对"血腥的反共产主义（麦卡锡主义）、白人至上主义，以及各种形式的宗教狂热"②。他设立了国际学术交换项目，即富布赖特奖学金计划，"以消除愚昧、打破民族主义和恐外心理障碍"③。但除了是一个自由主义者，富布赖特还是一个保守主义者，他一直反对任何旨在让美国南方的白人和黑人居住在一起的立法活动。在对外政策上，1965年以后，他一直反对美国卷入海外战争，特别是越战，而且也非常希望美国能够给苏联和其他国家以改革的机会。这些明显具有冲突的态度是如何在他一个人身上和平相处的呢？

在富布赖特的传记中，伍兹发现了富布赖特所具有的这样一个性格特点，这个特点使得富布赖特的所有行为都有了合适的解释。这就是富布赖特坚信，只要给机会，人就能获得进步，就能增加对于世界的理解，就能在其范围内合理地采取自由的行为。他并没有遵从任何形式的规则或宗教教义，而是通过检测所有的政策措施以观其是否有利于带来进步。他相信，既然大部分美国人都是理性的，随着时间的推移，他们就应该能看到种族主义和种族歧视的错误之处，并把它们清除掉。他认为，约翰逊和尼克松总统"就是极右派

---

① Woods, R. B., *Fulbright. A Biography*, Cambridge, Cambridge University Press, 1995.
② Ibid., p. 692.
③ Ibid., p. 691.

即军事/工业综合论的先驱"①,而他们的政策,即不透明的秘密活动,既与美国的利益相左,也与相关的海外国家的利益不符。他并不希望北方国家(发达国家)把自己的想法强加给南方国家(欠发达国家),也不希望美国把自己的民主制度强加给越南。在他看来,每个国家都有建立自认为是最好的制度的自由。因此,这一中心线索为富布赖特一生致力于为人的进步铺平道路,创造机会让人们能够在了解情况的前提下合理地进行自我决策等活动,提供了合理的说明。在伍兹看来,"无论他的观点是错误的还是有偏见的,美国依然要感谢富布赖特,因为这个理性的人一直致力于和这个非理性的和非道德的世界作斗争"②。

伍兹也注意到了对富布赖特行为的一些其他解释。由于出生于美国南部的阿卡萨斯,富布赖特一直反对任何致力于种族融合的立法活动,这看起来是有其文化和社会根源的。③ 还有人认为,富布赖特之所以要反对约翰逊总统的对越政策,是因为总统没有让他来担任国务卿一职。但伍兹揭示出,"与其说是因为政治野心,毋宁说是出于阿卡萨斯式的持异议的心理"④。伍兹对于富布赖特的总结性阐释依然具有说服力。

除了在常识性叙事基础上就某一历史主题添加概括性阐释,历史学家常常还用这一解释来为其叙事提供结构。对构成英国1640~1660年革命的历史事件的概括性阐释,就是在想方设法对相关人群以及其相互之间的行为原因进行总结。这里就有一个对这一时期的政策进行一般性概述式阐释的例子——它是昂德唐在《天赋自由的人民》一书中的一篇论文《17世纪英国的政治和国家》中的一段陈述。昂德唐一开始区分了17世纪英国的两种政治文化,即他所谓的

---

① Woods, R. B., *Fulbright. A Biography*, Cambridge, Cambridge University Press, 1995, p. 695.
② Ibid., pp. 697-698.
③ Ibid., p. 331.
④ Ibid., p. 694.

"大众"文化和"精英"文化,接着他又在迪斯累里之后把它们称为"两个国家"。

> 当我用"精英"这个术语时,我所说的是贵族、侍臣和乡绅:参与或直接受郡和王国政府影响的那些人。而当我用"大众"这个词时,我指的是处于较低社会等级的人:自耕农、体力劳动者、手工艺人、小镇上的家庭作坊从业者。所有这些来自社会基层的人都是小业主,因而也是政治国家的一部分,是日益增多的无数流浪汉和丧失土地的穷人所无法进入的阶层。①

接着,昂德唐继续展开他的总结性论述:

> 在本书中……我将指出这两个国家之间的政治文化要比通常认为的要紧密得多,特别是在17世纪上半叶。国内战争期间及以后,这一切开始发生变化。战争所激发的激进力量摧毁了贵族们的这一自信心,即他们的下层也同样尊重他们的优先性。两种政治文化之间开始出现日益严重的裂隙:这一过程或许可以视为某些历史学家近年来所观察到的更具有一般性的精英文化和大众文化之间的两极分化的一部分。②

因此,昂德唐描述了一种变革,也即两个群体文化之间的差异和一种起作用的因果过程,他把这一差异描述为"战争所激发的"激进主义的后果。通过对所发生的事件进行概括性说明,他得以把

---

① Underdown, David, *A Freeborn People. Politics and Nation in Seventeenth-Century England*, Oxford, Clarendon, 1996, p. 10.
② Ibid., p. 10.

许多独立的事实联结在一起。他提到了 17 世纪 20 年代即战争发生之前,被认为是受这两个群体所支持的许多历史事件①;还有几件事据说是由这两个群体共同制造的,而且这两个群体据说也分享着某些共同的政治信念。② 后来,他又描述了战争是如何使贵族越来越远离大众文化,进而成为保皇派的③,议会党人是如何在当地政府清除他们的,苏格兰人要求干预的要求是如何让他们感到恼怒的,以及无法可依的威胁是如何使他们渴望再次拥有一个强有力的中央政府的。④

> 战争开始之前,贵族以为老百姓也同样尊重自己的优先权——一生下来就拥有英国公民所享有的自由、财产和反罗马教廷的权利……以后,随着他们日益清楚地发现有许多下层人士想获取的东西远非有限制地改变在 1641 年的时候保护过他们的领导人,甚至也远非像 1648~1649 年所发生的少数派把极端做法强加给他们等这类事情,他们于是感到害怕了。一想起(要求支付薪酬和尊重的)新中间派鼓动者、一想起圣乔治希尔的掘金者(掘金者在那里建立了殖民地),一想起机械化和妇女牧师,一想起贵格会教徒拒绝认为他们是上等人并以脱帽礼相待,一想起喧嚣派教徒的喧闹式酗酒和淫乱,以及其他所有 17 世纪 50 年代疯狂而出格的事情,都会使贵族更加坚信,老百姓根本不值得信任了。⑤

---

① Underdown, David, *A Freeborn People. Politics and Nation in Seventeenth-Century England*, Oxford, Clarendon, 1996, pp. 50-51.
② Ibid., p. 52.
③ Ibid., p. 78ff.
④ Ibid., p. 108.
⑤ Ibid., p. 112.

这一阐释显然综合了这一历史时期的大量政治事实，而且或许也做到了你所能想象到的全面性。实际上，这一时期参与冲突的群体和地点都很多，因此，想要对它们进行真正全面性的概括，几乎是不可能的。在这种情况下，一个昂德唐式的只针对一时一地的情况进行总结式说明的做法，或许是更好的选择。当然，尽可能准确地区分所归纳的主题通常也很重要，这样就可以防止读者误认为所描述的是主题之外的其他更多的内容。在对某一历史主题的概述式阐释进行判断时，还有必要揭示它是否有意做到全面而周到。

历史学家往往使用社会科学如政治学和经济学中的归纳性术语来概述某一历史主题的历史。因此，尽可能准确地定义这些术语也是十分有必要的，因为这样就可以判断它们的运用能力了。

同样，永远会出现在历史学家面前的危险就是：他们会在没有核实其可靠性、公正性和清晰性的情况下，就采用流行的归纳性阐释。曼宁在书写1640～1660年的英国历史时，提到了两种传统的阐释及其缺陷。

曼宁指出，根据传统，历史学家会把英国革命视为"随着统治阶级的分化而兴起。尽管从观点来看这没有错，但却没有正确地判断出历史学家的研究只是从皇族和贵族，或者可能还包括一些职员、律师和商人的角度来解释这些历史事件……仿佛另外97%的大众并不存在或无足轻重。"[1] 近来的研究，特别是地方史的研究，展示了他者即有名的"中间人群"在那个时期的许多历史性事件中所扮演的重要角色。他把这个群体描述为"处于富有的当权者和贫困群众之间的大众群体中的坚固的中间阶层"[2]。内战显然对追随者和领导者的要求是相同的，而要理解这一点，历史学家就应该考察为何有这么多人愿意参战。曼宁写道：

---

[1] Manning, Brian, *Aristocrats, Plebians, and Revolution in England 1640—1660*, London, Pluto Press, 1996, p.1.
[2] Ibid., p.4.

> 一个国家是不可能在没有经历深刻而全面的阶层划分的情况下被拖入二十多年的动乱、暴动和武力冲突之中的，而且如果不是得到了较少具有积极性但却在不同程度上出于自身的原因对革命者有所同情的非常庞大的人群的支持，积极性很高的对抗双方也会很快有所收敛和中立化。①
>
> 在贬低大众意见和行为的重要性时，历史学家已经忽视了他们所研究的现象的本质，那就是：内战产生于社会中的深刻的阶层分化。认识到这一点，就可以使英国内战的传统图景有所扩展，也就是说，内战的确不仅仅是源自于统治阶级内部，而且也发端于社会下层。②

通过对这一时期流行文本的阅读，曼宁想要得出的观点是：社会分化不仅是阶级分化，而且也建立在宗教等基础之上。希尔早期对于这一时期的马克思式阐释，即把内战视为封建贵族与正在兴起的资本主义中间阶层之间的冲突③，很快便遭放弃了，因为显然封建贵族是在两边作战。历史学家于是把关注的焦点放在了宗教和宪政问题上，这些都是保皇派和议会党人有强烈争议的地方。然而，曼宁所发现的正是中下阶层的人群所关心的问题，即不同形式的政府将如何来维护自己的社会经济利益，实际上就是他们的阶级利益。曼宁写道：

> "中间阶层"分化出来以后，出现了不完全等同于正在成长中的资产阶级或无产阶级的因素，这些因素使得中间阶层开始意识到自己拥有与众不同的经济和意识形态观点

---

① Manning, Brian, *Aristocrats, Plebians, and Revolution in England 1640—1660*, London, Pluto Press, 1996, p. 71.
② Ibid., p. 55.
③ Hill, Christopher, *The English Revolution*, *1640*, 3rd edn, London, Lawrence and Wishart, 1955.

和位置，而且他们也发现自己开始团结起来捍卫自己的地位，并反对他们认为是贵族或统治阶级的党派。因此，他们已经拥有了激进主义的观点和阶级意识。①

在讨论克伦威尔时，曼宁说："新的统治阶级出现了，他们来自于少数贵族、自耕农、商人、军队士官和激进的职员，而且这一阶层在17世纪50年代有效地管理着国家，但它缺乏永久维护其地位的经济势力和社会基础。"②

基于以上发现，曼宁纠正了相当狭隘的传统阐释：

> 在传统史学考察中，二元对立式地以宗教式阐释反对阶级阐释，以及用宗教冲突阐释代替社会解释，都是错误的做法。尽管宗教问题显然非常重要，但却不能用来解释一切，因为宗教冲突总是与政治、社会和经济冲突相伴生的，而且它们之间也会互相影响。③

扎戈里同样反对内战是由宗教问题引起的论调。他指出，人们不能忽视对社会整体的关注，因为这会使大多数事件变得清晰起来。

> 局限于他们的立场，对于许多重要的问题——如清教徒为何在城镇中越来越有势力？为何生产棉布的区域受到了议会党人的支持？为何议会废除了封建所有制但却未触动基本的占有制，为何激进的运动会出现并遭到反抗？我们要么是无法作出准确的回答，要么就是根本无法作出任

---

① Manning, Brian, *Aristocrats, Plebians, and Revolution in England 1640—1660*, London, Pluto Press, 1996, p. 71.
② Ibid., p. 115.
③ Ibid., p. 4.

何回答。①

1649年，著名的掘金者群体：

> 反对私有制、市场经济和付薪劳动制度。他们试图在未开发的公共土地和废弃的土地上建立一种公社制社会模式，在这种社会模式中，没有地主，无须支付地租，大家都无须为了工资而工作，所有的人都拥有公有的土地，大家一起开发它并平等地共享所有的产品。②

掘金者支持革命的动机，显然不是宗教性质的，而是经济性质的。

四、结论

在本章一开始的时候，我提到了历史叙事常常因下列原因而遭到批判，这些原因包括：叙事的主题与证据不匹配，以及叙事只展示了部分历史，因此会给读者造成误解，认为它所叙述的是整体。在每一节中，我们都已经看到了根据对于某一主题的先入之见而书写的"自上而下"的历史是如何被指责在提供细节性信息上是不准确的。而且我们现在也已经注意到，部分历史有时可能会误导读者错把局部主题当作整体。

然而，我们也承认，常识性叙事中可发现的有关某一主题历史的细节性信息尽管受到了批评，但常识性叙事本身却也是根据在前面一章中所讨论的有关一般性因果关系的日常信念来建构的。为什么根据先入之见的主题而书写的常识性叙事就是可接受的，而其他

---

① Zagorin, Perez, *The English Revolution: Politics, Events, Ideas*, Brookfield, VT, Ashgate, 1998, p. 31.
② Manning, Brian, *Aristocrats, Plebians, and Revolution in England 1640—1660*, London, Pluto Press, 1996, p. 116.

叙事常常就不能接受呢？原因就在于常识性叙事赖以建立的基础，即有关一般因果关系的日常信念已经十分成熟，因此没有必要再对它们采取任何实质性的质疑态度。可是，有关某类历史变革本质的一般性理论，如政治和工业革命的原因理论等，却具有很大的不确定性，因此也就当然无法在其基础之上来界定此类历史事件的准确原因了。以上给出的这些案例就为此提供了生动的说明。

现在来看一看第二个问题：当历史学家只是叙述某一历史主题的一部分或者只是叙述某一历史时期的某一种可能的模式的时候，他们有必要误导读者把某一主题或某一时期错当成全部吗？实际上，他们的确没有必要这样做，他们只要承认自己无意把某一主题或某一时期描述成整体就可以了。但如果他们没有承认后者，那么问题就出来了，因为读者会认为他们是要对某一主题或时期提供整体而全面的说明，因此会把部分说明当作整体来看待。历史学家并非总是十分留意其叙事的公正性，尽管这是他们应该做的。

但即便是对某一历史主题进行全面说明的叙事，也是有选择性的。例如，有关丘吉尔的个人传记所关注的就是他的政治活动和他在解放事业中所取得的成就，而对他的个人生活却所谈甚少，这些琐碎的问题会使传记看起来十分冗长沉闷。或许我们应该指出，此类传记的主题不是他生活的全部，而只是描述了他的公共生活。然而，即使是多少局限在公共生活领域的有关丘吉尔的叙事也无法对其所有公共生活进行一一叙述，而只能挑选其中较为重要的事件进行叙述，因为我们不是要对其所有政治和解放事业的细枝末节进行一一记录。只要历史学家既保持一定程度的细节性又能照顾到归纳性，就像我们前面所解释的那样，那么这样的选择性描述就不会给读者造成误导。

第六章　历史阐释的证实

历史学家常常会用历史叙事来对他们所描述的历史事件进行某种综合或归纳式阐释。这一惯做法的相关案例，已经在前面的章节中进行了考察。所有这些阐释都希望能做到可靠、公正和清晰。

一、历史阐释的可靠性

读者希望历史学家关于过去的描述是可靠的。这就意味着有充分的理由认为它们是真实的。正如我们在第一章和第三章中所解释的，我们无法证明所有关于世界的描述都必然是真实的，因为我们无法证明对所有可能的观念性体验都能进行阐释的一个理想的解释理论是什么样子。但当某一关于世界的阐释得到了其他信念的有力支持，而且我们也没有很好的理由认为它是虚假的时候，那么我们通常就有理由认为它是真实的。

有几种不同的关于过去的描述有望是可靠的。它们包括对于过去事件和因果关系的常识性描述、对于过去事件模式的综合性描述，以及历史主题的概述式描述。这几种描述方法的证实问题已经在第三章中讨论过了，这里我想考察一下对于确立综合和概述式描述的可能性予以质疑的几种意见。这其中有些反对意见已经在其他地方提到过，但仍有必要把它们放在一起加以考察。向这几种历史阐释的可靠性提出疑问的意见主要来自如下四个方面。

1. 修辞学循环

综合和概述式历史阐释使用的是定义明确的词汇，因此只要它们所指代的具体事件能保证使用的都是定义明确的单词和描述，那就可以认定它们是真实的。比方说，如果政治革命指的就是剧烈的、且常常是发生在政府中的武力变革，并组建了新的国家，那显然就可以说 1648 年的英国、1789 年的法国和 1917 年的俄国都分别发生过一场政治革命。

第一个反对意见就是：保证概括性阐释成立的具体事实，实际上是根据这一阐释本身进行理解的。罗伯特·贝克霍弗近年来提出了这一反对意见。在其《超越伟大故事》一书中，贝克霍弗强调了这一观点，即历史事实只有放置在具体的历史情境之中才能获得其意义。他写道："历史事实的问题和历史本身的问题一样，就在于它们是对过去的建构和阐释。在赋予一定的意义之前，证据不代表事实，而所有的意义又都是在一定的框架和视角中完成的。"① 因此，脱离其赖以栖身的情境之外的事实，是无法独立存在的。贝克霍弗认识到，历史学家往往借助于事实来捍卫其阐释的真实性，正如我们上面所看到的那样，但在他看来，这种论证只不过就是一种空洞的修辞学分析方法："现代修辞学分析，和古典修辞学一样，把论证逻辑和方式都当作是劝说型表征的一部分，即意在劝说其读者和听众相信自己的真实性。"②

这一论证的错误之处，就在于它假定历史事件是在其情境之中获得意义的，因此情境就必须是自己所一贯支持的归纳式阐释。如果是这样的话，那我们的确就有了一个修辞学循环：归纳式阐释的合理性取决于它所阐释的历史事件，而对于这些历史事件所作的描述的合理性又取决于受自己决定的归纳式阐释。但实际上，常识性历史事件的意义，通常并不是在其常识性的和日常的情境中获得的，而是与他们后来所要支持的归纳式阐释之间存在着相当独立的关系。它们的可靠性与它们的阐释场所之间并不是一种函数关系。

只是在很偶然的情况下，历史事件的意义才有可能的确取决于自己所构成的复杂的阐释体系。在对人的意图进行阐释的时候，这

---

① Berkhofer, Robert F. Jr., *Beyond the Great Story. History as Text and Discourse*, Cambridge, MA, The Belknap Press of Harvard University Press, 1995, p.53.
② Ibid., pp.80, 101.

种情况就会出现。因为这种阐释取决于这样一个判断，即哪一种说明最符合在行为发生的情境之中当事人的行为表现。然而，在绝大多数情况下，历史事实的确立，是独立于自己所构成的复杂的阐释体系之外的。

2. 历史视角的主观性

这一反对意见有两种说法，但它们都没有给人留下深刻的印象。

第一种说法建立在对比的基础之上，即可观察的、物质的东西如人及其活动，与有关人类行为模式的历史观念之间的对比。对人及其行为的描述可能是真实的，也有可能是虚假的，因为它们都是在这个世界上确实发生过的事情和现象。但历史学家关于人类行为模式的观念，似乎只在历史学家的头脑中存在。因此，对于后者的描述似乎就无法指代任何真实的事物了，它们只是历史学家对于历史事件的种种表达方式。正如安克斯密特所指出的："归纳并不能表达任何（社会历史）事实的真相；它们只能反映我们观念地把握事实的思想规则。"① 在安克斯密特看来，"'历史图景'对于历史学家来说并不是给定的，它是历史学家建构的产物……叙事结构，是添加或强加给过去的一种结构，而不是对过去本身的客观结构的如实反映"②。

安克斯密特实际上已不再坚持这一观点，而似乎是在否定这一观点。③ 与具体行为相伴随的社会事实有许多，但它们却都同样被认为是真实的。例如，足球比赛要取决于许多具体的人类行为，人类行为还要依据特定物理环境中的特定的规则，但却没有一个人会否认比赛本身的发生。同样，一次选举取决于投票人通过具体的行为选择出自己喜欢的候选人，但选举本身却是绝对真实的。与此相

---

① Ankersmit, F. R., *Narrative Logic. A Semantic Analysis of the Historian's Language*, The Hague, Martinus Nijhoff, 1983, p. 110.
② Ibid., p. 86.
③ McCullagh, 'Bias in historical description, interpretation, and explanation', *History and Theory*, 2000, 39: 57-59.

类似，一场革命取决于具体的行为模式，但由于这些行为的发生我们就可以说革命是存在的。一般性综合概念当然存在于历史学家的头脑之中，但它们所描述的事件却是十分真实的。

这一反对意见的第二种说法，就是否认历史事件的综合和归纳模式的客观性，其理由是，历史学家总是根据自己的兴趣和价值观来表征历史，就像我们在研究历史学家在书写任何一个具体的历史主题时所看到的那样。因此，那种认为归纳式历史阐释有可能是客观的并因而是可靠的观点，就是天真的、错误的。这是诺维克在其名为《那伟大的梦想》一书的导言中所提出的观点，这是一部关于美国史学史的长篇巨著。[1] 在导言中，他写道，客观历史的概念"助长了人们作出这样一种不现实的、误导性的和令人反感的区分，即在被意识形态假说和观点'歪曲'的历史说明与没有受上述污染的历史说明之间作出区分"[2]。

毫无疑问，历史学家常常关注自己感兴趣的历史模式，但这并不意味着他们的描述不能得到合理的证实，就像诺维克认为的那样。只有少数书写"自上而下"的历史的人往往才会把符合自己兴趣的模式强加到过去的历史中，但大多数历史学家会认真核实那些与已知事实不符的归纳性阐释，以确保其有据可查。如果他们犯了错，他们的同行通常也会予以指出，正如我们已经看到的那样。

3. 大多数历史归纳都是虚假的

这一反对意见尤其适合能为历史叙事提供结构的一般性概述式历史阐释。绝大多数情况下，历史归纳严格说来都是虚假的，因为总有例外情况出现。特别是对于一般性概述式阐释来说，这就更是一个问题了，因为它们的范围往往非常大，而且出现例外情况的机会也特别多。那些旨在做到全面性的归纳式阐释——已经就某一主

---

[1] Novick, Peter, *That Noble Dream. The 'Objectivity Question' and the American Historical Profession*, Cambridge, Cambridge University Press, 1988.
[2] Ibid., p. 6.

题做到了准确而公正的描述，经常会因为忽视重要的例外情况而招致批评。

在对美国独立战争的动机进行阐释的一篇论文中，布雷恩关注到了一些十分著名的阐释的不恰当之处。美国人和英国人一直以来的争端，被认为是由于议会在没有北美殖民地代表参加的情况下强行通过了印花税法案，但他认为，这几乎不能够说明"尖锐的甚至是有点偏执的北美殖民地的公共话语"①。拜尔恩提出，美国人十分关注的是：是否有可能在北美殖民地建立一个由腐败的政权统治的君主专制政府，他们把英国人的税收政策看作是这种可能性成立的证据。但这一阐释在布雷恩看来"似乎不足以说明强烈的个人耻辱感，因为充满了怨恨情绪且十分尖刻的殖民地言论要求我们考虑到北美大众的这样一种恐惧心理，即担心英国对北美实施系统性的控制，把北美人降级为大英帝国的二等民"。北美人抱怨说，他们的"英国兄弟"把他们当作"黑奴"，北美人的这种言论"不能简单地解释为美国人对英国政治性对抗的一种反应"②。布雷恩相信，美国独立战争的原因还有其他一些特征，但先前的一些归纳性阐释却没能涉猎这些特征。

布雷恩于是提出了自己对美国独立战争原因的阐释。这是一个十分有趣的阐释，但其归纳是十分粗线条的，以致人们不禁要认为他的阐释也同样是不准确的。他的阐释可以概括如下：17世纪60年代以前，北美人认为自己是英国人，与英国人享有同等的地位。"他们相信英国已经接受他们为大英帝国的全面的合作伙伴，在持续的战争中结成联盟并肩与法国作战，全力抵抗葡萄牙，积极参与扩张世界市场。"③ 布雷恩指出，印花税法案的强行出台，使得北美人突然发现，英国根本就没有把他们看作是同等的英国人。"愤怒的根源

---

① Breen, T. H., 'Ideology and nationalism on the eve of the American Revolution: revisions once more in need of revising', *The Journal of American History*, 1997, 84: 31.
② Ibid., pp. 31-32.
③ Ibid., p. 27.

与其说是议会在没有北美殖民地代表参加的情况下通过了印花税法案,毋宁说是使北美人突然意识到英国人果真把北美殖民地的白人视为二等民,北美人果真被看作是低人一等的乡下人,只配拥有更少的自由。"① 让他们拥有强烈忠诚感的七年战争结束后,"殖民地人民深深地感觉到自己遭到了背叛"②。他们的反应就是争取独立,以便恢复自己的尊严,而且为了这一目标他们还要"以空前的热情拿起天赋的言论自由权"③。17世纪60年代以前,他们对政治理论不是很感兴趣,但印花税法案出台以后,他们发现政治理论是"十分迫切的问题"④。自由理论"就因为可作为有效的言论策略而赢得了它的第一批信众"⑤,它使得独立宣言以及随后的独立战争拥有了合法性,而且新的国家也赋予北美人民以新的美国人身份。

我们是否应该接受布雷恩的阐释呢?布雷恩认为他的阐释比先前的阐释体现了更多的有关美国独立战争的特征。但是我们却有理由对此表示质疑。看看以下三个问题,负责任的历史学家就会质疑所有这些归纳性阐释:第一,是否所有的北美人都拥有这样的特征?也就是说,是否所有参与对英作战的北美人都是在一种强烈的背叛感和耻辱感的驱使下才采取敌对行为的呢?第二,是否这一动机果真就是推动北美人行动的最大动机?我同意布雷恩的这一说法,即仅局限于天赋人权理论的解释是很难用来说明革命的激情的。但这种激情却可以解释成对英国人的怨恨,因为英国人在没有协商的情况下就榨取北美人的财富,这种怨恨的基础,不仅是北美人认为这样做是不公平的,而且也是出于自我利益的考虑。如果别人拿走了你的钱,你当然会很愤怒。必须考虑到革命动机的复杂性:激情和

---

① Breen, T. H., 'Ideology and nationalism on the eve of the American Revolution: revisions once more in need of revising', *The Journal of American History*, 1997, 84: 29.
② Ibid., p. 31.
③ Ibid., p. 34.
④ Ibid., p. 35.
⑤ Ibid., p. 37.

信念都在推动大部分行为中发挥着一定的作用。第三，如果考察这一冲突的每一主要阶段，你不禁会疑问，是否北美人果真持有布雷恩所说的那种态度呢？我怀疑他所描述的那种怨恨并非是所有北美人都有的情绪，而且那也不是推动北美人革命的最重要的原因。我想布雷恩很喜欢心理学理论，所以把行为解释成情绪的表达，他就是想把心理学理论运用到这一阶段的历史中来。

利奥塔对于历史宏大叙事主题的攻击已经毫不留情地扩展到了所有的归纳之中。① 利奥塔所说的不只是对过去的归纳，而且指的是历史学家如果把自己局限在具体事件的小故事之中，也未必会得出任何归纳性的结果。我怀疑利奥塔就是这样做的，因为他相信，要想使压迫性权力运用合法化，就总是会导致归纳。我现在关心的是：归纳总是有些不准确，因而或许是不值得信任的。那我们为何要根据它们来判断我们日常行为的可靠性呢？

讨论中的概述式归纳与此不同，因此不是用来根据证据进行推论或用来解释过去的行为或事件的。但它们关注的是关系，而这些关系可能有更重要的意义。如果许多北美人是因为十分痛恨自己被当作低于英国人一等的人而起来反抗英国人的规则，那么这一事实就有可能也在其他与此相类似的国家（即那些在自己国家内把人进行等级划分的政府）中引发相同的事件。同样，如果宗教因素是英国革命反对皇权政府的动机，这样的因素也会在其他国家中引发起义。我们忽视了我们要为之自担风险的历史信息。并非所有的北美人都痛恨英国人，也并非所有英国人都是为了宗教自由而进行反抗，这一事实并不能消除归纳的意义。无论如何，历史学家仍然有义务尽量使自己的归纳更加准确，在选择归纳程度时要避免给读者造成误解。

4. 历史阐释是公开竞赛

历史学家常常通过攻击先前的某一主题性历史阐释来发表自己

---

① McCullagh，*The Truth of History*，London，Routledge，1998，pp. 298-302.

的看法，提出新的替代性阐释。我们前面提到的布雷恩对于美国独立战争的动机所进行的讨论，就属此例。毫无疑问，许多历史阐释很快就会遭到质疑，那么我们是否就没有理由相信它们的真实性了呢？这是对历史阐释可靠性最有力的反对意见。

之所以要就某一历史主题或时期提出一种新的阐释，其原因通常有三：首先，由于对新证据的考察，使得我们收获了一些新的信息，这些信息要求我们修改先前所作的合理阐释。其次，历史学家发现了某一历史主题有意义的方面，而这些方面是先前的历史学家所忽视的。最后，历史学家采用了先前很少注意到的解释理论——布雷恩不属此列。

新的证据能有效引起历史阐释发生变化。通常它能部分地改变某一主题的常识性叙事，而该主题叙事的大部分都将继续保持其已有的可靠性。但新信息能对历史中的归纳形成干扰，这已经在经济学理论中得到了验证，即"新经济史"的统计学方法所导致的诸多发现有力地证明了旧归纳的有效性。戴维报道说，罗斯托在其《经济成长的阶段：非共产党宣言》一书中所提出的经济起飞模式，引发了大量的研究，这些研究对该模式的有效性提出了诸多质疑。

> 随着……研究进程的推进，实证证据产生了，这也是对这些理论的有效性提出诸多质疑而引发的结果。比方说，这些研究不是展示突然"起飞"概念的有效性，而是倾向于认为在大多数情况下，经济发展和工业化的速度都相对较慢，且常常是十分缓慢甚至是中断的。①

负责任的历史学家会知道自己所研究的归纳内容是否有持续的

---

① Davis, J. A., 'Industrialization in Britain and Europe before 1850: new perspectives and old problems', in *The First Industrial Revolutions*, ed. Peter Mathias and J. A. Davis, Oxford, Blackwell, 1989, p. 47.

意义以及是否具有代表性。① 如果不知道,他们就应该提醒读者,以便读者能够适当地对这些归纳采取怀疑的态度。没有统计数据基础的印象主义历史是最不可靠的。缺乏恰当的数据,是对相关历史归纳采取怀疑态度的最重要的理由。

改变概述式历史阐释的第二个原因,就在于历史学家感兴趣的对象发生了变化,这尤其在重大历史事件的一般因果关系阐释中得到了验证。在过去的一个世纪中,历史学家起初感兴趣的是领导者的意识形态在带来的这些变化中所发挥的作用;后来又对领导人及其追随者的经济利益在其中所发挥的作用感兴趣——在马克思之后,他们把意识形态视为不过就是人们追求经济利益的合法化工具;最后,他们感兴趣的是追随领导人的那些人民群众的动机问题,特别是推动群众行为的话语和符号。例如,我们可以毫无困难地在英国、美国和法国革命的史学史中追踪到这一转换。

与这种兴趣的转换相伴随的是历史变革理论受欢迎程度的改变:从辉格到马克思到后现代。实际上,正如在第三章中所指出的,人们是在思想、利益和话语的推动下采取行动的,所有这三个方面都能影响人类的行为。有些历史学家更偏重于这三种中的某一种,但这样做没有任何理论合法性。无论如何,历史学家这种没有根据的有所偏重,是造成历史解释具有不稳定性的一个重要根源。

鉴于以上事实,历史学家应该对那些缺乏恰当统计数据基础,或者是那些选择性地强调某类原因而忽视了其他原因的概述式归纳采取怀疑态度。严谨的历史学家会十分认真地告诉读者这些归纳的条件性,并提醒读者一定要谨慎接受这些归纳。注意,不要等到某一归纳被证伪之后才开始怀疑它的有效性。支持它的证据不充分,已经是对它采取怀疑态度的充分理由了。所以这样的担忧依然存在,即新的解释理论所带来的发现会使得先前的解释变得不合理。

---

① McCullagh, *Justifying Historical Descriptions*, Cambridge, Cambridge University Press, 1984, pp. 144-149.

二、历史阐释的公正性

当常识性叙事、综合性叙事或概述式阐释表现为是对某一历史主题的全面的说明时,那么这样的叙事或阐释就有望不仅要提供可靠的而且还要是公正的历史说明了。局部说明可以是不公正的,只要可靠就够了,比方说只要描述某个历史人物的好的一面而忽略他或她坏的一面。我们当然有充分的理由认为这些好的一面的确存在,但如果作者没有提及这个人物人性中坏的一面,那么历史书写中对于这个人物的整体印象就有可能是误导性的。

造成历史阐释不公正并进而具有误导性的常见方式有三种:第一种就是刚刚讨论过的,即某一历史学家只是正确地描述了某一主题的部分历史,但却给读者造成所描述的是整体历史的印象。第二种是历史学家只挑选了某一历史事件的重要原因进行描述,而没有提及其他的原因。第三,谁要对某一重要历史事件负责,某些部分历史会在这一问题上给读者造成误导。历史学家关心以上每一种影响历史阐释公正性的方式,这在他们对罗素关于英国内战的解释所作的评论中已经得到了验证。[①] 因此,为了举例说明,让我们来看看罗素所作的阐释及其批评意见。

1. 历史描述的公正性

一般因果关系的历史阐释,总是涉及对特定事态的归纳性描述。这类阐释所用的第一种方法可能会因为缺乏对公正性的观照而招致批判。正如我们所看到的,尽管它们正确地描述了部分主题历史,但所提供的描述却是误导性的,即给人留下它们是整体描述的错误印象。历史归纳出现为数不多的例外情况,这是常见的事,但如果这样的例外情况出现的次数多了,那么负责任的历史学家就要对此作出如实的承认,并据此证明归纳的合理性程度。需要承认的是,

---

① Russell, Conrad, *The Causes of the English Civil War*, London, Clarendon, 1990.

在决定有多少例外情况尚属可接受的范围之时，是存在着主观判断的空间的。我怀疑，准确的程度部分取决于提供归纳的目的。如果讨论的是一个统计数据问题，那么准确的百分比还是必需的。如果只需提供一个一般性印象，那么就有更多的自由空间，但严谨的历史学家会承认例外情况的存在，特别是当忽略了的例外情况会导致误解的时候就更要如此了。

罗素就英国内战的原因作了说明，他的说明方法就是描述詹姆士一世和查尔斯一世直到17世纪30年代这段历史时期的国王和议会之间的关系。他把议会描述为：在整体上支持国王，因为议会党人相信这是他们应尽的忠诚义务。批评者认为，这一描述存在着一定的误导性，理由是：它忽略了国王与议会之间严重的分歧。卡斯特和休斯对这一反对意见作了解释。他们指出，罗素强调了早期斯图亚特政治的团结与和谐的愿望，而否认了国王与议会之间存在着任何足以导致冲突的根本意识形态分歧。

  对于英国政治结构和意识形态以及议会本质的这一看法被证明是有争议的。在政治思想层面，索梅维尔就指出，在诸如国王征税前必须达到怎样的赞成度、国王行动自由度要受到法律怎样的限制，以及议会作为国王顾问和人民代表的角色范围是什么等这类问题上，国王和议会之间就存在着根本性的分歧。皇族特权的代言人倾向于对这些问题进行绝对主义的阐释，强调国王最终只对上帝负责；而公法的支持者和合议政府则坚持认为国王的权力要受到限制。[1]

罗素继续指出，朝廷与议会之间的多数紧张关系，都是由于议

---

[1] Cust, R., and Hughes, A. (eds), *The English Civil War*, London, Arnold, 1997, pp. 5-6.

会党人把地方利益放在国家利益之上所导致的,也是由于他们没能尽自己支持国王的义务,使正常的政府所必需的税收政策权威化所引发的。特别是,这使得国王无法拥有必需的实力在 1639~1640 年与苏格兰的作战中击败对方。批评者发现,这一阐释造成了两个方面的误导:第一,"越来越多的著作……认为当地居民"比罗素所认为的要"更加缺乏自制力,更加具有自闭性"[1]。霍尔姆斯发现,许多当地居民都"十分了解并深深关注国家的宗教和宪政问题……(而且)参与了某种全国性的政治文化活动"[2]。休斯总结说:"查尔斯的反对者不是排他主义者,只关心本地或个人的利益;相反,他们大多都关注一个中央政府的性质和方向。"[3] 毫无疑问,在议员中也有人很关心本地利益,但说那是他们唯一的关注点,甚至是他们的主要关注点,那就是一种误导了。

其次,罗素认为议会不同意为了国王而征税,这种观点也是一种误导。正如休斯所指出的:"罗素对于众议院的描述草率地规避了令人不愉快的事实,这种做法是片面的。"[4] 他们当然不会热心地支持征税,但在 1641 年 5 月 6 日他们支持征税了。[5] 因此还有另外一种被认为是不公正的历史描述。

2. 因果解释的公正性

造成一般因果阐释不公正的第二种方式,是它们有可能只确认了历史事件的某些重要原因,而不是全部原因。一旦历史学家选择了某一种因果阐释方式,人们就会期望他们把所有相关的原因都能囊括进去,从而以适当的详略程度进行原因描述。相关的详略程度,

---

[1] Cust, R., and Hughes, A. (eds), *The English Civil War*, London, Arnold, 1997, p. 15.
[2] Ibid., p. 16.
[3] Hughes, Ann, *The Causes of the English Civil War*, 2nd edn, Basingstoke, Macmillan, 1998, p. 57.
[4] Ibid., p. 27.
[5] Cust, R., and Hughes, A. (eds), *Conflict in Early Stuart England. Studies in Religion and Politics 1603—1642*, London, Longman, 1989, p. 30.

要根据阐释发生的具体著作或论文一般采用的情况来判断。简本书通常只描述重大原因，也就是说，只描述那些在特定情形下能推动结果产生的重大可能性因素。全本书则既要求描述包括重大原因在内的所有原因。同样，这里也存在着个人判断的空间，但如果某一历史事件的重大原因因此遭到了忽视，也肯定会招致批评者的反对的。

罗素倾向于指责国王与议会之间的分歧以及他们之间的最终战争是皇权统治的失败。通过确认几个导致内战的重要的导火索事件，他解释了内战是如何发生的。这里首先就是发生在1639年的大主教反对苏格兰国民誓约派的战争。罗素写道："毫无疑问，这一事件所直接导致的随后的系列事件引发了英国内战……而且……如果不是这些事件，内战也不会以这种方式发生。"① 如果英国在战争中失利了，国王一般就会安排一种能为苏格兰和英格兰之间带来和平的政治解决方案。在罗素看来，国王没能作出这样的政治安排也是导致英国内战的第二个重要原因，因为苏格兰分立的持续要求是随后反对派活动的一个焦点。导致内战的第三个原因是国王没能于1641年解散议会或迫使议会休会。"解散议会或休会能使国王依然保留原来的位置（即便是岌岌可危的），并因此遗留下一个与事实上的最终结果完全不同的权力结构。"② 随后，议会发生了分裂，国家也分化为两个大体上势均力敌的政党。罗素指出，它们之间的差异是由来已久的，因此仅凭它们自身是不会导致战争的。③ 在上议院，反对派的意见是："政治是十分重要的事，必须由国王来处理"，但他们又希望国王能听取议会的建议。在众议院（或下议院），反对派大多是那些希望遵循加尔文路线"继续改革"的人。④ 在这一方面，他们反映了英国许多城乡居民的心声。罗素认为，导致英国内战的第六

---

① Russell, Conrad, *The Causes of the English Civil War*, London, Clarendon, 1990, p. 11.
② Ibid., p. 16.
③ Ibid., p. 19.
④ Ibid., p. 20.

个原因，是没能让意见相左的政党进行协商，以达成一个和平解决争端的协议，他把这解释成两个政党都"为了使自己的竞争对手不敢开战而全神贯注地努力赢得苏格兰的支持"的结果。[1] 罗素的第七个也是最后一个原因，是国王"权威的丧失"，也就是说，国王没有赢得尊重和服从，特别是在议会中。

这是为英国内战开出的一个非常有特色的原因清单。它甚至有望把下列所有事件都囊括进来，如代表着挑战皇权的1641年10月爱尔兰起义、1641年11月众议院呈交的列举了反对皇权规则的抗议书、1642年1月众议院五名领导成员弹劾查尔斯国王，以及议会于7月在埃塞克斯伯爵的名义下集结军队等。但给罗素留下更深印象的是国王没有维持秩序而不是反对皇权权威的意识形态的发展，以及它在内战中所发挥的推动作用。

然而，有充足的证据证明，反对查尔斯一世政府的也有好几种意见，这就与罗素的观点形成了对立。例如，通过转引1642年8月的宣言，索梅维尔就坚持认为，议会是出于意识形态的原因而反对皇权的："此刻，要拥有必要的基础和理由来组织防御部队，以保护陛下，维护这个国家真正的宗教、法律和自由，以及议会的权力和特权。"[2] 他还转引了帕克、派姆和普莱恩等人的陈述，为反对皇权提供了类似的原因解释。他总结说：

> 因此，有很好的现成证据认为，17世纪40年代的许多议会党人都在努力反对国王及其罪恶的大臣颠覆英国政体、引入"集权"制的企图。也有证据证明，他们相信这些企图可至少追溯到1625年。然而，在新近关于英国内战起源的著作中，这一解释方式发生了转变，作者们开始认为，

---

[1] Russell, Conrad, *The Causes of the English Civil War*, London, Clarendon, 1990, p. 22.
[2] Sommerville, J. P., 'Ideology, property and the constitution', in *Conflict in Early Stuart England. Studies in Religion and Politics, 1603—1642*, eds R. Cust and A. Hughes, London, Longman, 1989, p. 47.

内战并没有多少长期的根源，如果说有的话。①

索梅维尔继续详尽地列举了围绕君权的政治纷争的证据，并在结尾处考察了罗素等人的代表性观点，因为他们的观点与当前通行的观点是一致的。他指出，尽管有人捍卫君主特权，如在没有征得议会同意的情况下就征税的特权，但也有人反对君主享有特权。即便是在1641~1642年国王和议会达成和解之后②，仍有许多人不相信国王能在以后尊重议会的权利。

向英国内战的修正主义式阐释方法提出反对意见的另外一位学者，是莫里尔。他援引证据说明了反对国王的宗教政策的重要性，因为那是招致人们反对王权的一个重要原因。他写道："地方主义者和宪政主义者对于管理不善的政府的看法缺乏时机感和激情，这导致了1642年之后英国内战的爆发"，而且"正是宗教的势力推动了少数派揭竿而起，并迫使多数派作出了让步"③。他赖以说明情况的证据，就是议会在第一次会议期间的所作所为。这次会议迟迟不能通过限制君权的规章制度，或者是对那些实施强化君权政策的人予以处罚④；但在宣判劳德的阿米尼乌斯教义计划（反对预定论，支持通过圣事获得拯救）以及（天主教）教会的习惯做法有罪时，却十分迅速。"从一开始，宗教改革就是更受关注、更有动力和更具有分歧的对象……"⑤ 有阿米尼乌斯教派倾向的天主教徒受到了判决和惩罚。⑥ 也出现了众多反映宗教事务的文艺作品，但反映宪政问

---

① Sommerville, J. P., 'Ideology, property and the constitution', in *Conflict in Early Stuart England. Studies in Religion and Politics, 1603—1642*, eds R. Cust and A. Hughes, London, Longman, 1989, pp. 48-49.
② Hughes, Ann, *The Causes of the English Civil War*, 2nd edn, Basingstoke, Macmillan, 1998, pp. 160-161.
③ Morrill, John, 'The religious context of the English Civil War', in *The English Civil War*, eds R. Cust and A. Hughes, London, Arnold, 1997, p. 161.
④ Ibid., p. 164.
⑤ Ibid., p. 167.
⑥ Ibid., p. 168.

题的作品却十分罕见。① 人们围绕着是否支持或反对主教制展开了激烈的争论,而这也正是推动人们进行战争的原因。② 显然,英国内战不只是国王管理不善所导致的结果。

3. 责任归属的公正性

造成历史阐释不公正的第三种常见的方式,在于这些阐释没有准确界定历史事件的责任归属问题。因此,我们就不难理解为何在英国内战期间保皇党人与清教徒之间会互相指责了。休斯写道:"在解释宗教和政治冲突问题时同时存在着两种对立的理论;它们都是合理的,且互相印证。"③ 国王及其支持者担心"刚出现的加尔文派的平等主义"④;而与朝廷中的阿米尼乌斯教派相关的另一些人则奉行在英国恢复教皇权威的计划。⑤ 各方都指责对方要为冲突负责,都声称自己是为了捍卫传统权利而反对来自对方的攻击。

人们希望历史学家能够在对责任进行归属时作出更公正的判断。争论双方当然都要为英国内战负一部分的责任。责任判断要建立在对历史事件的因果关系进行分析的基础之上,因此它也就会随着因果关系分析的不同而有所不同。然而,仅仅是具有因果关系的责任,对于道德责任来说还是不够的。为某一历史事件担负道德责任的承担者,不仅必须是事件的始作俑者,而且还是在十分知情且自愿的情况下这样做的,或者即便他们的行为具有盲目性,那他们也要为其盲目行为负责。而且,他们的行为受到表扬或指责的标准,也是根据人们合理地期望他们持有的特定标准来进行判断的。正是在这里,难题出现了:由谁来决定这个被合理地认为是某群人所持有的特定标准呢?国王和议会显然对君主行为持有不同的标准。

---

① Morrill, John, 'The religious context of the English Civil War', in *The English Civil War*, eds R. Cust and A. Hughes, London, Arnold, 1997, p. 170.
② Ibid., pp. 175-176.
③ Hughes, Ann, *The Causes of the English Civil War*, 2nd edn, Basingstoke, Macmillan, 1998, p. 113.
④ Ibid., p. 109.
⑤ Ibid., p. 112.

例如，在罗素看来是正常的王室开支，而在另外一些人看来则是奢侈浪费①；而在罗素看来议会不同意由国王来征收赋税是不负责任的做法，但在其他人看来这却是为了胜利而寻求适当的妥协，因而是正当的做法。正如休斯所评论的："罗素的许多'功能性断裂'分析，是从君主制的观点出发的：它们的最终问题是难以解决的，而无法解决的主要原因则是地方主义和众议院议员的不负责任。"②

我认为，对于历史学家来说，决定这个被合理地认为是某群人所持有的特定标准是很难的，因此历史学家不应该试图表扬或指责过去的人的行为。但历史学家通常是可以就某群人在导致某一历史事件时的自由度和知情程度这一问题作出合理判断的。历史当事人都承担着哪些压力，以及他们是否能够预测其行为结果，这些问题历史学家通常是知道的。简言之，历史学家通常能够在没有对历史当事人进行表扬或指责的情况下，就可以认为他们应该为其行为担负道德责任。公正的阐释会以适当的详略程度来提及所有的行为，即历史当事人在对其行为结果（也就是需要予以解释的历史事件）十分知情的一切行为。查尔斯一世应该能够预测老百姓会反对他在朝廷中的过度花销、他所发动的对西班牙作战，以及他升任为阿米尼乌斯教派的教士。我想，对于清教徒来说，一旦他们坦承自己的要求，支持国王的人数要更难预测一些。调查他们思想中对这一问题的认知程度，是一个十分有趣的问题。

显然，判断某群人是否要为作为他们行为后果的某一历史事件负责，有时是很困难的事。但历史当事人知道自己行为的后果，并有意促成这一后果的产生，往往却是十分清楚的事。公正的历史，就是在历史书写中，以恰当的详略程度，明确所有明显为某一历史

---

① Hughes, Ann, *The Causes of the English Civil War*, 2nd edn, Basingstoke, Macmillan, 1998, pp. 25-26.
② Ibid., p. 25.

事件担负道德责任的人。

根据我上面所提到的这三种方式，罗素对于英国内战原因的归纳阐释因此就被指责为是不公正的历史阐释。它涉及了不公正的描述，也涉及了对于战争原因的不公正说明，还涉及了责任归属不公正，即认为内战的原因是众议院议员不负责任的结果，再加上国王所犯的某些愚蠢的错误。罗素的同行是能够指出这些不恰当之处的，并能够在某种程度上进行修正。

修正过的对于英国内战的说明有多公正？这一历史时期的文献证据实在是太多了，它们之间的冲突和矛盾也是巨大而复杂的，因此，要确定哪一种说明是完全公正的，的确是很困难的事。在这里，我们必须依赖历史学家在这一问题上不断积累的成功的归纳性阐释。

大体正确且有进一步修改提高空间的历史阐释思想，是值得人们关注的。在科学中，与理论相关的类推大多被认为是一种范式，它们也会在进一步的探究中得到不断修改和完善。或许，这就是公正的程度问题。

在实践中，历史学家判断某一阐释的公正性，要参照他们自己意识到的相关证据。然而，他们的目的是对某一历史主题进行说明，即相对于其他所有可能性来说的一种相对公正的说明。同样，这里也存在着一个重要的问题，即可获得的证据在多大程度上代表了所有的可能性。比方说，如果历史学家已经对英国革命期间出版的时事小册子进行了大量、多样且具有代表性的样本研究，那么他们或许就有理由认为他们对所有的观点都有了一个公正的认识。如果有大量证据，就像上述情况中所出现的那样，新证据要想对既有的历史阐释产生巨大的影响就很困难了。而对于那些证据不充分的历史阐释，情况就大不相同了。由于证据不充分，历史学家很少能十分自信地认为他们对于自己所研究的主题有一个公正的认识。

三、历史阐释的清晰性

综合性和概述式历史阐释，通过关注历史事件旨在达到的重要目标、想要表达的重要价值观或者它们实际上导致的重要后果，就能对历史事件给予清晰的阐释。通过这些方式，历史阐释揭示了单独考察每一个历史事件时不为人们所注意的意义模式。这些模式本身往往会成为进一步的历史研究的主题。

前面章节中所列举的有关综合性和概述式阐释的案例，就很好地说明了这一点。沃尔什所给出的其中一个综合性阐释案例就揭示了有多少德国外交政策行为是与希特勒的"德国自主和扩张"政策相关的。他还解释了某些价值观是如何具有启蒙运动、浪漫主义运动、19世纪英国改革运动以及垄断资本主义兴起运动所具有的特点的。另一方面，区分诸如成长与陨落、革命与演化等的正式的综合性术语，也无助于我们理解为何它们所指代的这些变革会发生，尽管它们的确为我们提供了此类变革发生的相关有趣信息——或许这些信息是在其他情况下无法认识到的。

同样，某些概述式阐释能增加它们所描述的历史事件的清晰性，而另一些概述式阐释则只是对其结构进行了总结。当伍兹把富布赖特参议员的一生总结为致力于鼓励各个国家和民族追求明智而理性的自主，并以此作为个人和国家进步的最佳基础之时，他为我们理解人类作出了卓越的贡献。对于英国内战的概述式阐释试图明确参与冲突的主要群体，并描述了把这些群体团结在一起的价值观。因此，他们一方面为这一冲突的结构提供了一个总结，另一方面也丰富了我们对于革命动机的理解。

一旦找到了归纳历史事件的模式，如文化运动、国内战争或政治革命，历史学家常常会从历史事件自身出发来对其进行考察，并讨论它为何会这样发生、发生的时间及其后果。

尽管综合式和概述式阐释有利于澄清所综合或概述的历史事件，但它们难免会以高度概括的方式来完成这一任务，即指出旨在实现某一目标的众多行为的一般目标，或在众多文化和政治追求中体现出来的一般价值观。它们所阐释的具体历史事件在一定的叙事体系中会变得更加清晰,因为在这里,这些事件的发生得到了详细的阐释。然而,综合式和概述式阐释常常确定的是具体解释所忽视的但却是重要的一般性动机和价值观,它们实际上有助于为它们所指代的历史事件提供比叙事本身稍微更有意义的解释。

第七章　历史中的原因和条件

历史学家研究的是所有时期的原因：是什么致使他们的证据拥有这样的特点；是什么使得人们持有这样的信念并以这样的行为来表达他们的信念；是什么使得人们要采取这样的行为；是什么使得特定的变革要发生在某一社会之中，等等。原因拥有动态的功能：它们带来了各种变革；条件则是变革发生的环境。有些条件是变革发生的必要条件，历史学家会认为它们大多是理所当然的事；有些条件则是形势发展的相对因素，它们解释了为何某一因素对所发生的事产生了影响，而另外一个因素则没有。

某一历史事件要被准确地界定为特定历史后果的原因之一，它必须满足一定的逻辑和科学条件。大多数原因在特定的情形之下，是它们影响之下所发生的历史后果的必要条件，而且它们都为历史后果增加了可能性。它们还必须满足逻辑条件。还有，判断导致后果产生的特定原因的充分和必要条件，取决于先前对于该历史事件的观察，这在某种程度上是科学研究的对象。对于历史学家来说，要想弄清楚自己是否已经准确地找到了历史的原因和条件，了解这些原因和条件将是十分有益的。本章将从描述历史原因和条件开始，然后我们会用剩下来的几节讨论对这些原因和条件进行核实的方法。

一、历史原因和条件的本质

一旦你开始寻找历史叙事所参考的原因，你就会发现它们到处都是。这里就有一个例子，它来自于麦克芬森所书写的美国南北战争史。1862 年 5 月，一支北部共和军在麦克莱伦将军的领导下直逼由约翰斯顿将军领导的南部联军，麦克莱伦将军的部队准备攻打弗吉尼亚的里查蒙德镇。麦克莱伦说，南部联军的约翰斯顿将军将南部联军移师南下了,更接近于里查蒙德镇,以便防御。麦克莱伦评论说:"尽管这或许是谨慎的军事活动,但这一撤退却有着不利的政治后果。在后有追兵的情况下,南部联军向后方撤退,会使其士气更加低落。"① 麦克莱伦麾下的北方共和军的进攻十分缓慢。"接连几天的阴雨天耽搁了 4 月份的行军计划;更大的雨甚至延误了 5 月份的行军。"詹姆士河上的北部炮艇部队的一支小船队,本想渡河炮轰里查蒙德镇,但却受阻了,因为南方联军在河岸高地上架设排炮向炮艇发起攻击,而北方军队的炮艇无法在这样的河岸边停泊。船上的枪"无法上升到足够的高度来射击岸上 90 英尺的排炮"②。里查蒙德镇安全了,直到 1865 年才陷落。

这是一种典型的历史叙事,正如你所看到的,这里充满了因果陈述。约翰斯顿部队的南撤致使南方联军的士气大为低落。接连下雨造成部队行军缓慢,并最终导致他们陷于泥沼、停滞不前。南方联军的排炮使得北方炮艇船队无法沿河前往里查蒙德镇。

当你考察历史学家所提供的这些因果陈述时,你会发现每一个陈述,不管是简单的还是复杂的,都有两个维度,可以把它们分别叫做"逻辑"的维度和"科学"的维度。每一种关系都是一定形式的逻辑关系。比方说,原因的出现,通常就是在特定情形下由它们所导致的结果产生的必然条件(如果某一结果不只有一个充分原因,那么所有这些原因叠加在一起——而不是分别——构成了其在特定情形下的后果的必然条件)。所有的原因都足以增加这一后果产生的可能性。如前所述,这就是原因的逻辑特征。要找到具体原因,历史学家还必须借助于关于世界的一般性知识,而后者则多少具有一定的科学性基础。例如,要找到某种疾病的原因,历史学家就需要一定的医学知识,这显然是科学成果。然而,要发现某一行为的原

---

① McPherson, J. M., *Battle Cry of Freedom. The Civil War Era*, New York, Ballantine Books, 1988, p. 423.
② Ibid., p. 427.

因，历史学家就必须使用关于思想、信念、价值观、态度以及活动意图等方面的常识性理论。这些常识性理论也是科学的，因为它们能成功地赋予大量可观察的行为以意义，但它们并非总是经过严格的测试（有几种关于人类行为动机的理论在第四章中已有过讨论）。

通过讨论麦克芬森的叙事中所提供的案例，让我们来举例说明因果陈述的逻辑和科学特征。

（1）原因就是在特定情形下导致一定结果产生的必要条件。这就意味着，如果原因不发生，相应的结果也就不会发生。在这里所提及的所有原因都是其后果的必要条件。如果约翰斯顿没有撤退，那么南方联军的士气就不会如此低落。如果不是连日大雨，北方部队前进的步伐就不会受阻以致停滞不前。如果不是南方联军的炮火如此完好地保护了里查蒙德镇，那么詹姆士河上的北方炮艇部队的船队就有可能占领该镇。

注意，历史上的原因并非无条件地是其后果的必然条件，它们只是其后果在特定情形下的必然条件。例如，只是在特定情形下，约翰斯顿向里查蒙德镇的撤退才会致使南方联军士气低落。那不是导致南方联军士气低落的唯一因素，此前，在战争中失利已经使南方联军的士气有所低落。但在此刻，要不是约翰斯顿命令其部队南撤，士气也就不会进一步低落。在特定的情形之下，这一原因是导致士气低落的必然条件。

有时，导致某一结果产生的会有几个不同的原因，通常在这种情况下，结果会因出现的原因不同而出现程度不同的差异。正如我所说过的，约翰斯顿的行军安排并不是使南方联军士气低落的唯一原因，前不久南方军队在两次堡垒战即亨利堡垒和唐尔森堡垒（Fort Henry and Fort Donrlson）战中的失败，要为士气低落承担大部分的责任。约翰斯顿的撤军计划只是加剧了这种低落的情绪而已。

有时候，导致某一历史事件产生的几个原因也可能都是充分条件。比方说，如果射击小队中的几个士兵击中了某敌军士兵的心脏，那么小队中每个人所射出的子弹都有可能是那个致命的一击。在这种情况下，我们说后果是由"多种原因因素决定的"。现在你可以认为，没有哪一颗子弹会是致命的必然条件，因为如果不是这颗子弹，那个被打死的人也会因为其他穿过他胸膛的子弹而身亡。我们所能说的只是：要是没有一颗子弹能穿过这个人的胸膛，那么他就不会以这样的方式死去。因此，在这种同时是多种原因因素决定的情况下，我们不能孤立地看待任何一个原因，来分别看待它们中的个体重要性。我们只能说，是这些原因在一起综合导致了那个结果。然而，像这样的情况是很少见的。一般情况下，历史事件都会有好几个原因，其中每一个原因都分别发挥着不同的作用。因此，导致南方联军士气低落的有好几个原因，每一个原因都比前一个原因更加降低了士兵的士气。

（2）原因就是导致一定结果产生的趋势，但这种趋势在某种情况下有可能会被其他趋势所抵消。决定通过炮艇渡河去轰炸里查蒙德镇就是这样一种趋势，如果不是受阻，它就有可能导致里查蒙德镇大部分被炸毁；但这一趋势被南方部队的排炮阻挡了，南方士兵从河岸边的悬崖上向船队射击，导致北方军队起初的计划被搁浅。

因此，原因并不总是导致惯性的后果，相反，它们只是在特定的情形下增加了这种后果产生的可能性，而且是在没有其他趋势横加阻拦的条件之下（哲学家认为，原因增加了其结果产生的"客观几率"①）。某一因果关系的事实后果，与发挥作用的各种趋势之间是一种函数关系，即加剧或阻碍既定结果的发生。例如，非常明显，北方军队的进军过程，与军马和士兵前进的体力以及他们克服泥泞的能力等因素之间就是一种函数关系。随着大雨持续地下，克服泥泞的能力最终被消耗殆尽。

有时候，某一结果很有可能是由某一原因导致的，但事实上却不是由这个原因导致的。比方说，气压下降很有可能导致暴风雨，

---

① Humphreys, P., *On 'What is History?'*, London, Routledge, 1995.

但事实上却没有导致暴风雨的来临。气压下降只是导致暴风雨事实来临的一个象征,因为它是大气压的突然而剧烈的下降。为了避免这种情况的出现,我们需要的就不仅是增加结果产生可能性的原因,而且还有导致结果产生的必然原因。气压变化显然不是导致暴风雨发生的必然原因,因为暴风雨也会在没有任何气压变化的情况下发生。

(3) 有哲学家愿意把自己的因果分析建立在这一观点基础之上。但我认为,可以更为具体地分析因果过程。原因是一种特殊种类的历史事件。你可以认为,一个原因就是一个这样的过程,在这个过程中,某一历史事件引发了某事物属性的变化,从而导致了某趋势的产生,进而导致一定结果的出现。因此,大雨促使泥土转变成泥泞,因而事实上造成了泥泞产生的趋势。而且泥泞有阻碍重型装载战车车轮和重型机枪前行的属性,当北方军队的战车和机枪遭遇泥泞之时,这一属性就会被引发,泥泞就会阻碍部队前进。但如果从来就没有下雨,泥土转变成泥泞的属性也就决不会被引发;而且如果战车和机枪从来就没有进入泥泞区域,泥泞阻碍行军的属性也就决不会发挥作用。可见,拥有属性,决不意味着一定会被引发。

更多情况下,以特定方式发挥作用的事物的属性,与事物的微观结构之间是一种函数关系。因此,泥土是在潮湿的时候才转变成泥泞的,而砂石就不会,因为砂石的微观结构与泥土的微观结构不同。解释因果作用的方式之一就是描述导致作用发生的微观过程。比方说,水有腐蚀铁的趋势,而如果水中的氧气与铁混合在一起形成了氧化铁,这样的腐蚀过程就的确会发生。铁原子会释放电荷给氧原子,因此氧原子会成为电负极而铁原子则转变为电正极,如果正负极松散地连接在一起,就遗留下一种沉淀物:氢。我们认为,宏观过程是相对较小的微观过程的"伴生物"。这里描述的是一个化学案例,但在社会科学领域中也经常会发生这种事情。社会变革常常会被解释成与自己的伴生物即个人行动之间是一种函数关系。这只是无法用这种方式进行解释的基本粒子的属性。

于是，原因的第三种特征，就是它们是一种过程，即促发属性导致某种趋势产生的过程。促发事件本身不会导致某一趋势以特定的方式产生某一结果，只有通过促发某一属性的变化，它才能完成这一任务。这就是为何促发性事件本身不是前后相继的因果链条中的一个环节的原因所在。

（4）具体的因果关系总是一般法则的例证。自然活动之间的因果关系，是诸如物理和化学法则等普遍自然法则的例证。涉及人类行为的因果关系常常是心理学、经济学或其他社会科学法则的例证，它们像自然法则一样代表了很少在历史中完美呈现的理想状态。

为了把偶然性的前后相继关系从真正的因果关系中区分出来，就有必要参照一般法则。如果某一原因在既定情形下必然会产生特定结果，因此若是没有这一原因既定的后果也就不会产生，那么这时就一定存在着一种对于包括原因在内所发生的一切具有必然性的条件。有时我们会采用科学研究的方法，把不是某一结果的必然条件的某一原因的征兆与原因本身区分开来。同样，对于一个能增加某一结果产生可能性的原因来说，情况一定是：这些原因通常都会这样做。

上个世纪，人们把疾病与罪恶行为联系在一起，把前者看作是为后者而承担惩罚的结果。今天，我们应该感谢科学研究，是它让我们认识到许多疾病与罪恶行迹之间并没有法则式联系。相反，我们把它们与疫苗和病毒等其他物理原因联系在一起。我不是要否认心理状态能导致身体创伤，但许多疾病根本就没有精神性原因。

有必要回忆一下：因果关系背后的一般法则都是与一定的事件、原因以及导致某一事件发生的一定的趋势（客观几率或倾向）联系在一起的。实际发生的后果一般是在特定情形下几种趋势共同作用的结果。一般法则并不会把某种原因与司机发生的某种后果联系起来，而只是把它与导致某种结果的趋势联系在一起，而且这些趋势在具体条件下还有可能会被其他趋势所抵消。因此，一般情况下，一个人会在交通指示红灯亮时停下车，但会在紧急情况下闯红灯。他们闯红灯的事实并不意味着他们缺乏停车的属性，而只是意味着由于紧急需要他们超越了自己的这一属性。

鉴于对原因的这一分析，历史学家应该采取什么样的方法来探索历史事件的原因呢？这里就有几条线索可供参考。

在事件发生的既定情形下，对你认为的导致某一历史事件的原因进行核实，是十分必要的。你必须使用斯克里文所谓的"回顾式归纳"，即对事件的所有可能原因都进行归纳。① 假设你感兴趣的是揭示马拉战车为何停止向敌军进攻，你立刻就会设想可能导致战车停滞不前的原因。或许是士兵决定停下脚步，不再前进；或许是马已经精疲力竭了；或许是车轮脱落了；或许是车轮陷在泥泞之中了。这些都是你所知道的有可能导致战车停滞不前的原因，而要发现这一停车事件的具体原因，你就要核实到底是哪些原因导致战车停滞不前。如果你发现只有一种可能性，那么你就可以说这种可能原因是在当时情况下停车事件发生的必要条件。在上述案例中，如果北方军队的战车和机枪轮子没有成为行军的障碍，那么他们就不会停滞不前。

注意，这里还有两个附加问题。第一，有时发挥作用的原因可能是你没有想到的，这时可以通过具体研究对导致某一结果出现的各种事件予以甄别。例如，假设有人把马从战车的缰绳上放走了，那么显然这会致使战车停滞不前，但它却是你所想象不到的事。因此，为确保发现所有发挥作用的原因，你必须仔细地考察事件过程，它们或许能提醒你某些被遗忘的可能性原因。

第二，有时候，发挥作用的原因不止一个，这时，你需要提及所有的原因。假设战车正好在马精疲力竭的时候陷入了泥泞之中，

---

① Scriven, M., 'Causes, connections and conditions in history', in *Philosophical Analysis and History*, ed. W. H. Dray, New York, Harper and Row, 1966, pp. 238-264.

那么这两件事中的任何一个都足以致使战车停下来。这时,你就不能说到底是哪一个原因造成停车事件的发生了。你唯一能说的是,如果这两个事件都没有发生,那么战车就有可能不会停下来。

为了对这些原因进行甄别,我们的确使用了有关因果关系的一般性知识,如果你对此有所怀疑,那就想一想你没有认识到其原因的那些事件吧。比方说,假如你的皮肤上起了皮疹,那是什么造成的呢?你知道自己曾经去过什么地方,吃过什么东西,在清洗皮肤时用了什么肥皂和清洗剂,但你能挑选出到底是哪种原因造成了皮疹的出现吗?除非你拥有有关造成这类皮疹出现的一般性知识,否则的话你是不会知道的。我们总是把关于日常事件的一般性知识看作是理所当然的事,但它们却是找到类似事件原因的必要条件。

在特定情形下本没指望会发生某类历史事件,但它却的确发生了,它发生时的条件,就是历史学家感兴趣的对象。可用来解释预料之外的情况出现的条件,可以是被认为会存在的某种事态的缺席,也可以是其缺席所导致的预期结果出现的可能性减小。比方说,如果泥泞区域被冻住了,北方军队就不会被阻挡住了。另外,解释性条件有时是附加事态,它们增加了预料之外的结果出现的可能性。例如,在后有追兵的情况下,南方联军向里查德蒙镇的撤退使南方军队士气低落。如果不是这样,历史学家就无法知道什么样的情形可以说明这种预料之外的反应。或许很少有人知道这一事件,或者他们相信救援部队已经在路上了。条件能用来说明在既定情形下所发生的某件预料之外的事。

的确,历史条件能解释为何某一历史事件发生而另一历史事件却没有发生,尽管这两件事都不是预料之中的。"为何是北方军队而不是南方军队在内战中获胜了?"这就需要进行对比解释。它要诉诸有关军事作战某方获胜而不是另一方获胜的条件的一般性知识。提出此类问题的历史学家已经提供了诸多因素:北方军队在资金、设备和人力资源方面具有优势;北方军队有更具优势的亚伯拉罕·林肯的政治领导，而南方只有杰弗逊·戴维斯的领导；北方的军事领导也更有优势；而且北方军队有更一致的目的，而南方军队则常常因在国家权力方面的纷争出现不和。之所以挑选这些因素作为北方获胜的原因，是因为人们都知道：在战争中，在资源、领导能力和团结性上更具有优势的一方更有可能获取战争胜利。但要注意的是：这其中的每一种因素都是一种状况，实际上是一种相对的状况。并不是北方军队拥有大量的装备，而是他们所拥有的装备大约是南方军队的两倍；也并非只因为北方军队拥有林肯的领导，而是因为林肯比戴维斯更精明、更果断（在本章的后半部分，将详细讨论这一案例）。

如果你把某一原因界定为特定结果的必然条件，并且对增加该结果出现的可能性具有重大意义，那么这些解释性条件就可称为"原因"。这一定义也可涵盖动态的原因。但我认为，动态因素对于我们就原因达成共识性理解来说是必不可少的，为此，我不愿意把它们仅仅称为解释性条件原因，即便有历史学家这样做了。原因就是推动变革到来的事件。

二、核实具体的历史原因和条件

1. 核实因果主张

在对因果陈述进行判断时，历史学家会考察如下几种相关情况：（1）他们要核实是否有理由相信因果陈述所参考的事件的确发生过；（2）他们要考察因果主张的逻辑特征是否可以得到证实：在特定的情形下它是结果产生的必然原因，也即若不是这一原因结果就会发生改变；（3）原因是否果真增加了结果产生的可能性？（4）为了判断因果陈述是否已满足了这些逻辑要求，历史学家还要寻找可对其进行证实的相关一般性法则。通常情况下，这些一般性知识都是常识性的、日常性的；有时候，它们也会是专业历史知识或科学知识。绝大多数情况下，一般法则的确立，是通过发现能确证一般法则的相对微观的法则来完成的。在证实因果解释时,这些条件的重要性将在下列案例中得到证明。

弗格森在其《战争的遗憾》一书中,就讨论了第一次世界大战爆发的三种常见的解释。他的讨论揭示了这些解释有多么不准确,以及专业的历史学家是如何证实其因果主张的。

马克思主义历史学家认为,资本主义经济为攫取更多的市场和原材料,不可避免地要进行海外扩张活动,而在争夺海外殖民地的过程中资本主义国家之间注定要互相冲击和争战。[1] 许多人都把第一次世界大战归因于帝国主义势力之间的竞争,特别是英国和德国之间的争夺。弗格森批评这一解释首先就与作为其基础的一般理论相悖。他详细论述说,尽管资本主义国家的确都想成为大国,但这种竞争并不足以导致战争的爆发。因为它们之间往往可以通过和平的方式来解决各自的分歧:"如果说帝国主义的确会导致战争的爆发,那么这场战争应该爆发在19世纪70年代和80年代期间的英国和俄国之间,或者是19世纪80年代和90年代期间的英国和法国之间,但事实上它们之间都没有爆发战争。"[2] 因此马克思主义的理论是错误的。接着,弗格森又考察了英国和德国之间是否果真存在能导致战争爆发的激烈的争夺殖民地的竞争。他说,相反,战前英国和德国的资本家并不想爆发战争[3],而且,大英帝国的国力十分强大,以致它实际上是不可能和德国竞争的,因为在英国看来德国还不足以威胁到自己的利益。[4] 马克思主义理论提出的原因,也即英国和德国之间的帝国主义冲突,甚至并不存在。

弗格森对另一种解释也提出了同样的批评,这种解释认为:军备竞赛尤其是德国和英国之间的军备竞赛导致了战争的爆发。首先,他批评说,军备竞赛不足以导致战争的爆发,因为1945年"冷战"

---

[1] Ferguson, Niall, *The Pity of War*, London, Allen Lane, 1998, p. 31.
[2] Ibid., p. 39.
[3] Ibid., pp. 32-33.
[4] Ibid., pp. 35-53.

期间,苏联和西方国家之间也有军备竞赛,但却并没有导致世界大战爆发。① 接着,弗格森又否定了军备竞赛的存在,他解释说,英国的优越感很强,所以他们不会认为德国可以与自己相提并论。同样,英国、法国和俄国所组成的协约国集团,在数量上也远远超过了由德国、奥地利和意大利所组成的同盟国集团。② 最后,弗格森认为,德国根本不会认为自己的武装力量足以发动战争,相反,从长远来看,德国担心自己在军备竞赛中失败,因为它们的财政有限③,这会促使军事领导人劝说德国政府先发制人地向协约国联盟发动进攻。④ 通过进一步研究导致战争爆发的具体事件,弗格森还可以对巩固这一解释的理由提出质疑。

弗格森所考察的第三种解释,是由费舍及其学生提出来的⑤,即德国宣战的目标是要控制欧洲,"通过吞并法国、比利时,或许还有俄罗斯的领土,建立关税统一的中欧,以及建立直接或间接受德国控制的新的波兰和波罗的海国家。此外,德国还要争取在非洲的新领地,以便它所拥有的殖民地能够巩固扩大到整个中非地区。"⑥ 换句话说,德国的目的就是征服。同样,这一解释因缺乏证据而无法成立:"费舍和他的学生尚没有发现证据表明在英国进入战争状态之前这些目标就已存在。"⑦ 弗格森承认,恺撒有时会"幻想"建立帝国,但恺撒并没有坚持这样做,也没有以他的这一想法对政府施加巨大的影响。⑧

有关历史事件和趋势的原因种类方面的一般理论,有助于提出可能的原因,但要揭示在特定情况下到底是哪些可能原因发挥了作

---

① Ferguson, Niall, *The Pity of War*, London, Allen Lane, 1998, pp. 82-83.
② Ibid., pp. 83-92.
③ Ibid., ch. 5.
④ Ibid., 83, 98-99.
⑤ Fischer, F., *Germany's Aims in the First World War*, London, Chatto and Windus, 1967.
⑥ Ferguson, Niall, *The Pity of War*, London, Allen Lane, 1998, p. 169.
⑦ Ibid., p. 169.
⑧ Ibid., p. 170.

用，历史学家就需要把自己所学到的这些一般性理论牢记在心，但要看这些可能原因是否具有相关性，还要对导致他们想予以解释的具体事件进行调查。如果不具有相关性，他们就要寻找其他起作用的原因。

通过进一步研究导致战争爆发的具体事件，弗格森指出：

> 正是德国的军事力量通过整合信念与挑战以及现代化的指挥，最终没有参与激发冲突的决定性事件和宣战。①

> 有证据表明……德国军队的"首先开战"，旨在争取军事上的先发制人，以防止德国军事地位的恶化——尽管这无论如何不意味着与这一想法不一致，即这一出击的结果如果胜利了，那么德国就可能在欧洲实现霸权统治。②

因此，刚才的解释是理性的。但又是什么样的形势让德国军队担心呢？关于德国军队决策的原因解释，弗格森通过详细分析德国和盟国的军事力量与补给资源的相对优势，提供了全面的解释，而且有大量证据证明这才是德国所关心的。解释不是很充分的地方是：为何德国军方和政府如此关注它们的相对军事劣势。或许是建立欧洲关税同盟的理想以及对于军备竞赛的关注，毕竟比弗格森所允许成为战争原因的那些因素重要得多。③

就重大历史事件的原因解释所提出的上述观点，也同样适用于解释重大历史趋势。如果经济史学家想解释的是一个十分重大的历史趋势，如1951～1973年间的英国经济增长趋势，你或许会认为他们只要诉诸业已成熟的经济理论就可以获悉此类经济一定会具备的主要增长原因。然而实际上，历史学家能获取的经济理论并不足以

---

① Ferguson, Niall, *The Pity of War*, London, Allen Lane, 1998, p. 149.
② Ibid., p. 153.
③ Stone, N., *Europe Transformed*, *1878—1919*, 2nd edn, Oxford, Blackwell, 1999, pp. 246-256.

完成这一任务。这些经济理论所做的，只是提出一些经过调查的一般性原因。例如，弗朗德和麦克罗斯凯就是通过指出下列观点而开始他们的研究活动的：

> 有三种决定性因素：第一，主要生产、劳动和资本因素的供应……第二，有必要考察一下需求因素，特别是那些源自英国国际经济贸易的外源性因素对需求的影响，如技术革新等，以及所有这些因素所构成的一个独立力量对产出增长的贡献。这一时期整个经济增长的故事，必然要比简单列举几个互不相干的经济增长指标因素要复杂得多。①

牢记这一观点，历史学家在考察该阶段英国经济史的细节问题时，就要看看是否能发现体现这一繁荣原因的具体例证。事实证明，这些例证不仅很难找到，而且即便找到了，它们的作用也会遭到很多质疑。比如说，想一想劳动力数量的增加和劳动灵活性的提高是否有助于战后英国的经济繁荣。阿尔弗德指出，战争打破了传统的用工模式，劳动灵活性提高了。② 那或许对于英国经济繁荣有所助益。但另一方面，弗朗德和麦克罗斯凯又指出，在此期间，人们所发现的是英国的充分就业以及劳动力的短缺，工作时间也从 1951 年的平均每周 45.6 小时缩短为 1973 年的 41.4 小时。③ 根据标准的经济理论，劳动力短缺和工作时间的缩短都将会限制经济的发展。弗朗德和麦克罗斯凯支持这一结论，他们指出，劳动力储备丰富的国

---

① Floud, R. and McCloskey, D., *The Economic History of Britain since 1700. Volume 3: 1939—1992*, 2nd edn, Cambridge, Cambridge University Press, 1994, p. 104.
② Alford, B. W. E., *Britain in the World Economy since 1880*, London, Longman, 1996, p. 248.
③ Floud, R. and McCloskey, D., *The Economic History of Britain since 1700. Volume 3: 1939—1992*, 2nd edn, Cambridge, Cambridge University Press, 1994, pp. 104-105.

家是发展得更快的,"相反的情况意味着:要是劳动力供给更充足,英国经济会发展得更快,这已经被其他国家的发展事实所证明,因为该时期拥有充足劳动力的其他国家经济增长速度更快"[1]。但是,或许在英国经济发展中另有补偿性的因素,因此劳动力短缺并没有带来明显的影响。或许公司在机器中投入得更多,弥补了劳动力的短缺。弗朗德和麦克罗斯凯考察了这一理论的可能性,但怀疑这样的投资是否足以"弥补日益减少的劳动力供应所带来的紧张局面"[2]。阿尔弗德并不相信真的存在劳动力短缺:"与快速的经济发展相伴随的,是劳动力的快速增加和再分配"[3],但他的确质疑劳动力的增长是否是经济增长的原因或后果:"的确存在着因果性条件,这无论如何是明显的事实。因为,首先,有大量证据证明,在既定的需求下,劳动力供给的扩大要相对容易一些,比如可通过兼职、让女性参加工作以及招募外国劳动力等形式来扩充劳动力队伍。"[4]

如果劳动力的增加并不能带来经济繁荣,那么资本的增长就可以了吗?弗朗德和麦克罗斯凯认为这是肯定的。他们指出,1951~1973年间英国固定资产投资年平均增长率是4%,而且许多都与有助于经济发展的现代技术有关。此外,建立新工厂的需求本身也刺激了经济的发展。[5] 然而,他们赞成这样的观点,即海外需求的确对英国经济的发展作出了重大贡献。

有时,对于具体事件的详细研究会获取经济理论绝对无法提供的洞见。例如,1750年之后,英国水上运输业的奴隶死亡率有了明显的下降,历史学家在研究奴隶贸易的环境变化时指出,这一趋势

---

[1] Floud, R. and McCloskey, D., *The Economic History of Britain since 1700*. Volume 3: *1939—1992*, 2nd edn, Cambridge, Cambridge University Press, 1994, p. 105.
[2] Ibid., p. 105.
[3] Ibid., p. 248.
[4] Alford, B. W. E., *Britain in the World Economy since 1880*, London, Longman, 1996, pp. 248-249, 258.
[5] Floud, R. and McCloskey, D., *The Economic History of Britain since 1700*. Volume 3: *1939—1992*, 2nd edn, Cambridge, Cambridge University Press, 1994, p. 107.

可能存在着几个不同的原因。

  这些原因包括：随着出现流行病区域的不断增加，越来越多的非洲人感染了新的疾病；非洲经济和卫生条件不断得到改善，以及可用来运输、收集（雨水）和储存更多淡水的新船的引进。18世纪60年代以后的另一个重要创新，就是铜包船体，这不仅可以提高航行速度，而且还可以减少船体蛀虫的产生并因此减少下层甲板的损蚀……更干燥的甲板也有利于乘客的身体健康。18世纪90年代船运业乘客死亡率的下降或许也与奴隶贸易运输数量的明显下降有关。①

  我想指出的是，没有一个理论认为铜包船体的创新是船运业乘客健康状况得到提高的原因之一。海因斯和肖尔莫维兹还对此趋势提供了另外一个解释，即"与预防疾病有关的经验知识的不断增长"②，使得外科手术可以在航行的船上进行，这就改善了卫生和保健条件，降低了死亡率。仔细考察某历史趋势发生的具体环境，是发现某一历史趋势的众多不同原因的一个简单的方法。确认这些原因有赖于关于疾病的一般性知识，但发现都有哪些原因则是仔细研究奴隶死亡率下降趋势的具体情况的结果。

2. 核实对比性解释

  对比性解释，就是找到能使某类事件比另类事件更有可能发生的原因或条件。比如弗朗德和麦克罗斯凯就继续考察了为何英国经济在1951～1973年间没有其他国家发展得好。③ 英国的生产成本比

---

① Haines, R. and Shlomowitz, R., 'Explaining the mortality decline in the eighteenth-century British slave trade', *Economic History Review*, 2000, 53: 262-263.

② Ibid., p. 264.

③ Floud, R. and McCloskey, D., *The Economic History of Britain since 1700. Volume 3: 1939—1992*, 2nd edn, Cambridge, Cambridge University Press, 1994, pp. 115ff.

它的几个竞争对手国要高,因此英国的生产量要比其他国家少,而且生产利润也较低。结果就是,英国工业投资下降,新技术没有被采用,而竞争对手国如日本、德国和意大利则正好相反,这给竞争对手国提供了优势。为了解释为何英国经济没有其他国家发展得好,弗朗德和麦克罗斯凯参考了具体的发展问题研究[1],并写下了比以前更为权威的历史阐释。这些阐释表明,1948年,其他国家的经济繁荣程度要远远落后于英国,因此它们拥有更大的动力去进行现代化建设,努力弥补战争造成的损失。在这一过程中,它们能够引进最先进的技术、组织和标准,这使它们具有发展的优势。最后,它们还拥有更多的过剩劳动力,特别是农业劳动力,这些都可以转化成各个经济部门中的高生产力。[2] 显然,这一对比解释渗透着理论性特征,提出了实际发现存在的相关重要差异。注意,这一解释的第二部分是对第一部分的深度解释,特别是对英国具有相对劣势的根本原因即高生产成本的解释。

为了找到某类历史事件 E_1 为何会取代另一类历史事件 E_2 而实际发生的原因或条件 C,历史学家就必须核实:(1) C 是否的确发生或存在;(2) C 是否是 E_1 发生的必要条件;(3) C 是否是促使 E_1 代替 E_2 发生的充分条件;(4) 是否有其他原因或条件在特定情形下与 C 的影响相抵消或平衡,也就是说,是否存在阻止 E_1 代替 E_2 出现的因素,或者使 E_1 和 E_2 具有同等出现几率的因素。令人信服的历史判断就应该建立在以上三个条件的基础之上,有关这一方面的案例,已经在麦克芬森的一篇论文中有所表达,这篇论文考察的是历史学家就美国南北战争期间北方军队为何会战胜南方军队所作的一系列解释。[3] 我将对他的观点进行概述,以揭示它们与刚刚列举

---

[1] Floud, R. and McCloskey, D., *The Economic History of Britain since 1700*. Volume 3:*1939—1992*, 2nd edn, Cambridge, Cambridge University Press, 1994, p. 118.

[2] Ibid., pp. 118-120.

[3] McPherson, J. M., 'American victory, American defeat', in *Why the Confederacy Lost*, ed. G. S. Boritt, Oxford, Oxford University Press, 1992, pp. 15-42.

出来的四种条件之间的关系。

对于北方战胜南方的第一种解释就是：北方拥有具备绝对优势的人力和资源。麦克芬森对此进行了否定，因为在他看来，这不是确保战争胜利的充分条件（也即没有满足条件3），别忘了在好几个场合中，战争的胜利方都是在资源上不具有优势的一方，比如独立战争期间美英作战时美国的获胜。他同意在人力和资源上具有优势是北方获取胜利的必要条件，因为要不是这样的话，形势就会发生逆转（满足条件2），但它却不足以用来解释北方为何会获胜。

麦克芬森还考察了第二种解释，即认为"南方联军失利是因为其内部的纷争和分化，这些纷争和分化不利于获取战争胜利所必需的巩固和团结"的观点。[1] 他在这一解释中发现了三个缺陷：第一，南方的反战效果，被北方政府的军队动员和供给热情所抵消，也被南方政府的征兵令和压制分歧政策所抵消（没有满足条件4）。第二，"北方的"反战活动甚至比"南方还要有力和有效"[2]。因此，反战在南方的效果就要比在北方更为平衡了（再次没有满足条件4）。第三，麦克芬森认为，内部反战势力不是确保战争失败的充分条件，比如，"在1776年的战争中，美国人要比1861年时的美国南方人分化得更厉害"[3]，但1776年的美国人却没有输掉战争（没有满足条件3）。

麦克芬森所考察的第三种解释是：南方输掉战争，是因为它人口中的两大主流人群，即非奴隶主白人和奴隶不同意参战，或者是因为他们逃避战争。白人有时认为自己应该回家照顾自己的家，而黑人则应该参加北方军队。麦克芬森评论说，这种逃避不是导致战争失败的充分条件，他再次引用了美国独立战争时期的经验（因此，没有满足条件3）。但更重要的是，北方甚至拥有更强大的逃避战争的力量，它们"削弱并同时威胁到了北方军队的努力，差点致使北

---

[1] McPherson, J. M., 'American victory, American defeat', in *Why the Confederacy Lost*, ed. G. S. Boritt, Oxford, Oxford University Press, 1992, p. 23.

[2] Ibid., p. 25.

[3] Ibid., p. 26.

方军队瘫痪"①。因此,南方军队中的逃避力量由于北方军队中逃避力量的存在而得到了平衡(没有满足条件4)。

南方人输掉战争的第四种解释,是他们缺乏作战技巧,而北方人则拥有作战技巧,因此南方失败了。麦克芬森指出了这一解释的三种说法:第一种说法认为,南方缺乏爱国主义或民族主义精神。但麦克芬森认为,这是一种错误的说法,因为南方政府相信与北方的作战就是保卫自己的国家和政体,以免受北方佬的破坏(没有满足条件1)。的确,在捍卫自己的事业时,他们要比北方人所经受的苦难多,这显示了他们并不缺乏意志。这一解释的第二种说法也建立在一个错误的假说基础之上,那就是:南方人缺乏作战毅力,因为他们也感觉到奴隶制是不好的。麦克芬森说,这种说法也是错误的,因为大多数南方人都认为奴隶制度对于奴隶来说是好的,是一种不错的用工形式,也是一种解决优等民族和劣等民族关系的良好方式(没有满足条件1)。这一解释的第三种说法则是:南方人的士气随着连连战败而逐渐低落,以致他们开始怀疑是否上帝不站在他们一边。麦克芬森观察的结果是:在这种情况下,"是军事失利造成意志力丧失,而不是相反"②。因此,意志力丧失不是战败的必然条件(没有满足条件2),而是其后果之一。

第五种解释关注的是领导能力问题。它也有三种说法:第一,北方的将军要比南方的将军强,这是北方为何会取得战争胜利的原因所在。麦克芬森承认,北方军队的将领在战争最后一年或两年时,也即格朗特和谢尔曼有效地击败了南方军队时,的确具有优势,但他否认在战争所有阶段北方军队将领的领导都十分卓越。"在不止一次的情况下,战争结果都似乎显示出:因为北方军队领导的无力,而造成双方势均力敌。"③ 因此,他否认北方军队将领的领导优势是

---

① McPherson, J. M. , 'American victory, American defeat', in *Why the Confederacy Lost*, ed. G. S. Boritt, Oxford, Oxford University Press, 1992, p. 28.
② Ibid. , p. 34.
③ Ibid. , p. 38.

确保战争胜利的充分条件（没有满足条件3）。这一解释的第二种说法是：北方军队之所以会成功是因为他们在资金、供给和部队管理技巧上有优势。麦克芬森则认为，北方军队在这些领域中的优势在某种程度上已经被好几位南方行政管理者的卓越领导才能所抵消了，因为这几位领导人能在资源有限的情况下继续进行战争（没有满足条件4）。第三，有人认为，北方的胜利归功于林肯总统的卓越领导，与南方联军的戴维斯相比，林肯是更具有优势的国家领导人。麦克芬森指出，没有谢尔曼刚好在1864年11月林肯重新当选前的军事胜利，林肯就不会当选，北方军队也就不会胜利。战争胜利是一种结果，不是林肯能力的结果，而是战役转折的结果（没有满足条件3）。

麦克芬森宁愿把美国内战的结果视为一个"偶然"。根据上下文，这似乎意味着，在最后的决定性一枪射出之前，任何事件或形势都无法决定战争的结果。他在结论中这样写道："要理解为何南方会最终输掉战争，我们必须把自己从预示着必然性的全面归纳中解脱出来，转而研究战争期间的每一次军事活动、每一场战役、每一次选举、每一个决策过程中的偶然性因素。"① 这是一个令人失望的结论。全面归纳并没有"预示必然性"：它们有助于明确能增加既定结果出现可能性的原因。而且，这一结论也忽视了麦克芬森早先已经承认的这一观点，即人力和物力资源上的优势、将领和政客上的优势，都对北方的胜利作出了明显的贡献。同时，它也在南方民主化进程中扮演着重要角色——南方民主化进程并不仅仅是一些战役的失败以及谢尔曼在南方的致命一击的结果，也是林肯再次当选并决意获取战争胜利，以及他拥有足够资源的缘故。②

---

① McPherson, J. M., 'American victory, American defeat', in *Why the Confederacy Lost*, ed. G. S. Boritt, Oxford, Oxford University Press, 1992, p. 42.
② Jones, Archer, 'Military means, political ends: strategy', in *Why the Confederacy Lost*, ed. G. S. Boritt, Oxford, Oxford University Press, 1992, pp. 43-78.

三、通过证实归纳，核实充要条件

大多数原因和条件都是其既定情形下的结果的必要条件，因此，要是没有原因或结果，那么结果就会发生变化。而所有原因都是增加其结果出现可能性的充分条件。为了证实这些原因和结果之间的逻辑关系，历史学家就必须参考有关因果关系之类的事件之间的一般性知识。

通常，这样的一般性知识都是被人们当作常识来接受的。有时，它也以心理学、社会学、经济学以及政治学等科学的方式建立起来。有时候，必要的一般性知识还是历史研究的结果，是通过对类似情况进行比较研究的结果。

原因和条件与其结果之间的关系，是一种法则式的关系。因此不仅仿佛被注定了原因和条件的事件一般会导致仿佛被注定了的结果的产生，而且要是结果没有发生，也就不会有原因和条件（在既定情形下）。法则式归纳及其证实已在第三章中进行了讨论，这里，只要指出对原因和条件与结果之间的关系相关的法则式归纳进行验证的一种方法即考察例外情况的方法就可以了。如果发现了无法进行解释的例外情况，那么这些例外就是怀疑法则式归纳的正确性的最好理由。在下列的一些案例中，通过揭示一般归纳的主张并不是普遍有效的，就可以反驳与该一般性归纳有关的原因和条件假说。

1. 核实必要条件

要想知道某一具体原因C，是否是其结果E在既定情形之下的必要条件，历史学家就必须了解E是否总是包括诸如C在内的系列事件的产物，以及在既定情形下是否除了C之外就没有其他系列事件出现。

有时候，历史学家知道特定事件或形势就是特定结果的必要条件，但为了核实自己的想法，他们会对类似情形进行对比研究以观察如果没有这些事件或形势结果是否会发生。例如，有人就认为，为了国家之间的国际和平,他们必须享有势力均衡的权利。这里一定存在着某种相互间的善意,或至少是尊重,但在他们看来,稳定才是势力均衡的基础。然而,布莱恩却提出,最持久的和平,是在势力非常不均等的国家而不是在势力均等的国家间建立起来的。1815年拿破仑军队的失败宣布了英法之间长久和平时期的到来,而1871年法国被俾斯麦打败则带来了德法之间的长久和平。同样,1918年和1945年德国军队的战败也带来了德国与其他欧洲国家之间的持久和平。"在过去的三至四个世纪中,以极端不平衡为标志的第一阶段时期,或许是已知的欧洲最著名的和平时期。"①

显然,势力均衡不完全是和平的必然条件,但布莱恩所说的势力明显不均衡也不都是和平的必然条件。20世纪下半叶美苏之间的和平似乎主要就取决于明显的势力均衡。或许要在两个国家之间保持和平,就必须让这两个国家都没有明显的击败对手的优势。国家之间要想实现长久的和平,就必须满足如下条件:(1)国与国之间存在着明显的势力均衡;或者是(2)某国非常强大以致另一国绝对不敢与强势一方对抗。在第一种情况下,保持和平的是条件(1)即势力均衡;而在第二种情况下保持和平的则是条件(2)即势力极其不均衡。当然条件(1)并非全部都是导致和平的必要条件,但在特定情形下即在具备条件(2)的情况下,它就会成为导致和平的必要条件。

2. 核实充要原因和条件

在特定情形下,原因和条件总是其结果的必要条件,原因也会增加其结果出现的可能性。

为了核实某一原因是否是某一结果的必要条件,正如我们刚刚看到的,历史学家要对各种情况进行比较研究,而如果在没有该原因出现的情况下,既定结果也出现了,那么他们就会得出结论说该原因不是该结果的必要条件。另一方面,如果既定原因出现了,但

---

① Blainey, G., *The Causes of War*, London, Macmillan, 1973, p.113.

既定结果却没有发生，那么该原因一般就不是该结果的充分条件。事实上，认为历史中的原因全都是其结果的充分条件，是十分荒唐的想法，因为在既定的情形之下，所有的原因都有可能使它们的结果被其他发挥作用的因素抵消。而且，如果某一原因经常与既定的随后事件相伴随，且其例外情况也能因发挥作用的其他因素的出现而得到解释，那么就有理由认为，这个原因的确很有可能是造成那个随后事件的充分条件。

艾金斯提供的案例，就很好地说明了历史学家是如何核实某一原因是否是某类事件的充要条件的。① 艾金斯相信，美国南方的许多奴隶都有孩子气的幼稚性格，他把这称为"散波"(sambo)性格。回忆一下奴隶主是如何叫成年奴隶为"孩子"(boy)的，以及奴隶们似乎有多么想取悦他们的主人的。艾金斯认为，这一行为是由奴隶生活在一个高度亲密的社会——种植园中所造成的，因为在种植园中，奴隶们的生活和福利完全取决于其主人的一时之念。

为了展示这一条件是奴隶"散波"性格的必要条件，艾金斯对美国南方的奴隶与拉丁美洲的奴隶进行了比较。在他看来，拉丁美洲的奴隶与其家人和主人之间存在着一种更为自由的生存关系，而且也没有这种顺从的方式。如果完全依赖性是"散波"性格的必要条件，那么缺乏依赖性就会导致不一样的性格。因此，美国南方人找到了证实其假说的依据。② 这也证伪了这样一个古老的理论，即"散波"性格是非洲奴隶的种族特性，因为美国南方的奴隶并没有表现出这一特性。③

为了展示完全依赖性是这种"散波"性格的充分条件，艾金斯寻找类似的完全依赖情况，以表明在那种情况下这种性格是否存在。他在德国集中营中发现了这种情况。"集中营不仅是一种彻底的奴隶制

---

① Elkins, S. M., *Slavery. A Problem in American Institutional and Intellectual Life*, 2nd edn, Chicago, University of Chicago Press, 1968, chs. 2, 3.
② Ibid., pp. 84-85.
③ Ibid., pp. 82-84.

度,而且(不是十分明显但甚至更为恰当)是一种彻底的父权制度。"① 囚犯的福利(实际上是生活)取决于对监狱管理者的绝对服从。② 据观察,年长的囚犯就有这种孩子气的幼稚性格。③ 因此,这种完全依赖性似乎是导致"散波"性格的充分条件。

我们总是会对不同性格之间的可察觉的关联性有所担忧,即担忧这种关联性是否只是一种偶然。随着比较的种类和数量的增加,这种偶然性可能会随之下降,但担忧依然存在。艾金斯可以利用几个心理学理论来为其假说提供支持。如弗洛伊德所提出的孩童期回归理论,该理论涉及对威胁一个人生存的权威力量的确认。④ 这一理论认为,艾金斯所发现的过程在这种情况下对于每个人来说的确是一种本性。

艾金斯的批评者怀疑是否美国南方所有的奴隶都有艾金斯所描述的这种"散波"性格。在对此质疑作出回应时,艾金斯愿意承认这种孩子气的幼稚性格有一个"度"的问题⑤,"赞成与奴隶制度采取各种形式的独立和非合作行为的奴隶,所占的比例更大"⑥。这一反对意见所提出的一个有趣的问题是:这一假说在被废弃之前,能容纳多少例外情况。艾金斯不同意放弃这一理论,但却同意对它进行修改。他同意这一观点,即包括集中营在内的其他"集权制度"可充当合适的监禁场所,也就是收容所和监狱⑦,而且他还采用了高夫曼的常见反应分类法:(1)情景逃避(冷漠);(2)移民(对集权制度的一种回应做法);(3)转换(把自身的制度性定义国际化);

---

① Elkins, S. M., *Slavery. A Problem in American Institutional and Intellectual Life*, 2nd edn, Chicago, University of Chicago Press, 1968, p. 104.
② Ibid., p. 107.
③ Ibid., pp. 111-113.
④ Ibid., pp. 116-118.
⑤ Elkins, S. M., 'Slavery and ideology', in *The Debate over Slavery. Stanley Elkins and His Critics*, ed. A. J. Lane, Urbana, University of Illinois Press, 1971, p. 350.
⑥ Ibid., p. 353.
⑦ Ibid., p. 353.

(4) 不妥协（对于制度的……个性化……反抗）。① 他还赞成把接受制度性要求的奴隶的正式角色和行为，从他们在奴隶社区中所扮演的其他角色中区分出来——后者是种植园制度允许的。② 他甚至同意这样一种观点，即"'散波'性格是角色扮演的产物，而非奴隶对奴隶主阶级对其描述的真正内化"③。经过这样的修改后，艾金斯坚持自己的假说。④

这里还有另外一个案例，可用来说明确定某一事件的充要条件的重要性，即既可以找到该事件的原因，也可以揭示相关假说是如何通过比较法得到核实的。英国工业革命（1760～1830 年）之前，许多工作是在家里完成的。例如，几个世纪以来，满足制衣需求的棉织业中的纺纱和织布就是在家中进行的。为何这种局面会发生变化呢？是什么促使企业家建立工厂的呢？莫克尔考察了几种可能的原因。首先，新技术造成了与棉织业不相容的大量机器的出现："钢铁搅炼锅炉和轧钢机、蒸汽和水引擎、捻丝成线钢芯、化学和煤气的使用等。"⑤ 但批评者指出，这些机器的运用，并非建立工厂的必要条件。在这些机器已经发明出来之前，工厂就已经出现。而且不管怎么说，许多工厂都首先使用了类似棉织业中使用的那些机器。⑥ 我猜想，大型机器的使用，巩固了工厂的出现，但却并非总是造成工厂出现的原因。第二种可能的解释是：工厂主希望更为有效地让其工人遵守纪律，而如果把工人们都聚集在一个地方的话，他们就可以这样做了。然而，工厂中的纪律一开始的时候是非常松散的。工人们是按件计酬的，而这多少有些听任自便的味道。⑦ 因此，希

---

① Elkins, S. M., 'Slavery and ideology', in *The Debate over Slavery. Stanley Elkins and His Critics*, ed. A. J. Lane, Urbana, University of Illinois Press, 1971, pp. 353-354.
② Ibid., pp. 354-355.
③ Ibid., p. 356.
④ Ibid., p. 358.
⑤ Mokyr, Joel (ed.), *The British Industrial Revolution: an Economic Perspective*, 2nd edn, Boulder, CO, Westview Press, 1999, p. 104.
⑥ Ibid., p. 104.
⑦ Ibid., p. 105.

望加强纪律这一可能原因再一次不是必要条件：没有它，工厂也存在。第三种解释是：工厂的出现是为了加强对产品质量的控制，防止原材料被盗，因为在工厂中进行投入与产出的控制，要比在大多数棉织业中进行更为容易一些。但莫克尔指出，这些都是老问题，不足以在过去刺激工厂的产生。因此，控制产品的需要明显不是推动制造业形成工厂制度的必要条件。① 受到更多支持的第四种解释认为，工厂使得具有很多好处的分工成为可能。它培养了工人的专业能力，在质和量上都提高了他们的生产力，工人则可以获得与自己能力相匹配的工作任务，而且工人也能十分快速地学会工作。然而，这些好处再一次不是解释工厂存在的充分条件，因为这些好处在棉织业中也同样可以实现："分工不需要在工厂中就能进行。家庭作坊也能进行分工，而且商业活动的大部分职能就是把不同棉织业之间的货物进行交换。"②

请注意莫克尔核实所提出的原因是否的确是其结果的充要条件时所使用的方法。为了核实它们是否是必要条件，他追问了若是没有这些原因结果是否会发生。换句话说，他寻找在所提出的原因缺席的情况下结果却依然会发生的各种案例。当他找到了这样的案例，他就明白了所提出的原因并非总是结果的必要条件。为了核实可能的原因是否是造成可能的结果的充分条件，他寻找原因存在但结果却并没有随之出现的各种情况。当他发现了这些情况的时候，他就明白了所提出的原因并不是造成结果的充分条件（假设没有其他趋势起作用，即抵消所提出的原因导致这一结果的趋势）。

莫克尔所提供的最后一种解释是：工厂的建立降低了生产成本。"随着分工越来越细化，最终的产品也越来越复杂，设备越来越昂

---

① Mokyr, Joel (ed.), *The British Industrial Revolution: an Economic Perspective*, 2nd edn, Boulder, CO, Westview Press, 1999, pp. 105-106.
② Ibid., p. 108.

贵,地理分布的成本出现了,工厂开始从分化生产走向集中生产。"① 莫克尔不仅明确了工厂发展的这一原因,而且从变革一般进程理论的角度提供了更为复杂的解释。

> 技术进步带来了更低的价格、更优质的或更新的产品,这增加了需求,并因此扩大了市场;而市场的日益扩大又进一步导致分工更加细化,这样,生产力就又进一步得到了提高,而且还给工业组织带来了变革。这种正向的反馈过程很好地说明了工业革命为何可以被看作是一个自我强化的过程。②

这一理论是在没有辩护的情况下提出来的。它似乎是要诉诸这一基本经济学理论,即价格下跌而质量又得到提高的时候,需求就会增长。而需求一旦增长,又会刺激生产和供给的增加。在其书中的其他地方,莫克尔对这一观点十分谨慎。他评论说:"在诸如工业革命这样的历史事件中,只有在必须进行仔细考察的既定理论条件下,需求因素才能发挥作用。"③ 例如,"只有当经济发展拥有大量可进入生产领域但却未被利用的资源之时",货物需求的增长才能导致供给的增长。④ 就这一点,莫克尔大概会同意这一看法,即对于棉制品的强烈需求刺激了投资者增加该行业的支出。⑤ 以这种方式,莫克尔通过证实因果解释赖以存在的基础性理论的合理性来对该因果解释进行核实。参照这些条件性因素,莫克尔所得出的结论似乎有点肤浅,有待进一步考量。

---

① Mokyr, Joel (ed.), *The British Industrial Revolution: an Economic Perspective*, 2nd edn, Boulder, CO, Westview Press, 1999, p. 108.
② Ibid., p. 109.
③ Ibid., p. 59.
④ Ibid., p. 60.
⑤ Ibid., p. 63.

莫克尔所考察的工厂建立的各种可能的原因，就是历史学家在有关工厂生产的优势方面的一般性常识知识基础之上所提出来的那些理论。事实证明，很难从中找到一个明显是工厂建立充要条件的原因。负责任的历史学家会对以下事实保持注意，这一事实就是：有些时候，某种事件会拥有不同的原因。因此，这样的历史学家不会强迫自己去寻找一个能说明所有问题的原因。

第八章　历史解释

为了解释某一历史事件，负责任的历史学家所要进行描述的原因应该是什么？为了解释为何某一事件会取代另一事件而发生，历史学家应该提供怎样的条件？

有作者认为，关于这些问题，没有合适的答案。比如詹金斯就认为，许多事件都有无数个原因，而且也没有合适的方式来判断一个解释中应该包括这其中的哪些原因。他指出：

> 原因显然形成了……一个（从所解释的事件出发的）内外无限延伸的链条，在进行解释活动时，你不得不在某种程度上砍断部分链条，即置部分事实于不顾，否则的话，你就没有办法（也没有足够的经验）使自己的解释具有逻辑性。或者，为了提供一个充分而必要的解释，你还不得不做一些断章取义的（或"删减"的）工作。①

詹金斯说，所有的历史学家都会做的，就是学会按照别人的方法来玩自己的游戏，并按照别的历史学家赞成的那些方法来进行历史解释工作。

事实上，关于历史学家应该如何解释过去的事件，相关的建议并不少见。有人建议，历史学家应该寻求对特定社会的历史变革进行解释，这样的社会包括：在阶级利益强化的社会中、在追求权力的社会中、在剥削妇女的社会中，以及在发达国家中。荣格在研究解释模式时，引用了西克索斯从一个法籍阿尔及利亚犹太女孩的角度对于阿尔及利亚独立战争这一历史过程的看法：

---

① Jenkins, Keith, *Re-Thinking History*, London, Routledge, 1991, p. 52.

我看到白人（法国人）、上等人、富豪、文明世界是如何在压迫人民大众的基础上建立其权力的，这些被压迫的人突然变成了"看不见的东西"，他们包括没有正确"肤色"的无产阶级、移民工人和少数派。已经不被当作人的妇女，却当然会被看作是工具——肮脏的、愚蠢的、懒惰的和狡诈的等。感谢具有毁灭性的辩证法的魔法，我看到的是：那些伟大、崇高、"先进"的国家是建立在排斥"异己"的基础之上的，它们排斥但不是驱除异己、囚禁异己。历史的一个常态就是：存在着两个种族——奴隶主和奴隶。①

也有人规定了一些规范的阐释模式，在他们看来，这是历史学家应该遵守的阐释模式。这其中就有观点认为，历史阐释以物理学为榜样，借助于普遍法则的运用，把历史事件与充分确保其发生的原因联系起来，对历史事件进行解释。也有观点认为，历史解释与科学解释之间应该存在着截然不同的区别，因此应该通过描述人们从事历史活动的原因来对历史事件进行解释，并尽量使历史解释具有合理性。最后一种观点则认为，历史学家应该去揭示人们是如何看待过去的事件的，以及推动人们实际行为的文化规则是什么。②

无论是就历史解释的特定内容，还是就历史学家所应采取的解释模式提出相关主张的人，他们所提供的这两类方法都包括先入之见。在没有具体提出问题的情况下，我们可以说，有很多人会认为，历史解释不应符合任何先入之见。历史事件的原因具有极大的差异

---

① Young, Robert, *White Mythologies. Writing History and the West*, London, Routledge, 1990, p. 1.
② 关于历史解释理论的进一步考察，参见 McCullagh, 'Theories of historical explanation (philosophical aspects)', in *The International Encyclopedia of the Social and Behavioral Sciences*, Kidlington, Elsevier Science, 2001.

性，且并不局限于对于阶级利益或权力的追求，也不仅限于对于穷人、外国人或妇女的剥削。历史中的因果解释并不显示某一结果恰好就发生了，它们只是指出那些能增加结果发生可能性的原因是什么。对于人类行为原因的解释也并非总是会揭示某一行为是理性的，有时，原因是贫乏的，而行为也会相当荒唐。最后，人类行为也并非总是与其文化背景相一致，有人会反对自己的文化，想方设法对自己身处的环境作出反应。

我的理解是，历史解释的方法不是先入之见式的，而是分析和描述式的。从分析"解释"（explain）一词的含义开始，我将指出，它是一个及物动词，可连接合适的宾语以及由"内容"（what）、"人物"（who）、"方式"（how）、"原因"（why）等词引导的名词性从句一起使用。作为一个分析的过程，要相当清晰地呈现解释所必需的信息类型。与本章主题有关的解释类型都是对某事件为何会发生的原因所进行的解释，或者是解释为何实际发生的是特定的某类事件而非另外一类事件。我把它们分别称为"归纳性解释"和"对比性解释"。问题形式并非能完全限定所需的信息类型，但为了准确揭示要求说明的对象，我所描述的一般都是经过认可的答案。概括和对比性解释有时是借助于进一步的信息而提出来的，它们为所解释的历史事件提供了我所说的"深度解释"。

历史解释的难题之一，就是分析个体思想和行为解释与社会结构及其相互关系解释之间的关系。我将在结构性概括解释一节中对此进行讨论。在本章最后一节有关历史解释的第三种类型即还原解释中我也会对此进行考察，而所谓还原解释，就是通过描述构成社会结构的个体行为变革来解释社会结构的变革。

一、个体行为的归纳和对比解释

通过考察历史解释旨在回答的问题，你可以发现大量有关历史解释本质的思想。为了准确性起见，就必须做到答是所问。

动词"解释"（to explain）是一个及物动词，可连接合适的由"内容"（what）、"人物"（who）、"方式"（how）、"原因"（why）等词引导的名词性从句一起使用。例如，"解释法国大革命"的要求就是一个未完成的任务。它意味着对所发生的事、相关当事人、革命是如何成功地以共和制取代君主制，以及（或者）为何会发生革命等作出解释。如果不是以某种方式进一步阐发相关的问题，就不可能知道所要求的信息具体是什么。在不了解所要回答的问题具体是什么的情况下，你是无法对某一解释的准确性作出判断的。

人们所说的历史解释，一般指的是对历史事件发生原因的解释，那么这样的问题需要什么样的信息呢？我不想在回答这个问题的时候给读者强加任何先入之见，而且我发现，这也是一个十分有用的研究历史的做法。分析的做法是十分合理的，因为通过注意既定的单词和短语的使用条件，我们就可以很好地去确定该单词和短语在特定共同体中的意义。通过分析历史学家注定会感到满意的解释，就可以发现"原因"（why）问题明确要求的解释所具有的思想类型。通常情况下，在某一历史叙事过程中所提供的解释都是未完成的任务，因为完成这一解释所需的许多信息都已在故事的早期阶段提出来了。我们可以从案例中来确立历史解释的思想类型，特别是当批评者已经明确提出他们所期望的标准的时候，就更是如此了。那么，实际上什么样的信息类型似乎才能为"原因"（why）问题提供一个令人满意的回答呢？

在对大量历史解释进行研究之后，我注意到：提出问题和回答问题，都是在两种不同的意义上来进行的。归纳式因果解释所要求的问题，也可以成为对比解释所要求的问题，因为对比常常是通过回答问题的上下文而获得其含义的。前者追问的是为何事件会如此发生，而后者追问的则是为何发生的是此事件而非彼事件。

在对"原因"（why）问题的这两个方面进行举例说明之前，有必要进一步指出它们共同的特征。为了追问"为何事件会如此发生"，就涉及追问"为何发生的是此事件而非彼事件"。以不同的方式来描述同一事件，以及期望某一解释符合既定的描述，通常是可能的。下面我们用一个浅显的案例把这个问题说清楚。假设我去购物了，买了一些牛排回来。有人会问我：你为何要去购物？我的回答是：为今天的晚餐买些食品。你为什么要买肉？因为我们晚餐一般都吃肉，我不过是遵守这个习俗。为什么你买了牛排？因为我知道大家都喜欢吃牛排。我想这对他们有好处。就这一活动还有许多方面的问题可以提问：为什么我去的是这家肉店，为什么我开车去那里，等等。历史学家并不试图对某一事件的所有特征都进行解释，而只是对他们感兴趣的部分进行解释。因此，在解释某一事件时，他们把它当作属于某一类别、具有某类特征的事件来解释。事件类型已经在解释所要求的给事件命名时所选用的单词中得到了预示。为什么去购物，为什么要买肉，为什么要买牛排，如此等等。因此，历史学家开始寻找能增加特定情形下某类事件发生可能性的原因。

有哲学家已经意识到人们不会对某一事件的所有特征予以解释，因此他们认为，把所要解释的特征具体化的唯一方法，就是借助于对比解释。① 这固然是把明确的解释对象予以具体化的方法之一，但却不是唯一的方法。比方说，人们可以问"为什么你去购物而不是去看电影？"在这种情况下，正确的回答可能是："我从来就不会这么做。我想在这个时间电影院里没有我想要看的东西，我需要的是获取一些食物。"注意"我从来就不会这么做"和"在这个时间电影院里没有我想要看的东西"这些情况并不是导致我去购物的部分原因。把有必要进行解释的对象予以具体化的另外一种方法已经在上一段中勾画出来了，即通过指出描述被解释的事件所使用的单词，来说明能增加该事件发生可能性的原因。

让我们来通过考察人们对拿破仑·波拿巴在 1799 年 11 月 9 日

---

① van Fraassen, Bas C., *The Scientific Image*, Oxford, Clarendon Press, 1980, pp. 126-130.

至 10 日（雾月 18 日至 19 日）的篡权活动的解释，来例证上述这些要点。雾月政变以后，督政府就被由波拿巴、西哀士和罗杰·杜克斯组成的三人联合政府所取代。那么拿破仑为什么要篡权呢？我们了解更多的是他如何篡权，而不是他篡权的原因。但似乎有可能是因为他对"左派"雅各宾派所造成的法国长期经济萧条和政治不稳定感到不满，也对右派保皇党人试图破坏督政府权威的做法感到不安①；而且他毫无置疑地相信自己有能力在军队的支持下为法国带来一个强有力的、明智的政府。他认为，西哀士改变法国政府（督政府、元老会议和 500 人委员会）体制的计划，可以为他提供一个夺取政权的最佳合法借口。鉴于以上态度和信念，拿破仑发动的雾月政变似乎就可以理解了。

列菲波夫娃追问的是：为何拿破仑要亲自去篡夺权力，而不是联合雅各宾派或保皇党人一起去做呢？回答这一问题要求进行对比性解释。盖尔对列菲波夫娃的解释进行了如下总结，并通过证实有关拿破仑不过篡夺了已经属于自己的权力的解释得出了结论。

> 他本可以接受保皇党人的支持，并重整君主制政府，但这却不能满足一个想自己成为一国之君的人的愿望，何况无论如何他也知道：对于旧制度的修复尽管已非常反动却依然会激起不妥协的抵抗，并导致近来的内战达到白热化的程度。他本可以与雅各宾派合作，这是他们巴不得的事，但那可能就意味着以最革命的形式重新开始战争，而且导致欧洲动乱也并非是波拿巴的心愿。更何况，如果不得不与雅各宾派和激进的蛊惑人心的政客合作，一起执掌法国，那就很难指望能取悦那些"穿上军装以后只爱群众力量的人"。民众的主体观念依然是：对于革命的社会改革

---

① Tulard, Jean, *Napoleon, The Myth of the Saviour*, trans. T. Waugh, London, Methuen, 1985, pp. 78-79.

措施较为满意,因此急于保留改革,但更渴望稳定。在波拿巴看来,秩序就是团结,就是终结所有无休止的窝里斗,肃清党派之争,享受革命成果,努力工作,恢复建设,以及和平——但这必须是能巩固胜利者权力格局的和平。①

鉴于这种推理模式,拿破仑就有可能决定由自己亲自掌权,而不是让保皇党人或雅各宾派来支持自己了。

对比解释提供了这样的信息,即导致某一结果(某一实际的结果)比其他结果(若非前者,它就将有望成为替代性的结果)更具有可能性的形式。

在这本关于拿破仑的书的结论部分,图拉德对拿破仑的夺权进行了这样一番解释。"中产阶级"是革命的既得利益者,他们从国家和教会中获取了大量财产,并强烈要求巩固自己的地位。他们决不希望恢复旧制度,也不希望继续革命,因为这两者都会威胁到他们的财产。在拿破仑身上,他们找到了能保护他们免受来自以上两方面威胁的力量,也能使他们在秩序良好的国家中继续发展自己的事业。②

这里所要解释的具体是什么?图拉德认为,就是对拿破仑夺权所作的一种解释。他的解释是这样开始的:"面对着国内和国际利益的威胁,法国资产阶级总能够找到拯救者……拿破仑就是这些拯救者中的典型代表。"③ 但实际上,资产阶级并没有给拿破仑带来权力,他们所做的就是允许他在没有反对者的前提下实施管理。因此,图拉德在这里真正要做的,是解释资产阶级给予拿破仑的支持。这或许是他获取成功的条件之一,但这却不是对他夺权所进行的解释。

---

① Geyl, Pieter, *Napoleon. For and Against*, trans. O. Renier, London, Jonathan Cape, 1949, pp. 46-47.
② Tulard, Jean, *Napoleon*, *The Myth of the Saviour*, trans. T. Waugh, London, Methuen, 1985, pp. 350-351.
③ Ibid., p. 350.

诸如此类的案例我们并不陌生,但我们所面临的挑战却是建构一个有关理想的因果和对比解释本质的理论。历史书中的案例建立在对某一主题理解的基础之上,而该主题则已经是常识性知识或已经在该书中予以提供的知识。这些案例本身未必会给读者提供理解某一事件为何会发生或者某一事件为何会取代另一事件而发生所必需的全部信息。我必须承认的是:为建构一个理想的有关历史解释形式的尝试性理论而提出的相关建议,可能都有待于进一步考察。

问题的关键是:哪些原因应该包括在一个理想的解释之中?斯特雷顿在考察历史实践时,得出了这样的结论,即"根据其不同的利益、目的和价值观",历史学家把历史解释还原为他们个人认为十分重要的原因。[1] 他能以生动的案例来说明这一论点。比方说,在解释第一次世界大战爆发的原因时,他说,"左派"历史学家认为是资本主义"因果链上不可断裂的一环"即帝国主义导致了战争的爆发。右派历史学家则认为,要么就是一个更长的链条即人类贪婪和掠夺的本性,使得任何经济体制中的人都有可能在其推动之下发动战争;要么就是一个更短的链条即政府或外交失败的结果,导致了战争的爆发。[2] 斯特雷顿指出,历史学家所界定的原因,通常都是他们认为为防止伤害重复出现而应该予以改变的那类原因。他说,这样的解释"简直就是弄虚作假:他们只是用可控制的因素或平衡手段来解释过去的行为以及因此可能会在将来实施的行为"[3]。最后,斯特雷顿认为,社会学家受其价值观的影响并不是件坏事,因为正是因为这样他们所提供的信息才有可能是有价值的。[4]

对于基于个人价值观而挑选原因这一做法轻易就予以认可是有问题的,它的问题就在于:所导致的解释可能具有很大的误导性,

---

[1] Stretton, Hugh, *The Political Sciences*, London, Routledge and Kegan Paul, 1969, p. 19.
[2] Ibid., pp. 56-57.
[3] Ibid., pp. 60-61.
[4] Ibid., p. 170.

至少对于那些希望对历史事件的重要原因进行公正而平等的解释的读者来说，是具有误导性的。斯特雷顿对这一异议的回答可能是：任何一个历史事件都有着太多的原因和条件，因此，要想对其重要原因进行公正的总结实在是不可能的事。① 这与本章一开始的时候所介绍的詹金斯的观点是一样的。然而，如果你已经认为某些原因在既定情形下导致作为解释对象的某类事件的发生具有了某种属性或行为趋势，那么任何一种具体事件的原因数量都总归是有限的，某一事件的原因于是也就局限于那些能明显增加既定情形下某结果发生可能性的因素范围之内。这些因素对于结果有可能性发挥影响作用的明显程度，会依据历史详细程度的不同而有所不同。简史只提及对结果有重大影响的原因，而详史则包括了那些影响力较小的原因。

归纳解释不仅必须描述某一事件的原因，而且还必须依据所选择的重要性程度，描述所有对结果发挥作用的原因。换句话说，归纳解释必须既真实又公正。对于一个解释来说，忽略了重要原因就是就某一结果的发生提供了误导性观念。在对美国南北战争的原因所进行的讨论中，就提供了一个有关公正的必要性方面的明显案例。为什么北方和南方在 1860 年开战了？斯蒂芬森认为，战争基本上是围绕着各州自治权而展开的，即各州希望国家不要干预他们的自治权。而把冲突带到白热化程度的则是奴隶制的保存权问题，即南方各州认为这应该是它们自己决定的事，而非联邦政府决定的事。比亚德则认为，经济原因是推动战争的主要因素，当议会中南方人占据多数的时候，议会通过的法律，都是从南方的利益出发维护了烟草和棉花的自由出口贸易权利。而到了 1860 年，当林肯和北方共和党掌权的时候，南方人就开始担心联邦政府会不会强行出台贸易限制政策以保护日益增长的工业，以及会不会坚持要解放他们在北方

---

① Stretton, Hugh, *The Political Sciences*, London, Routledge and Kegan Paul, 1969, pp. 54, 60.

农场中的劳动力。"修正主义"历史学家朗戴尔和克拉文则认为，南方和北方之间所存在的分歧不足以引发战争。在他们看来，各派系领导人之间的争斗所引发的狂热情绪，才导致了战争不可避免地爆发。文化和意识形态解释也被提了出来：南方人担心丧失其种植园式的生活方式；北方人则担心奴隶制有违美国自由和平等的价值观，也与人类友爱的基督教价值观不相符合。历史学家开始意识到，在对美国爆发内战以及各党派纷争的起源进行任何一种解释时，都有必要把所有这些因素都考虑进去。波特就在其《1848～1861年即将来临的危机》一书中做到了这一点。他是这样总结自己的观点的：

> 奴隶问题为党派纷争提供了一个牵强附会的简明理由，否则的话，那也是一个合格的和渗透性的因素。有人可能会认为，奴隶问题把党派纷争所围绕的众多分散而无中心的利益冲突点组织起来并予以极端化。它把一个适应过程的政治行为转变成一个争斗模式的政治行为。这一分化的趋势一旦形成，党派纷争就强化了奴隶问题的紧张关系，而奴隶问题也加剧了党派纷争，它们之间是一种循环往复的关系。在这一互相作用的过程中，大多数美国人发现他们自己已无法对作用双方进行明确区分，即便是发现了这一过程亦是如此。[1]

波特的书详细描述了这一过程。他的解释是值得推荐的，因为它包括并涉及了有关战争的所有主要因素。

二、深度解释

对某一归纳性解释的独特特征进行说明的解释，我称之为"深

---

[1] Potter, David, *The Impending Crisis 1848—1861*, New York, Harper and Row, 1976, p. 43.

度解释"。它们有时会解释某一事件的首要或主要原因，以说明激发事件的属性或激发因素本身。在对比解释中，它们可以解释引发某一结果代替其他结果出现的责任性条件因素。于是问题便又出现了：历史学家应该在因果关系树上追溯多远？我的观点是：他们要么一直追溯到似乎是对环境作出正式反应的属性、信念或其他引发性因素的出现之时为止，要么就是在属性、信念或其他引发性因素的出现似乎并不是对环境作出的正式反应的情况下，一直追溯找不到其他可解释之时为止。

让我们马上来举例说明。前文中所提供的对于拿破仑为什么要夺权所作的解释，就像是一个浓缩的归纳式解释。它首先指出，拿破仑对于法国政府的无力越来越感到不安，也越来越想行使他作为一个法国军队中的英雄的权力，即以强有力的方式重整法国局势。接着，它又指出了勾起拿破仑权力欲的事件的出现，即西哀士计划变革政体和夺取国家政权，这就给拿破仑提供了一个机会，使他下定决心要予以利用。但有历史学家可能会说："我仍然不理解，成功的将领并非总是想夺取其国家的控制权。为什么拿破仑想要这样做呢？"或许正是带着对这个问题的思考，图拉德在其对雾月政变之前的拿破仑进行说明时，利用一切机会分析拿破仑的野心是如何一步步膨胀起来的。例如，1796～1797 年，在伦巴第狂胜撒丁王国和奥地利军队之后，拿破仑开始相信自己能够成为一名伟大的领导人。图拉德写道：

> 波拿巴本人都被自己巨大的军事成功所震惊。这使他进一步坚定了信念，即自己是非常优秀的，这样他的野心也就更加膨胀了。伦巴第（战役）之后，拿破仑后来说道："我不再认为自己只是一个将军，而是一个振臂一挥就能影响人民命运的人。我产生了这样的念头：在我们国家的政治舞台上，我完全能够成为一个果敢的演员。"

伦巴第时代之后，波拿巴的视线开始转向巴黎，他意识到督政府已经不受欢迎了；他也知道，只有谨慎地把所有的革命受益者都操控在手，才能把巴黎的权力转到自己手中。①

但如果拿破仑想在意大利的军事胜利之后才控制巴黎，那他为何于1798年听从督政府的命令带领军队去征服埃及呢？图拉德的看法是：他"一方面希望自己（在埃及）的胜利能进一步给自己带来荣耀，另一方面又希望这一阶段的巴黎政府更加分崩离析"②。他从来就没有把自己关注的目光从巴黎移开过，1799年8月他离开自己的军队独自返回巴黎，就是证据。他远征埃及的计划并不成功：他的舰队被内尔森击毁了，开罗人民揭竿而起反对他的征服，土耳其人也进驻了埃及。听说西哀士计划要发动政变，波拿巴用这些话为自己开脱："仅是极端恶劣的环境本身已经说服了我，为了我的国家的利益，为了国家的荣誉，也为了服从国家的利益，我们要突破敌人的封锁线，返回欧洲。"③

这一辅助信息有助于解释拿破仑的野心，当然还有他扩张势力的密谋。而这又不免让我们产生这样的怀疑，即是否一个成功的将军就一定会有野心做出像1799年11月的拿破仑那样所做的那些事？或许有人会发现，对于拿破仑的野心所作的这一解释仍然不尽如人意：是什么促使如此优秀而成功的一名将军去追逐法国政权呢？答案似乎部分地存在于拿破仑追求革命理想、社会正义和有力的人民政府的激情，也部分地存在于他要拯救法国的个人野心之中。这些激情是从哪里来的？心理学家或许会指出他年少时期的受挫经历以及他在军事院校中的屈辱经历，但并非所有承受此类伤害的人最终

---

① Tulard, Jean, *Napoleon, The Myth of the Saviour*, trans. T. Waugh, London, Methuen, 1985, pp. 58, 62.
② Ibid., p. 67.
③ Ibid., p. 70.

都想成为发号施令者。人们最终只能承认拿破仑的独特性,是不可能对其行为进行准确解释的原因所在。

历史学家并不寻求对他们所研究的每一个人的行为动机都进行如此深度的解释,为什么呢?因为大多数人在既定情形下的行为动机都是平凡而常见的。当用以说明某一结果的原因或条件本身就是预料之外(如拿破仑野心的膨胀)的时候,历史学家只是用它们来补充归纳解释。

深度解释能够以几种不同的方式来补充归纳解释。我们已经看到,历史学家是如何通过描述加速野心膨胀的事件来说明拿破仑·波拿巴的野心的。人们的态度和欲望常常是过去事件的反应,而历史学家则能够通过描述激发态度和欲望的事件来对此进行解释。但人类行为也是其信念的产物,如果他们的信念是不同寻常的,那么这些信念本身也就有必要进行进一步的解释,其方法就是:首先是在当事人信念系统之中对其形成过程进行进一步追溯,然后是在更为广阔的当事人的文化背景之中对其进行追溯。例如,年轻时的拿破仑在阅读罗素的著作时,就为其所提出的建立代表人民意志的政府之愿望所深深打动,尽管这一野心或许在他夺取政权的同时就已被修改,而在他当权之后人民表达自己意志的机会也越来越少。心理学、意识形态以及最终的社会结构都可提供深度解释。资产阶级支持拿破仑,是因为他们认为拿破仑能够确保他们在革命期间所获取的财产权,只要拿破仑能为他们的利益服务,他们就会支持他。常见的深度解释会指出所有这三个方面的重要原因或条件,尽管有些解释会把焦点放在其中的一两个方面。我们已经看到,关于拿破仑夺权的解释是如何经过补充以后变得更加清晰的。这里就有一些深度解释能补充说明温斯顿·丘吉尔生平的案例。第一种深度解释为丘吉尔的某些行为提供了心理学解释;还有一些深度解释则指出了丘吉尔的重要信念,以解释他的政策。

斯托尔认为,丘吉尔的几个行为特征可理解为反抗压抑的正当防卫。斯托尔把丘吉尔的许多习性都与压抑联系起来,他把其中的部分习性解释成基因遗传,可从其父亲和其他前辈(包括马尔伯勒公爵)那里找到根源,而另外一部分则是社会因素的结果,即他几乎全然被其年轻的社会活动家妈妈和繁忙的政治家爸爸(伦道夫·丘吉尔夫妇)所忽视。① 斯托尔解释了一长列丘吉尔的可理解为反抗压抑的正当防卫的行为特征:他的宏大野心,是无意识追求自尊的结果;父母和敌对势力的形象,被他转换成对其他权威力量的反抗;他的书写、绘画和不切实际的想法,都反映了他时常经历的空虚的生活。在希特勒身上,丘吉尔找到了完美的罪恶之敌的形象,通过反对他,丘吉尔就能发泄他所有的痛恨情绪与旺盛精力。② 他的宽容,尤其是对囚犯的宽容,归因于他在寄宿学校的不愉快经历,以及他于布尔战争期间曾为囚犯的无聊体验。③ 斯托尔说,他唯一不能解释的就是丘吉尔在其一生中的大部分时间里如此用力地与压抑作战的巨大勇气。④ 不幸的是,正是这种勇气最终毁了他。

注意,这一心理学解释不仅深入丘吉尔的内心,揭示了他的许多行为都可以理解为对压抑的一种反抗式防御,而且也与其长辈们深刻的压抑倾向相关,即与他的遗传基因以及其父母在他还是孩子时对他的忽视有关。

正如我们所能看见的,心理学解释说明的是人们的态度而非思想。丘吉尔通过学习历史特别是其祖先的历史,获取了有关大英帝国荣誉感的信念。普拉姆指出,丘吉尔的历史阐释反映了其父辈的信念。

> 无论是帝国还是人民都存在着这样的问题,即把英国

---

① Storr, A., 'The man', in *Churchill Revised. A Critical Assessment*, New York, The Dial Press, 1969, p. 247.
② Ibid., p. 259.
③ Ibid., pp. 260-261.
④ Ibid., p. 273.

贵族精神发挥到极致,而这种精神则解决了这两个方面的问题。大英帝国是世界上最好的国家,大英帝国的人民也是历史上最富有、最自由民主的人群。英国及其制度都是天赋贵族精神代代流传的结果。而这一神奇历史发展的不朽的领导人,就是那些"伟大的欧克斯塞"(如埃德蒙德·伯克所称)、伟大的贵族家族,他们是英国尊严的守护神,生来就是英国的统治者。[1]

普拉姆写道,这一版本的英国历史"有助于他形成其政治理想,并成为他对待印度、爱尔兰和欧洲的主导态度,也因此渗透在他的战略和策略之中。这不仅为他的演说增添了审慎和令人难忘的激情,而且也影响了他的政治决策,同时也渗透在他撰写的所有文章之中。"[2]

丘吉尔的信念也是他认真研究其父亲的政治演讲的结果。"丘吉尔在研究父亲的生平时,他加入了这样一群人,这群人相信伦道夫勋爵是迪斯累里这位'保守主义民主'鼓吹者的真正后人。"[3] 这是以一个政党的名义为国家作贡献,而不是传统贵族所享有的特权。

现在已经明确,有些深度解释参考的是在主人公(丘吉尔)的行为中表现出来的态度和信念。此时,它们发挥的是综合的功能,即揭示了有多少行为是与该态度和信念相关。因此,人们可以说,正如对丘吉尔的许多行为特征所作的解释那样,这些深度解释还可以为其生平的方方面面提供一个综合阐释。

那么,对于某人生平的归纳阐释与对某人行为的深度解释之间有什么区别呢?这是一个很难回答的问题,但我的建议是:归纳阐

---

[1] Plumb, J. H., 'The historian', in *Churchill Revised. A Critical Assessment*, New York, The Dial Press, 1969, p. 135.

[2] Ibid., p. 135.

[3] Charmley, John, *Churchill: The End of Glory. A Political Biography*, New York, Harcourt Brace, 1993, p. 19.

释提供的是一个框架，历史学家可以利用这个框架叙述主人公的生平；而深度解释则是对归纳叙事进行补充，但并非一定要对其进行建构。显然，一般信念和属性可以发挥两种功能，即阐释和解释。人们之所以会采取某种行为，是因为他们所坚守的信念让他们这样做，而且他们也有这样做的倾向和态度。

就可用来对丘吉尔的行为进行阐释的丘吉尔的信念和态度问题，泰勒已经提供了一些有用的见解。以下就是他的观察心得："他总是怀揣着伟大的抱负，要为大英帝国服务，要实现民主原则和有秩序的自由。"①"他希望在不进行根本性变革的前提下，消除贫困和不公平，而且，即使是在他最激进的日子里，他也声称在骨子里他是一个保守主义者。"他"并不认为英联邦自治是平等的，而把英伦三岛……视为一个家庭中的三个孩子，都要忠于自己神圣的母亲，因为他们欠自己的母亲太多了"②。接着，泰勒评论说："尽管丘吉尔的国书写得似乎很合理，但他的情绪却非常摇摆不定——大多是很宽厚的，有时也会发生逆转。"③。

  他相信，获得承认，来自于有实力而非贫弱。当他的势力很强大的时候，他的行为就充满了善意。当他面临挑战的时候（无论是来自国内还是国外），他首先会争取全胜，然后才在赢取胜利的前提下力主谈判协商。这也是他在两次世界大战、布尔战争，以及爱尔兰危机期间一直采取的态度。

  他对英国工人采取了同样的态度：如果他们表现好那就实行社会改革，如果他们胆敢罢工那就采取严厉的反对措施……

---

① Taylor, A. J. P., 'The statesman', in *Churchill Revised. A Critical Assessment*, New York, The Dial Press, 1969, p.26.
② Ibid., p.16.
③ Ibid., p.16.

> 他更深藏的缺陷是缺乏耐心，特别是在早年间……每当安排了一个行动方案时，他就立即想有所结果，并会被积习所激怒。①

在接下来的章节中，泰勒多次举例说明了这些信念和态度。他还明确提到了丘吉尔的政策中有待解释的不一致的地方。② 一些非理性的决策归因于"对于大英帝国的不切实际的献身精神"③，其他一些则是因为孩子式的冲动。④

1. 集体行为的深度解释

接下来的案例是：深度解释能为对比解释提供支持。人们常常想知道为何轻骑旅（the Light Brigade）在英（和法）国与俄国之间的克里米亚战争中要接受几乎是去送死的命令。由 700 名骑兵组成的轻骑旅，受命在一个峡谷末端出击敌军，而此时它将面临来自三面的敌军炮火的夹击。这个命令是荒唐的、自杀式的，轻骑旅的人都战死了。轻骑旅之所以会有这样的职责，是因为骑兵接受的训练就是服从命令；而他们则是在接受履行职责的命令。人们强烈要求解释的是：为何一开始的时候就要下达这样一个死命令？为什么没有制订或采用其他更为合理的战役计划？

伍德汗姆—史密斯调查了相关军官的背景，为他们的荒谬行为提供了深度解释。轻骑旅和重骑旅的负责人卡蒂干和卢坎勋爵既愚蠢又自大，而且没有任何战斗经验。指挥官拉格兰勋爵曾是一名外交官，在任军职时已 65 岁，且从来没有带军上过战场。⑤ 他的下属也比他好不到哪里去，他们中有五个人都是他的外甥。⑥ 克里米亚

---

① Taylor, A. J. P., 'The statesman', in *Churchill Revised. A Critical Assessment*, New York, The Dial Press, 1969, p. 17.
② Ibid., p. 26.
③ Ibid., p. 27.
④ Ibid., p. 50.
⑤ Woodham-Smith, Cecil, *The Reason Why*, London, Constable, 1957, p. 168.
⑥ Ibid., p. 177.

战争从开始到结束,都是英国的耻辱。为何英国军队会有这样一群无能的军官?在伍德汗姆—史密斯看来,英国人认为这场战争是"一次贵族式的交易"①,它需要的是勇气而非其他。因此,军官是否接受过正规的作战训练或者是否有经验也就无足轻重了。② 军衔都是买来的,军衔任命的代价不是别的,唯有财富。特别是,军队还排斥了那些有经验却无法支付费用的士兵。因此,那些身为军官的人,既不是受过训练的人,也不是有作战经验的人,而那些既接受过训练也有作战经验的人则无法成为军官。但这一解释仍然不充分。究竟为什么英国政府要容忍这样一种致命的情况出现呢?显然政府依然牢记着在这一体制下马尔伯勒和威林顿所取得的辉煌成就,但却忽视了这一事实,即无法阻止蠢人获取军官职位。作为确保(来自基层的)革命者决不能获取军队控制权的方法之一,这一体制基本取得了支持。

注意这一解释是如何发挥作用的。指挥官的愚蠢被解释成:既是视战争为贵族冒险活动的意识形态的结果,也是允许缺乏合适训练和经验、基本不适合这一工作的人来担任军官的习惯做法的结果。它甚至把这些习惯做法解释成英国内战以来防止军队落入革命者之手的一个决定性因素。没有这些信息,克里米亚战争期间军官们的愚蠢行为就无法理解。深度解释使得给轻骑旅下达愚蠢命令这件事变得清晰可辨。

有时,我们很难区分某个解释是因果解释还是对比解释,因为它既可以看成是前者,也可以视为后者。想一想以下提供的关于南京大屠杀的案例。这一解释既对日本士兵为何要采取如此凶残的行为进行了解释,也对他们为什么没有采取更为人性化的行为进行了解释。它参考了意识形态、态度、常见习惯做法以及结构性因素等来说明所发生的事。

---

① Woodham-Smith, Cecil, *The Reason Why*, London, Constable, 1957, p. 11.
② Ibid., pp. 146-147.

根据某些历史学家的观点,1937年12月13日南京沦陷后,日本侵略军在长达六周的时间内,血腥屠杀了30多万中国平民和战俘,另外还有2万余名中国妇女惨遭日军蹂躏。以上叙述基本属实,尽管所引数据尚不十分确定。历史学家的问题是:如何来解释日军的这种可怕的行为?在回顾近年来关于南京大屠杀的相关著作和论文的时候,杨大清记录了历史学家提出的有关这一事件的更为复杂的解释。① 起初,有人把日军的可怕行为归因于日军纪律失控,这可用来解释为何他们都没有接受控制。近年来,更多的历史学家求助于"现代日本军国主义"来对此进行解释。日本士兵都接受过残忍的训练,他们的训练培养了他们的这一属性,即残忍地对待自己的敌人。在这里,也有意识形态灌输的信念在发挥作用。占领南京是一件很重要的事,因为南京是当时中国的政治中心,这可能是推动日军如此凶残地杀害中国人的原因之一。另外一个原因可能就是:他们已经养成了蔑视中国人的习惯,有目击者称,日军在蹂躏中国妇女时都有一些不情愿。还有人则提出,影响日本士兵的社会因素也是原因之一,"在南京的日本士兵大多军纪不整……官兵都缺乏良好的军事教育,这使他们对平民的生命和国际法缺乏应有的尊重"②。另外,一旦提供了深度解释,重大事件就又变得更加清晰起来。日军的文化和训练从某种程度上有助于解释他们对待中国人的恐怖做法。

2. 深度解释与综合阐释

有时,历史学家力图对一系列事件进行"深度解释",以期对它们进行综合,从而展示它们都是某一基本原因或条件的外围因素。关于这些解释,我想要提醒大家的是:尽管它们有可能在综合方面获得可观的成就,但他们的解释力通常却是有限的。的确,在探索

---

① Yang, Daqing, 'Convergence or divergence? Recent historical writings on the Rape of Nanjing', *American Historical Review*, 1999, 104: 842-865.

② Ibid., p. 856.

单一综合解释时,历史学家总是面临着这样的危险,即忽视自己所要予以解释的历史事件的其他非常重要的原因。

有时候,历史学家会把那些看似没有统一解释的对象最终转变成具有统一性的解释。例如,20世纪30年代德国政治中最突出的事实就是纳粹政权的巩固。在这一过程中存在着几种不同的因素:支持纳粹(国民社会)党的选举人越来越多;自从1933年担任总理以后,希特勒自己替代了现任政府,并设立了额外的警力冲锋队和党卫军;他击败了共产党、工会以及其他政党,有效地消灭了反对派;尽管希特勒即位是在1934年8月,但海登堡总统死后,军队就已经支持希特勒成为新的国家元首。"纳粹政权的巩固"这一主题显然总结了那个时期德国的许多政治活动。然而,在这一过程中,似乎每一个因素的原因解释都不是单纯的。例如,选举人支持希特勒就是出于多种原因:许多人特别是年轻人都被希特勒要在《凡尔赛条约》之辱之后建设一个强大的德国的承诺所深深吸引。资产阶级和实业家在经济萧条时期之后寻求的是稳定和繁荣的社会局面。军队容忍希特勒政府的原因尚不清楚,但获取军队的支持却是希特勒成功的关键。希特勒的意识形态和领导魅力解释了他的许多行为和他的成功,其他人的利益也解释了他们对希特勒统治的支持。20世纪30年代纳粹政权的巩固的原因解释,似乎不是单一的。

希登和范奎哈森对于希特勒执掌德国政权的原因提供了一个单一性的深度解释。他们援引摩尔著作中的理论指出,当德国人意识到自己的新民主制度与第一次世界大战后战败的德国需要重建这一挑战有多么不相称,以及新民主制度又是如何完全无力阻止20世纪20年代的经济大萧条在德国的肆虐之后,他们就会愿意接受一个取而代之的独裁政府。[1] 这一解释从十分具有概括性的角度说明了德国国内不同的人群为何要支持国民社会党以及国民社会党自己为何

---

[1] Hiden, J. and Farquharson, J., *Explaining Hitler's Germany. Historians and the Third Reich*, London, Batsford Academic and Educational, 1983, pp. 161-162.

会相信：接受诸如希特勒这样一位有着伟大远见的国家元首的领导，是所能采取的最佳政府形式。这一解释显然需要进行补充，即补充解释每一类人群都分别想从新政府中获取怎样的、在战后的民主制度中无法享受到的好处。由于这一深度解释的概括性太强，因此它面临着忽视重要差异的危险。

在探索具有统一性的深度解释时，历史学家常常喜欢采取单一因素解释法，即便这会使他们冒着让读者对复杂的因果过程产生误导性理解的风险。这一专业性问题在坎纳丁对英帝国主义问题进行考察的长篇巨著中得到了说明。在该书中，坎纳丁揭示了历史学家在解释大英帝国的形成时就存在着试图使用单一解释法的倾向。他列举了几种不同的此类做法，如把大英帝国的形成归因于偶然因素、资本主义的发展、对于荣誉的追求、战略利益以及在殖民地国家确保善政的需要等。他发现，这其中的每一种说法都很不恰当，因此得出结论说："把如此丰富、多样且具有如此差异性的帝国的形成原因归结为某一种单一的原因，显然是荒唐的做法。"[①] 他对凯恩和霍普金斯的两卷本大英帝国历史书进行了考察，该书的作者把大英帝国的形成与建立归因于伦敦的"绅士资本家"，即绅士资本家在海外进行了大量投资，因此他们要采取措施积极确保其投资得到保护并获取利润。1945年以后，英国在本国的投资已经不是十分重要了，相反，在欧洲和美国的投资数额倒是占了很大比例。坎纳丁否认英帝国发展拥有如此单一的原因。伦敦城与英国政府之间联系并非总是十分紧密，伦敦之外的许多联邦也为帝国进行了投资，如威尔士、苏格兰和爱尔兰等。他总结说："这一原因分析过于单一化，没有给予帝国形成的其他原因以适当的重视——不仅存在着政治、外交和战略性的因素，也存在宗教人权、意识形态和文化的原因。"[②]

我们所面临的问题是生产一部具有完全统一性的历史的愿望

---

① Cannadine, David, 'The empire strikes back', *Past and Present*, 1995, 147：181-183.
② Ibid., 194.

（以例证或许是前所未料的一个有趣的主题）与企图为所描述的事件提供一个全面而公正的解释之间的紧张关系。如果统一的解释忽视了一定数量的重要原因，那么这样的解释就是误导性的。

三、结构解释

"结构解释"一词是在两种不同的意义上使用的：第一种指的是社会结构影响个体行为的方式；第二种则是指社会结构变革的解释方式（在第三章中，我区分了三种社会结构：社会组织、社会系统和一般社会结构）。

1. 社会结构与个体结构

深度解释常常会参考无意识的心理学事实，就像我们在上述案例中所发现的那样。往往会被常识所忽视的人类行为原因，是社会压力。人们一般会对自己的社会期盼作出反应，如通过他们所使用的语言以及所言说的内容对社会期盼作出反应。今天，许多学者十分感兴趣的是共同话语对于个体思维和行动的影响，这一主题往往是在意识形态的标题下进行研究的。人们常常根据他们认为是相关的话语来建构自己对于历史情况的理解，而话语又常常描述的是适当的或不适当的反应。

社会组织会给自己的成员强加特定的压力。权威化的规则和习惯做法从组织利益出发，引导组织成员采取它们认为是正确的行为方式。其最极端的方式就是：法律和规定严格控制着法官、公务员和部队官员的裁决。无论如何，个体依然保留有违背上述法律条文的行动自由，如果他们愿意的话。他们一般会遵守这些法律法规，一部分原因是因为他们赞成组织功能，另外一部分原因则无疑是出于自我利益，因为违背法律就会遭受惩罚或开除。

组织一方面限制着个体行为，另一方面则为个体行为提供便利条件。某一组织中的资源使得其成员可以获取组织之外的人无法获取的东西。例如，大学为研究提供了各种机会和便利条件，如果不是大学成员,那就很难享受到这些机会和便利。部队为将领们提供了赢取战役胜利的机会;法庭则为法官提供了实现正义判决的机会;医院也为医生提供了一个做复杂手术的机会;等等。

很难对一个组织施加给其成员的压力进行评估。但这种压力已经因这一历史事件而遭到了指责,这个事件就是:德国纳粹政府作出了杀害本国控制下的犹太人的决策,而太多的德国人却希望执行该屠杀政策。在《现代化和大屠杀》一书中,鲍曼把德国人残忍对待犹太人的骇人态度解释为主要是官僚制传统的产物。鲍曼说,一旦德国政府决意认为犹太人在新纳粹国家中没有一席之地,那么种族灭绝、屠杀犹太人的政策就会成为纳粹政府的决策,如果它们认为在新政府中采取其他清除犹太人的方式仿佛是不可行的话。因为把犹太人从德国以及德国占领国驱逐出去所需的成本和逻辑,以及把犹太人安置在其他殖民地,似乎都是不可行的,因此其他决策就不可能出台了,灭绝政策是一个"合理的决策"。鲍曼评论说:"工具理性的精神及其制度化的现代官僚形式……使得大屠杀的决策不仅成为可能,而且还成为'合理'的决策——并增加了人们选择这种决策的概率。"[1] 一旦希特勒表达了自己想要建设一个没有犹太人等其他与社会格格不入的人的德国的时候,官僚制就只会去寻找执行这一政策的实际可行方案,而根本不去理会所寻求的方案是否是道德的。

鲍曼指出,纳粹政府实施种族灭绝政策的广度和深度,需要政府提供一个无所不在的、有效的和畅通无阻的官僚制度。他写道:"当现代主义者(完美政府)的梦想,在能够使现代理性行为机制一极化的绝对权力中得到了体现的时候,当这种权力使自由摆脱了社会控制的时候,种族灭绝现象就会发生。"[2] 不仅德国官僚体制有效地执行了政府的政策,而且它也成功地遮蔽了其行为对道德的粗暴

---

[1] Bauman, Z., *Modernity and the Holocaust*, Cambridge, Polity Press, 1989, p.18.
[2] Ibid., pp.93-94.

践踏。鲍曼指出,遵守政府命令的党卫军成员(不论男女)并非都是冷酷的职业杀手,他们大部分都是非常正常的平民[1],只不过是在一如既往地执行上司的命令罢了。

现代官僚制削弱了人们在从事不道德行为时所可能存有的最后一点道德习性。援引凯尔曼的著作,鲍曼指出了削弱道德习性的三个条件:"暴力权威化(通过来自合法授权机构的官方命令)、行为程序化(通过制度化管理的习惯做法和角色分工的具体化),以及暴力受害者的非人性化(通过意识形态定义和灌输)。"[2] 后来,他又补充说,官僚制度使人们置身于自己的行为后果之外,因此削弱了要为自己所造成的苦难担负责任的任何个人责任感,反而还会因其是某一官僚机构中最理想、最合格的技术人才而得到奖赏,而无须担负任何道德责任。而且,他们倾向于以一种非人道的方式来看待受其决策影响的目标人群,把他们视为货物或数据,而不是自己应该为之担负道德责任的人。[3]

历史学家参考社会体系而不是社会体系中的某些元素来解释个体所遵循的行为习惯。例如,假设某历史学家发现,某公司刚刚丢失了一个很大的产品市场,于是管理层便会解雇大批雇员。历史学家会认为,解雇行为是对因丧失市场而导致的收益丧失所作出的反应,因为根据经济学理论,在这种情形下,这种反应是正常的、合理的。

埃尔斯特在《社会科学的基本要点》一书中关注了理性归纳作为对人类行为的描述所存在的缺陷。埃尔斯特指出,对于既定情况,人们并非总是会作出理性反应的选择,而且即便不是这样,人们也并非总是会理性地行动。在埃尔斯特看来,即便人们确实根据理性经济理论采取行动了,我们也并不理解为何他们要这样做,除非我们研究促使他们采取个体行为的小"机制"[4]。我认为,当人们依据

---

[1] Bauman, Z., *Modernity and the Holocaust*, Cambridge, Polity Press, 1989, p. 19.
[2] Ibid., p. 21.
[3] Ibid., pp. 98-104.
[4] Elster, Jon, *Nuts and Bolts for the Social Sciences*, Cambridge, Cambridge University Press, 1989, p. 10.

某一理性理论采取行动时,历史学家只是认为他们是在理性地行动。只有当他们没能按照理论的预期采取行动时,历史学家才有必要考察导致其非理性行动的"机制"。

一般社会结构的变化能导致个体而且更有可能是群体行为的发生,如果这些变化被认为是有违该群体的利益的话。例如,19 世纪中期英国劳工因公共土地减少和工业机械化而遭受苦难,因此他们渴望能有自己的一份土地、财产和独立,这些在他们看来都是与生俱来的。汤姆森就对此进行了记录。① 汤姆森关注的是他所研究的各个群体的文献,这些文献把他们的行为归因于他们对社会变革的认识。梯利在对 1793 年法国旺代的反革命战争进行分析时,就努力摆脱理性解释,企图用社会经济利益来解释群体行为。他指出,反革命分子中包括许多"土生土长的、靠农业活命"的农民,他们面临着"以市场为导向的、理性化的农业"的威胁;反革命者中要包括许多纺织工,在工业危机期间他们曾遭到其工场主的恶劣对待。② 梯利认为,人们会想尽一切办法来保护自己的利益,既然反革命分子也可以这样做,那就没有必要对他们每个人对于自己所面临的局面的认识进行逐一调查了。③

对于社会结构的真实性提出质疑的人,可能(十分正确地)指出了这一点,即那些反对所谓一般社会结构变革的人,其实是对他们关于社会或者是关于社会主导话语的想法所作出的反应,而根本就不是对任何真实的社会结构所作出的反应。在第三章的最后一节,我捍卫了社会结构的真实性。这里只需指出的是:当历史学家调查有关社会结构的话语和信念的起源时,他们通常都会找到恰好能保证该信念具有真实性的证据。在某些情况下,毫无疑问人们会相信不充分的证据,而在另外一些情况下,关于社会结构的话语也是出

---

① Thompson, E. P., *The Making of the English Working Class*, Harmondsworth, Penguin, 1968, pp. 253-255, 326.
② Tilly, Charles, 'The analysis of a counter-revolution', *History and Theory*, 1963, 3: 55.
③ Ibid., p. 34.

于政治目的而编造出来的。但独特的社会群体的一般财富或权力的经常性变化，却是一个我们都可以看见的简单事实。

2. 社会结构变革解释

区分社会组织、社会系统以及一般社会结构的重要性，尤其是在需要对社会结构变革进行解释时得到了说明。对于每一种社会结构的变化，我们都可以用不同的方式进行解释。

(1) 社会组织变革解释

社会组织的变革既可以是自上而下的，也可以是自下而上的。在考虑和决定进行组织变革时，大多数组织都有制订相应程序的规定。如果这些规定得到了很好的遵守，那么组织变革就会被认为是负责任的授权。有些程序会为因变革而发生的随时变动预留下缓冲的空间，还有些程序会授予主管者很大的自由裁决权。为了解释自上而下的变革，历史学家就要研究如何执行这些规定、是谁想出的变革计划、是谁说服哪些人支持变革倡议、谁最终同意实施变革以及其原因是什么。自下而上的变革，是由组织中的一些部门发起的，它们认为组织规定过于呆板陈旧，所以它们要制订一个新的习惯做法来管理组织中的某个部门。

(2) 社会体系变革解释

社会体系中的变革解释起来要更加困难一些。当然，根据体系中的变量对变革进行解释的方法有许多，比如某一经济体制内的投资变化、价格变动、工资和用工情况变革常常都可以解释为公正合理的。同样，从政党的意识形态、组织、财富和魅力等角度出发，解释某一政治体制内的政党变化前景也相当容易，尽管在政党选举中并不全是理性的。而对社会系统本身进行解释就要更加困难一些了。

曾经有一段时间，有些社会理论家努力寻找有关社会变革的一般理论。他们中有人认为社会体系就是一种平衡状态，如果有事件打破了这一体系，它就会进行调整以恢复平衡。例如，如果某一产品市场消失了，农场主或工场主就会转而生产另外一种市场有需求的产品。可以推测一下，如果事实证明君主制政府是完全无能的，如法国和俄罗斯革命发生之前的法国君主政府和俄罗斯沙皇政府那样，那么就会有新的政府组建起来以替代旧政府。问题是：社会体系并非总是能像这些理论所假设的那样作出有效的调整。约翰逊在这一理论的基础之上提出了一种革命变革理论，但他承认，这并不是普遍适用的理论。① 达伦道夫喜欢把社会看成是各个利益对抗的群体之间开展权力和实力竞争的场所，他把社会变革解释为这种冲突的结果。但他又不得不承认，有些社会变革是社会中不同群体间达成和解的结果，而根本不是冲突的结果。②

寻找有关社会体系变革一般理论的失败，说明了历史学家应该停止寻求对此类变革进行一般性和纯理论性解释的努力，而应该通过为变革方式提供一个常识性叙事来对每一个具体的社会变革进行说明。这一做法的一大重要好处就在于：这种叙事能清晰地说明前后相继的、始料未及的事件或具体的形势对变革过程的影响。社会系统变革的一般性理论之所以不准确的主要原因，就在于这些理论都不能允许它所描述的前后相继的一般过程被打破。

然而，具体社会体系变革的归纳性解释对于确认按照先后次序导致社会结构变革的一般原因十分有用。这些概括并不一定把这一过程描述为一个整体，但它们却揭示了必然导致结果产生的一般因果过程。这里就有一个相关的案例，即哈特维尔对于18世纪下半叶导致工业革命的英国经济变革所作的概括。

　　（原材料和劳动力）供给的日益增加、技术变革以及（由人口增加所带来的）需求的增长，都推动了经济的增长。发明创造资金的投入提高了工业生产力，也创造了更

---

① McCullagh, *The Truth of History*, London, Routledge, 1998, pp. 282-283.
② Ibid., p. 284.

多的就业机会，工资水平也相应提高了。然而，由于利润率依然很低，工资上升也很缓慢，因此资本和劳动力短缺都没能抑制企业的发展。尽管需求依然旺盛，但企业生产成本依然相对较低，因此投资积极性很高。转折点发生在18世纪80年代，那时，需求压力达到高峰（无论是现实的还是潜在的），这促使工业生产力进一步提高。这导致的结果就是出现了一系列显著的技术突破，它们极大降低了产品的价格，不仅促使国内需求大为增加，而且也使得英国产品以足够低廉的价格（甚至低于关税和运输壁垒）打入欧洲市场。工业革命开始了。①

英国经济体系具体变革的常识性描述，不能揭示这里所描述的因果联系，因此，它们不能替代这里的归纳性因果分析。显然，像这样的描述要借助于经济学理论，该理论界定了不同的经济变量对既定结果产生影响的各种方式。为了对此类社会体系进行描述，历史学家必须非常熟悉相关理论，特别是要善于把握其所研究的系列的可能原因和结果。

为了对该理论的恰当性进行测试，或者是检测其与某一历史时期的相关性，历史学家就要观察：是否实际发生的具体事件具备该理论所预期的原因或结果。政治史学家有时使用好几个这样的理论来解释历史事件。在最近的一篇有关政治史的文章中，佩德森指出，人们发现，马克思主义理论认为政治政党是为阶级利益服务的，这不能说明格莱斯顿的自由党在19世纪的英国工人阶级中大受欢迎这一现象。② 因为格莱斯顿的自由党并没有为工人阶级提供更大的权

---

① Hartwell, R. M. (ed.), *The Causes of the Industrial Revolution in England*, London, Methuen, 1967, p. 28. 这一段引文的相关讨论，参见 McCullagh, *The Truth of History*, London, Routledge, 1998, pp. 285-286.
② Pedersen, Susan, 'What is political history now?', in *What is History Now?*, ed. David Cannadine, Basingstoke, Palgrave Macmillan, 2002, pp. 42-43.

力。相反，它还淡化了政府对人民的这一要求，即呼吁"持不同政见者、激进分子和工人阶级反抗压迫和集权国家"①。佩德森在这里指出了一个替代性的政治学理论，该理论认为，人们对政治政党的支持与他们在其言论和现存的文化传统中所倡导的思想观念有关。但佩德森认为，对于言论问题的关注不应该取代对于政治结构的分析。19世纪英国对于"旧的腐败制度"问题关注颇多，因为它影响了大英帝国的议会和政府。但历史学家已经发现，那个时期的英国政府是一个十分有效率的政府。

> 它不仅能划拨GNP中的一个很大的比例用于维持国家职能（并未雨绸缪地为战争作好备），而且这些资金的征集和分配也从来没有（就像在法国那样）因私人利益而被挪用。②

这是政治学理论的语言，尤其可用于比较某一国家（英国）和另一国家（法国）的政治体制。与那个缺乏效率乃至几近崩溃的法国政府相比，革命期间的英国政府之所以能得以幸存，无疑得益于其高效率。佩德森的结论是："大众对于……国家……制度的理解，尽管对于那个时期的社会历史和政党政治十分重要，但却没有为我们理解这些国家提供一个很好的分析……"③

政治理论往往一方面能够说明某些政府的受欢迎程度和优势所在，另一方面又能说明另一些政府的不受欢迎程度和劣势所在。而社会体系的变革常常就是政府命令所致，特别是在巨大社会动乱

---

① Pedersen, Susan, 'What is political history now?', in *What is History Now?*, ed. David Cannadine, Basingstoke, Palgrave Macmillan, 2002, p. 43.
② Ibid., p. 48.
③ Ibid., p. 49. 关于政治历史与政治理论之间互动关系的十分富有想象力的讨论，参见 Keddie, N. R., *Debating Revolutions*. New York, New York University Press, 1995.

（如革命、战争或自然灾害）之后尤其如此，因为动乱发生之后需要新的政治组织来处理。因此，最佳的体系变革政治史要把社会境况分析和与之相适应的决策解释综合起来。摩尔在其《苏维埃政治》一书中就为这种历史提供了卓越的案例。在该书中，作者明确了布尔什维克经常面临的结构性困境，并通过指出"意识形态制约了（对社会公平的向往、推动经济生产和产品分配的）结构性抑制因素，以及国际关系"背景，解释了他们所作出的反应，接着，他还解释了所采取的政策的"成本和收益"[1]。例如，1921年，苏联政府引入新经济政策，允许一些私人企业继续存在，但这些企业的领导人却反对布尔什维主义。"所导致的紧张关系意味着权威机构的反应一定会被效仿。"[2]

(3) 一般社会结构变革解释

最后，我们来解释一下一般社会结构变革。一般社会结构变革在西方历史中最流行的主题，就是从封建制农业社会向民主制工业资本主义社会的过渡。事实证明，试图找到一个一般理论来解释这一非常丰富而复杂的变革模式，基本上是徒劳的。马克思主义理论认为资本家为了改善其生产方式会推翻封建主义的社会结构，这一结论建立在英国内战（英国内战导致了克伦威尔领导下的共和政府的建立）这一事实基础之上，但同时，这一社会变革也是宗教因素和经济因素推动的结果。霍尔顿在其《从封建主义到资本主义的转型》一书中，考察了几种社会变革理论，但其结论却是："资本主义在欧洲近代民族国家范围内的发展，不存在单一的模式。"[3] 他总结说：

---

[1] Smith, Dennis, 'Discovering facts and values: the historical sociology of Barrington Moore', in *Vision and Method in Historical Sociology*, ed. Theda Skocpol, Cambridge, Cambridge University Press, 1984, pp. 322-325.
[2] Ibid., p. 323.
[3] Holton, R. J., *The Transition from Feudalism to Capitalism*, Basingstoke, Macmillan, 1985, p. 146.

我们所需要做的，似乎不是在资本主义出现背后寻找统一的原因，而是对社会变革的多种原因和多线型模式采取更宽容的态度，并且从随后相继的而非必然性的社会发展模式角度出发对不可重复的具体历史关系进行分析。①

为了判定一般社会结构变革的原因，历史学家不得不参考界定这些结构的各种因素。例如，如果有人描述了某社会中的权力结构，那么影响该结构变革的很有可能就是政治性因素。伦希曼提出了三种常见的社会权力类型，即经济型、意识形态型和强权型。从这三种类型中他推论说存在着"三个社会结构维度"②。因此，当麦克斐希望解释法国1780～1880年间的社会变革时，"关注的是社会权力关系"这一事实就不足为奇了。而且麦克斐应该挑选"这一世纪中的两大社会危机——1789～1795年法国大革命和1848～1851年第二共和国时期"作为社会结构领域变革的最明显的责任事件。③ 这些牵涉伦希曼所命名的所有三种权力类型。第一种权力类型变革考察的是资本主义官僚制取代封建政府体制。

> 1789～1791年，革命者根据资产阶级关于理性、统一和效率的假说开始重塑制度和公共生活的方方面面。全面而有力的重塑活动的基础，是各级各类部门和村镇社区的行政体制。于是，人们按照一个完整的责任、人力和权力结构中完全相同的方式，对各级各类部门进行了行政管理权划分。教区边界现在被改成行政边界，而天主教区则通常位于各州首府。④

---

① Holton, R. J., *The Transition from Feudalism to Capitalism*, Basingstoke, Macmillan, 1985, p. 145.
② Runciman, W. G., *A Treatise on Social Theory*, vol. 2: *Substantive Social Theory*, Cambridge, Cambridge University Press, 1989, p. 15.
③ McPhee, Peter, *A Social History of France, 1780—1880*, London, Routledge, 1993, pp. 2-3.
④ Ibid., pp. 98-99.

麦克斐指出，由革命所带来的"制度的、法律的和社会的变革"为"资本主义工业和农业的生存和繁荣"创造了"条件"①。作为一系列社会革命结果的法国社会转型是巨大的。② 关于第二共和国，麦克斐认为，它"标志着"路易斯—拿破仑于1851年当权时所承诺③的"君主制政体在法国的终结和人人都具有的普遍选举权取得了决定性胜利"④。"从长远来看……普选权的巩固削弱了作为统治阶层典型代表的大土地所有者的主导权。"⑤

在其著作即将结尾处，麦克斐向"现代化理论"假说提出了批评。在尚未经证据检验的有关历史变革本性的一般假说的推动下，"现代化理论"为自上而下的历史所存在的危害性提供了一个很好的、最后的案例。麦克斐解释说：

> 现代化理论的预设前提对于社会史的书写产生了强大的但却是负面的影响：它们假设在社会和政治中就像在市场经济中一样，19世纪的资产阶级是"现代"价值观和行为的宝库，他们会通过一个"滴入式"的过程把其所持有的丰富的"现代"价值观和行为传授或灌输给城乡大众。⑥

支持这一现代化理论的人会认为，大众对自由议会制政府的支持是资产阶级的价值观被下层阶级接受的结果。麦克斐指出，不想让议会制民主进一步扩展的正是统治阶级，而工人阶级则欢迎议会民主制度：

---

① McPhee, Peter, *A Social History of France*, 1780—1880, London, Routledge, 1993, p. 101.
② Ibid., ch. 5.
③ Ibid., p. 190.
④ Ibid., p. 195.
⑤ Ibid., p. 268.
⑥ Ibid., p. 275.

到 1880 年为止，议会民主制度的胜利是工人阶级中最为深入人心的变革，因为民众统治就意味着人人享有普选权和选举自由权。最终，这一胜利是通过"自下而上"的革命而取得的……议会民主制的抵制力量来自于已确立统治地位的资产阶级，而非来自于尚未"开化的"、偏爱暴力反抗的工人阶级。①

于是，现代化理论又一次呈现了这样一幅图景："随着"关于人的位置问题的"不可避免的信念世俗化"以及"宗教信仰习惯的不断丧失"，人类开始了城市化过程和大众教育过程。然而实际上，1830～1860 年间，法国存在着一场十分浩大的宗教复兴运动，特别是在妇女中间。②

这些案例揭示了这样一个道理，即在试图对其研究主题进行阐释或解释之前，历史学家十分有必要了解相关主题的详细历史。如果把其历史书写仅仅局限于说明政治上正确的或学术上受欢迎的理论，那么他们就会把自己放在一个众矢之的的位置。

---

① McPhee, Peter, *A Social History of France*, 1780—1880, London, Routledge, 1993, p. 276.
② Ibid., p. 277.

结　论

　　在大中小学校讲授历史课的人，往往十分重视能提供批判性思维的课程。他们教育学生要学会对证据进行批判性阐释、对阐释和解释进行批判性评价。他们希望通过研究历史，学生能掌握在其他文本中依然有用的技巧。我希望，这样的老师能看一看这本书，把本书作为引导读者掌握历史学科基本论证形式的入门书。

　　然而，有必要追问的是：为何历史必须是理性的？为了给其增加娱乐价值，为何不在其中增添一些无证据可考但却有可能是真实的、丰富多彩的细节？作为一种宣传，为何不简化故事或者是夸大其某个方面以使其信息更加清晰？为什么历史学家应该坚持专业历史应该具有正当合理性？

　　这些问题使我们不得不考虑专业历史的社会价值。历史的社会作用存在于三个方面，这些作用要求历史要尽量合理。第一个作用就是：历史建构了社会群体、机构和国家的身份。它通过研究群体、机构和国家在过去的行为，规定了它们的具体特征。在这样做的时候，历史关注的是人们用来区分这些具体的群体、机构或国家的那些特征，人们会依据这些特征决定对其做出赞成或反对之举。在战争中，政治家一般会贬低敌人，鼓励对敌人的痛恨情绪，并把杀害他人合法化。历史学家有责任确保其对于这些群体、机构和国家的说明是尽可能准确和公正的，因此根据它们所作的反应也是正当的。

　　历史的第二个社会作用是：它明确了那些能有效提高或降低生活质量的趋势。自由资本主义的全球化所带来的利弊都有可能持续下去，而不利的一面（从对廉价劳动力的剥削到许多共同体的价值观和贡献性的丧失）则有必要予以强调。近年来的另一个趋势是对环境恶化和环境资源掠夺问题的关注，因为这一问题会对全球气候造成极大的影响，并会造成自然物种的灭绝。更新近的趋势则涉及了穆斯林和基督教社区之间的棘手关系，以及对蔑视国际法做法的担忧。如果要想根据这些趋势采取合适的行动，历史学家必须准确地对这些趋势进行说明。

最后，历史的社会作用还在于，它能在我们所继承的信念和习惯做法、传统和制度的价值有无问题上提供给我们许多教训，使我们能够明确哪些价值是值得维护的和有必要进行变革的，哪些则是没有保护价值的。历史也是一座丰富的矿藏，在这里，我们可以发现历史变革、战争和革命、经济繁荣和萧条等这些影响我们诸多政治和经济判断的原因。如果我们赖以决策的历史不够准确，那么我们的行为就仍然是十分愚蠢的。

历史学家作为一个职业，他们肩负着保护共同体免受虚假的和有偏见的宣传的影响这一社会责任。历史学家个人无疑会有他们自己的个人偏见，但历史学家这个职业却有着理性判断的标准（如前所述），这些标准可应用于纠正大多数个人偏见。文化范围内的偏见更难纠正：我们必须依赖于来自其他文化背景的人来帮助我们察觉这些偏见。①

历史还可以提供另外一些好处，但这些好处与其说是社会的毋宁说是个人的。在描述过去的伟大或平凡人物的命运以及他们的事业或共同体时，历史学家帮助我们理解了打开人类生活画面的各种不同方式，这是个人智慧的资源之一。通过描述某个人的家族、群体或共同体的斗争，以及他们是如何成为现在的样子，历史可以增加集体身份认同感，使人有能力把自己的生活视为更广大的社会整体的一部分。而且最后，历史还可以具有娱乐性，因为它可以描述人们是如何克服困难实现目标的，或者最终是如何被困难所击败的。和历史一样，虚构的小说也能提供娱乐，但它却不能让人增加智慧，

---

① 关于历史研究中的偏见问题的讨论，参见 McCullagh, 'Bias in historical description, interpretation, and explanation', *History and Theory*, 2000, 39: 39-66.

也不能有说服力地帮助人们培养集体身份认同感。

为了充分发挥这些社会的和个人的作用，历史就应该可靠、清晰且公正。历史学家就应该确保他们关于过去的描述是有充分证据支持的，并因而是完全可靠的。你不可能提供一个绝对真实的历史描述，但却可以准备充分的证据来支持你所作的历史描述，以便让人们有充分的理由去相信它们的真实性。在解释重大历史事件时，历史学家也应该尽可能做到准确和全面。他们所确定的原因必须确实对结果有影响力，而且还不能忽视所有重要的原因，否则的话，读者就会对既定结果的发生有所误解。最后，描述、解释和阐释都必须公正，不能忽视某一主题或过程的特征，以免给读者留下错误的印象。在判断人、政治和制度的价值时，有必要既了解它们的优点，也了解他们的缺点。片面的、一面之词的说明将会导致读者形成错误的想法。

鉴于提供可靠、清晰和公正的历史所具有的重要性，了解历史学家应该如何证实其结论，就成了严肃的历史研究者责无旁贷的任务。

参考文献

Philosophical and reflective works

Adams, W. P. , 'The historian as translator: an introduction', *The Journal of American History*, 1999, 85:1283-1288.

Ankersmit, F. R. , *Narrative Logic. A Semantic Analysis of the Historian's Language*, The Hague, Martinus Nijhoff, 1983.

Barrett, Michele, *Women's Oppression Today. The Marxist/Feminist Encounter*, rev. edn, London, Verso, 1988.

Bauman, Z. , *Modernity and the Holocaust*, Cambridge, Polity Press, 1989.

Berghahn, V. R. and Schissler, H. (eds), *Perceptions of History: International Textbook Research on Britain, Germany and the United States*, Leamington Spa, Berg, 1987.

Berkhofer, Robert F. Jr. , *Beyond the Great Story. History as Text and Discourse*, Cambridge, MA, The Belknap Press of Harvard University Press, 1995.

Blackmore, Susan, *The Meme Machine*, Oxford, Oxford University Press, 1999.

Bloch, Marc, *The Historian's Craft*, trans. Peter Putnam, Manchester, Manchester University Press, 1954.

Boggs, Carl, *Gramsci's Marxism*, London, Pluto Press, 1976.

Bonnell, V. E. and Hunt, L. (eds), *Beyond the Cultural Turn. New Directions in the Study of Society and Culture*, Berkeley, University of California Press, 1999.

Bourdieu, Pierre, *Outline of a Theory of Practice*, trans. R. Nice,

Cambridge, Cambridge University Press, 1977.

Brown, Robert, *Rules and Laws in Sociology*, London, Routledge and Kegan Paul, 1973.

Butterfield, Herbert, *History and Human Relations*, London, Collins, 1951.

Cabrera, M. A., 'On language, culture, and social action', *History and Theory*, 2001, 40:82-100.

Carr, David, 'Narrative and the real world: an argument for continuity', *History and Theory*, 1986, 25:117-131.

——'Discussion: Ricoeur on narrative' in *On Paul Ricoeur. Narrative and Interpretation*, ed. David Wood, London, Routledge, 1991, pp. 160-174.

Certeau, Michel de, *The Practice of Everyday Life*, trans. S. Rendall, Berkeley, University of California Press, 1984.

——*The Writing of History*, trans. Tom Conley, New York, Columbia University Press, 1988.

Chartier, R., *The Cultural Origins of the French Revolution*, trans. L. G. Cochrane, Durham, NC, Duke university Press, 1991.

——*On the Edge of the Cliff. History, Language, and Practices*, trans. L. G. Cochrane, Baltimore, MD, The Johns Hopkins University Press, 1997.

Cohen, G. A., *History, Labour and Freedom: Themes from Marx*, Oxford, Clarendon Press, 1988.

Collingwood, R. G., *The Idea of History*, London, Oxford University Press, 1946.

——*An Autobiography*, Oxford, Oxford University Press, 1970.

Crapanzano, Vincent, 'Hermes' dilemma: The masking of subversion in ethnographic description', in *Writing Culture. The Poetics and Politics of Ethnography*, ed. J. Clifford and G. E. Marcus, Berkeley, University of California Press, 1986.

Dallin, A., 'Commentary on "A Stalin Biographer's Memoir"', in *Psychology and Historical Interpretation*, ed. W. M. Runyan, New York, Oxford University Press, 1988, pp. 82-85.

Danto, Arthur, *Analytical Philosophy of History*, Cambridge, Cambridge University Press, 1965.

Derrida, Jacques, *Margins of Philosophy*, trans. A. Bass, Brighton, The Harvester Press, 1982.

Dilthey, W., 'The understanding of other persons and their life-expressions', in *Theories of History*, ed. P. Gardiner, Glencoe, NY, The Free Press, 1959, pp. 213-225.

Dray, W. H., *Laws and Explanation in History*, Oxford, Oxford University Press, 1957.

Durkheim, Emile, *Suicide. A Study in Sociology*, London, Routledge and Kegan Paul, 1952.

——*The Division of Labour in Society*, trans. George Simpson, New York, The Free Press, 1964.

Elster, Jon, *Explaining Technical Change. A Case Study in the Philosophy of Science*, Cambridge, Cambridge University Press, and Oslo, Universitetsforlaget, 1983.

——*Nuts and Bolts for the Social Sciences*, Cambridge, Cambridge University Press, 1989.

Ermarth, E. D., 'Beyond "the subject": individuality in the discursive condition', *New Literary History*, 2000, 31:405-419.

——'Beyond history', *Rethinking History*, 2001, 5:195-215.

Escobar, Arturo, *Encountering Development. The Making and Un-*

making of the Third World, Princeton, NJ, Princeton University Press, 1993.

Fay, Brian, *Social Theory and Political Practice*, London, Allen and Unwin, 1975.

Fein, H., 'Genocide, terror, life integrity, and war crimes: the case for discrimination', in *Genocide. Conceptual and Historical Dimensions*, ed. G. J. Andreopoulos, Philadelphia, University of Pennsylvania Press, 1994, pp. 95-107.

Firestone, Shulamith, *The Dialectic of Sex: The Case for Feminist Revolution*, New York, Morrow, 1970.

Floud, Roderick, 'What is economic history?', in *What is History Today?*, ed. J. Gardiner, Basingstoke, Hampshire, Macmillan, 1988.

Foucault, Michel, *The Order of Things. An Archaeology of the Human Sciences*, New York, Vintage Books, 1973.

—— *The Archaeology of Knowledge and the Discourse on Language*, trans. A. M. Sheridan Smith, New York, Harper and Row, 1976.

Freud, S., *The Essentials of Psychoanalysis*, ed. A. Freud, trans. J. Strachey, Harmondsworth, Penguin, 1986.

Friedlander, S., *History and Psychoanalysis. An Inquiry into the Possibilities and Limits of Psychohistory*, trans. S. Suleiman, New York, Holmes and Meier, 1978.

Fukuyama, F., *The End of History and the Last Man*, London, Hamish Hamilton, 1992.

Giddens, Anthony, *The Constitution of Society*, Cambridge, Polity Press, 1984.

Goble, F. G., *The Third Force. The Psychology of Abraham*

Maslow, New York, Washington Square Press, 1971.

Greenblatt, S. J., *Renaissance Self-Fashioning: From More to Shakespeare*, Chicago, University of Chicago Press, 1980.

Harlan, David, 'Intellectual history and the return of literature', *The American Historical Review*, 1989, 943:581-609.

Harris, Marvin, *Cows, Pigs, Wars and Witches. The Riddles of Culture*, New York, Vintage Books, 1978.

——*Cultural Materialism. The Struggle for a Science of Culture*, New York, Random House, 1979.

Held, David, *Introduction to Critical Theory: Horkheimer to Habermas*, London, Hutchinson, 1980.

Helmer, O. and Rescher, N., 'Exact or inexact sciences: a more instructive dichotomy?', 1959, reprinted in *The Nature and Scope of Social Science*, ed. L. I. Krimerman, New York, Appelton-Century Crofts, 1969, pp. 181-203.

Holton, R. J., *The Transition from Feudalism to Capitalism*, Basingstoke, Macmillan, 1985.

Horney, K., 'A Stalin biographer's memoir', in *Psychology and Historical Interpretation*, ed. W. M. Runyan, New York, Oxford University Press, 1988, pp. 63-81.

Hughes, J. M., *Reshaping the Psychoanalytic Domain. The Work of Melanie Klein, W. R. D. Fairbairn, and D. W. Winnicott*, Berkeley, University of California Press, 1989.

Humphreys, P., *The Chances of Explanation. Causal Explanation in the Social, Medical, and Physical Sciences*, Princeton, NJ, Princeton University Press, 1989.

Jenkins, Keith, *Re-Thinking History*, London, Routledge, 1991.

——*On 'What is History?'*, London, Routledge, 1995.

——(ed.), *The Postmodern History Reader*, London, Routledge, 1997.

——*Why History? Ethics and Postmodernity*, London, Routledge, 1999.

Johnson, Chalmers, *Revolutionary Change*, 2nd edn, London, Longman, 1983.

Kaufmann, W., *Nietzsche. Philosopher, Psychologist, Antichrist*, Cleveland, OH, The World Publishing Company, 1956.

Kaye, H. F. and McClelland, K. (eds), *E. P. Thompson, Critical Perspectives*, Cambridge, Polity Press, 1990.

Keddie, N. R., *Debating Revolutions*, New York, New York University Press, 1995.

Lake, Peter, 'Defining Puritanism-again?', in *Puritanism. Transatlantic Perspectives on a Seventeenth-Century Anglo-American Faith*, ed. F. J. Bremer, Boston, Massachusetts Historical Society, 1993, pp. 3-29.

Lloyd, Christopher, *Explanation in Social History*, Oxford, Blackwell, 1986.

——*The Structures of History*, Oxford, Blackwell, 1993.

Loptson, P., *Theories of Human Nature*, Peterborough, Ontario, Broadview Press, 1995.

Lyotard, J-F, *The Postmodern Condition: A Report on Knowledge*, trans. G. Bennington and B. Massumi, Manchester, Manchester University Press, 1984.

McCullagh, C. Behan, 'Colligation and classification in history', *History and Theory*, 1978, 17:267-284.

——*Justifying Historical Descriptions*, Cambridge, Cambridge University Press, 1984.

——'How objective interests explain actions', *Social Science Information*, 1991, 30:29-54.

——*The Truth of History*, London, Routledge, 1998.

——'Bias in historical description, interpretation, and explanation', *History and Theory*, 2000, 39:39-66.

——'Theories of historical explanation (philosophical aspects)', in *The International Encyclopedia of the Social and Behavioral Sciences*, Kidlington, Elsevier Science, 2001.

——'What do historians argue about?', *History and Theory*, 2004, 43.

Margolis, J., 'Pierre Bourdieu: habitus and the logic of practice', in *Bourdieu. A Critical Reader*, ed. R. Shusterman, Oxford, Blackwell, 1999, pp. 64-83.

Mellor, D. H., *The Facts of Causation*, London, Routledge, 1995.

Mitchell, J., *Psychoanalysis and Feminism*, London, Allen Lane, 1974.

Munslow, Alun, *Deconstructing History*, London, Routledge, 1999.

Neale, R. S., *Writing Marxist History. British Society, Economy and Culture since 1700*, Oxford, Blackwell, 1985.

Newton, J. L., Ryan, M. P. and Walkowitz, J. R. (eds), *Sex and Class in Women's History*, London, Routledge and Kegan Paul, 1983.

Norris, C., *Reclaiming the Truth. Contribution to a Critique of Cultural Relativism*, London, Lawrence and Wishart, 1996.

Novick, Peter, *That Noble Dream. The 'Objectivity Question' and the American Historical Profession*, Cambridge, Cambridge University Press, 1988.

Olafson, F. A., *The Dialectic of Action. A Philosophical Interpre-*

tation of History and the Humanities, Chicago, The University of Chicago Press, 1979.

Pedersen, Susan, 'What is political history now?', in *What is History Now?*, ed. David Cannadine, Basingstoke, Palgrave Macmillan, 2002, pp. 36-56.

Rosenberg, Alexander, *Philosophy of Social Science*, 2nd edn, Boulder, CO, Westview Press, 1995.

Runciman, W. G., *A Treatise on Social Theory*, vol. 2: *Substantive Social Theory*, Cambridge, Cambridge University Press, 1989.

Runyan, W. M., 'Alternatives to psychoanalytic psychobiography', in *Psychology and Historical Interpretation*, ed. W. M. Runyan, New York, Oxford University Press, 1988, ch. 12.

Said, E. W., *Culture and Imperialism*, London, Chatto and Windus, 1993.

Scott, Joan, *Only Paradoxes to Offer. French Feminism and the Rights of Man*, Cambridge, MA, Harvard University Press, 1996.

——(ed.), *Feminism and History*, Oxford, Oxford University Press, 1996.

Scriven, M., 'Causes, connections and conditions in history', in *Philosophical Analysis and History*, ed. W. H. Dray, New York, Harper and Row, 1966, pp. 238-264.

Seidman, S. (ed.), *The Postmodern Turn. New Perspectives on Social Theory*, Cambridge, Cambridge University Press, 1994.

Seliger, M., *The Marxist Conception of Ideology. A Critical Essay*, Cambridge, Cambridge University Press, 1977.

Shapiro, Ann-Louise (ed.), *Feminists Revision History*. New Brunswick, NJ, Rutgers University Press, 1994.

Silverman, Max, *Facing Postmodernity. Contemporary French*

Thought on Culture and Society, London, Routledge, 1999.

Skinner, Quentin, 'Some problems in the analysis of political thought and action', *Political Theory*, 1974, 2:277-303.

——*Liberty before Liberalism*, Cambridge, Cambridge University Press, 1998.

Smith, J. M., 'Between discourse and experience: agency and ideas in the French Revolution', *History and Theory*, 2001, 40:116-142.

Spiegel, G. M., 'History, historicism, and the social logic of the text in the Middle Ages', *Speculum*, 1990, 65:59-86.

Stannard, D. E., *Shrinking History. On Freud and the Failure of Psychohistory*, New York, Oxford University Press, 1980.

Stretton, Hugh, *The Political Sciences*, London, Routledge and Kegan Paul, 1969.

Szaluta, J., *Psychohistory. Theory and Practice*, New York, Peter Lang, 1999.

Thelan, David, 'Individual creativity and the filters of language and culture: Interpreting the Declaration of Independence by translation', *The Journal of American History*, 1999, 85:1289-1298.

Tilly, Charles, 'The analysis of a counter-revolution', *History and Theory*, 1963, 3:30-58.

——*From Mobilization to Revolution*, Reading, MA, Addison-Wesley, 1978.

——*As Sociology Meets History*, New York, Academic Press, 1981.

Turner, Victor, 'Social dramas and stories about them', in *On Narrative*, ed. W. J. T. Mitchell, Chicago, University of Chicago Press, 1981, pp. 137-164.

van der Dussen, W. J. , *History as Science. The Philosophy of R. G. Collingwood*, The Hague, Martinus Nijhoff, 1981.

van Fraassen, Bas C. , *The Scientific Image*, Oxford, Clarendon Press, 1980.

Waite, R. G. L. , *The Psychopathic God: Adolf Hitler*, New York, Basic Books, 1977.

Walsh, W. H. , *An Introduction to Philosophy of History*, London, Hutchinson, 1958.

Weber, Max, *The Theory of Social and Economic Organization*, trans. A. M. Henderson and Talcott Parsons, ed. Talcott Parsons, Glencoe, NY, The Free Press, 1947.

White, Hayden, *Metahistory. The Historical Imagination in Nineteenth-Century Europe*, Baltimore, MD, The Johns Hopkins University Press, 1975.

Wiseman, T. P. , 'What is political history?', in *What is History Today?* , ed. J. Gardiner, Basingstoke, Macmillan, 1988, pp. 18-30.

Wittgenstein, L. , *Philosophical Investigations*, 2nd edn, trans. G. E. M. Anscombe, Oxford, Blackwell, 1958.

Wolfe, Patrick, 'History and imperialism: a century of theory, from Marx to postcolonialism', *American Historical Review*, 1997, 102:388-420.

Young, Robert, *White Mythologies. Writing History and the West*, London, Routledge, 1990.

Historical works

Adamson, J. S. A., 'Parliamentary management, men-of-business and the House of Lords, 1640—1649', in *A Pillar of the Constitution: The House of Lords in British Politics, 1640—1784*, ed. C. Jones, London, Hambledon, 1989.

Alford, B. W. E., *Britain in the World Economy since 1880*, London, Longman, 1996.

Baldwin, G., 'Individual and self in the late Renaissance', *The Historical Journal*, 2001, 44:341-364.

Baron, Ava, 'On looking at men: masculinity and the making of a gendered working-class history', in *Feminists Revision History*, ed. Ann-Louise Shapiro, New Brunswick, NJ, Rutgers University Press, 1994, pp. 146-171.

Beard, C. A., 'The approach of the irresistible conflict', in *The Causes of the American Civil War*, ed. E. C. Rozwenc, 2nd edn, Lexington, MA, D.C. Heath, 1972, pp. 68-99.

Bennett, J. M., 'Medieval women, modern women: across the great divide', in *Feminists Revision History*, ed. Ann-Louise Shapiro, New Brunswick, NJ, Rutgers University Press, 1994, pp. 47-72.

Berger, R., Review of *Men at Work: Labourers and Building Craftsmen in the Towns of North England, 1450—1750*, by Donald Woodward, *The American Historical Review*, 1996, 101: 1539-1540.

Bernard, G. W., 'New perspectives or old complexities?' *English Historical Review*, 2000, 115:113-120.

Biernacki, R., *The Fabrication of Labor: Germany and Britain, 1640—1914*, Berkeley, University of California Press, 1995.

Blainey, G., *The Causes of War*, London, Macmillan, 1973.

Blassingame, J. W., *The Slave Community*, 2nd edn, New York, Oxford University Press, 1979.

Bloch, Marc, *Feudal Society*, 2 vols., trans. L. A. Manyon, London, Routledge and Kegan Paul, 1965.

Boles, J. B. (eds), *Masters and Slaves in the House of the Lord. Race and Religion in the American South 1740—1870*, Lexington, University of Kentucky Press, 1988.

Breen, T. H., 'Ideology and nationalism on the eve of the American Revolution: revisions once more in need of revising', *The Journal of American History*, 1997, 84:13-39.

Briggs, Asa, *Chartist Studies*, London, Macmillan, 1959.

Bush, M. L., 'Protector Somerset and the 1549 rebellions: a post-revision questioned', *English Historical Review*, 2000, 115:103-112.

Butterfield, H., *George III and the Historians*, London, Collins, 1957.

Cannadine, David, 'The present and the past in the English Industrial Revolution 1880—1980', *Past and Present*, 1984, 103:131-172.

—— 'The empire strikes back', *Past and Present*, 1995, 147:180-194.

Charmley, John, *Churchill: The End of Glory. A Political Biography*, New York, Harcourt Brace, 1993.

Clark, G. K., *The Making of Victorian England*, London, Methuen, 1962.

Clarke, M. V., 'The Wilton Diptych', in *M. V. Clarke, Fourteenth Century Studies*, eds L. S. Sutherland and M. McKisack, Oxford, Clarendon, 1937, pp. 272-292.

Conrad, S. A., 'Putting rights talk in its place. The Summary View revisited', in *Jeffersonian Legacies*, ed. P. S. Onuf, Charlottesville, University Press of Virginia, 1993, pp. 254-280.

Crafts, N. F. R., 'Exogenous or endogenous growth? The Industrial Revolution reconsidered', *The Journal of Economic History*, 1995, 55:745-772.

Crafts, N. F. R. and Mills, T. C., 'Endogenous innovation, trend growth, and the British Industrial Revolution: reply to Greasley and Oxley', *The Journal of Economic History*, 1997, 57:950-956.

Cronon, William, 'A place for stories: nature, history, and narrative', *The Journal of American History*, 1992, 78:1347-1376.

Cust, R., and Hughes, A. (eds), *Conflict in Early Stuart England. Studies in Religion and Politics 1603—1642*, London, Longman, 1989.

——(eds), *The English Civil War*, London, Arnold, 1997.

Davidson, James, 'Dover, Foucault and Greek homosexuality: penetration and the truth of sex', *Past and Present*, 2001, 170:3-51.

Davis, J. A., 'Industrialization in Britain and Europe before 1850: new perspectives and old problems', in *The First Industrial Revolutions*, ed. Peter Mathias and J. A. Davis, Oxford, Blackwell, 1989.

Derry, T. K., *A Short History of Norway*, London, Allen and Unwin, 1957.

Doyle, W., *The Origins of the French Revolution*, 3rd edn, Oxford, Oxford University Press, 1999.

Dunn, John, *Political Obligation in its Historical Context. Essays in Political Theory*, Cambridge, Cambridge University Press, 1980.

Elkins, S. M., *Slavery. A Problem in American Institutional and Intellectual Life*, 2nd edn, Chicago, University of Chicago Press, 1968.

——'Slavery and ideology', in *The Debate over Slavery. Stanley Elkins and His Critics*, ed. A. J. Lane, Urbana, University of Illinois Press, 1971.

Elton, G. R. , *England under the Tudors*, London, Methuen, 1955.

——*The Tudor Revolution in Government*, Cambridge, Cambridge University Press, 1962.

Ely, R. , 'Ordinary Germans, Nazism, and Judeocide', in *The 'Goldhagen Effect'. History, Memory, Nazism-Facing the German Past*, ed. G. Eley, Ann Arbor, University of Michigan Press, 2000, pp. 33-87.

Ferguson, Niall, *The Pity of War*, London, Allen Lane, 1998.

Fischer, F. , *Germany's Aims in the First World War*, London, Chatto and Windus, 1967.

Fliegelman, Jay, *Prodigals and Pilgrims. The American Revolution against Patriarchal Authority, 1750—1800*, Cambridge, Cambridge University Press, 1982.

Floud, R. and McCloskey, D. , *The Economic History of Britain since 1700. Volume 3: 1939—1992*, 2nd edn, Cambridge, Cambridge University Press, 1994.

Foucault, M. , *Discipline and Punish. The Birth of the Prison*, trans. A. Sheridan, Harmondsworth, Penguin, 1979.

——*The History of Sexuality*, vol. 1: *An Introduction*, trans. R. Hurley, Harmondsworth, Penguin, 1981.

Friedan, Betty, *The Feminine Mystique*, Harmondsworth, Penguin, 1963.

Geyl, Pieter, *Napoleon. For and Against*, trans. O. Renier, London, Jonathan Cape, 1949.

Gilson, Etienne, *Heloise and Abelard*, trans. L. K. Shook, Ann

Arbor, University of Michigan Press, 1960.

Goldhagen, D. J., *Hitler's Willing Executioners. Ordinary Germans and the Holocaust*, London, Little, Brown and Company, 1996.

—— 'The failure of the critics', in *Unwilling Germans ? The Goldhagen Debate*, ed. R. R. Shandley, trans. J. Riemer, Minneapolis, University of Minnesota Press, 1998, pp. 129-150.

—— 'What were the murderers thinking?', in *Unwilling Germans ? The Goldhagen Debate*, ed. R. R. Shandley, trans. J. Riemer, Minneapolis, University of Minnesota Press, 1998, pp. 151-161.

Gordon-Reed, A., *Thomas Jefferson and Sally Hemings*, Charlottesville, University Press of Virginia, 1997.

Greasley, D. and Oxley, L., 'Endogenous growth or "Big Bang": two views of the first Industrial Revolution', *The Journal of Economic History*, 1997, 57:935-949.

Greene, J. P., 'The American Revolution', *American Historical Review*, 2000, 105:93-102.

Haines, R. and Shlomowitz, R., 'Explaining the mortality decline in the eighteenth-century British slave trade', *Economic History Review*, 2000, 53:262-283.

Hampson, N., 'The heavenly city of the French revolutionaries', in *Rewriting the French Revolution, The Andrew Browning Lectures 1989*, ed. C. Lucas, Oxford, Clarendon, 1991, pp. 46-68.

Hanham, Alison, 'Richard III, Lord Hastings and the historians', *The English Historical Review*, 1972, 87:233-248.

—— 'Hastings Redivivus', *The English Historical Review*, 1975, 90:821-827.

Harriss, G. L., 'A revolution in Tudor history? Medieval government and statecraft', *Past and Present*, 1963, 25:8-38.

Hartwell, R. M. (ed.), *The Causes of the Industrial Revolution in England*, London, Methuen, 1967.

Haskins, C. H., *The Renaissance of the Twelfth Century*, New York, Meridian Books, 1957.

Hays, J. N., *The Burdens of Disease. Epidemics and Human Response in Western History*, New Brunswick, NJ, Rutgers University Press, 1998.

Hiden, J. and Farquharson, J., *Explaining Hitler's Germany. Historians and the Third Reich*, London, Batsford Academic and Educational, 1983.

Hill, Christopher, *The English Revolution, 1640*, 3rd edn, London, Lawrence and Wishart, 1955.

Higman, B. W., 'The sugar revolution', *Economic History Review*, 2000, 53: 213-236.

Holmes, G., *The Florentine Enlightenment 1400—1450*, New York, Pegasus, 1969.

Holton, R. J., *The Transition from Feudalism to Capitalism*, Basingstoke, Macmillan, 1985.

Hughes, Ann, *The Causes of the English Civil War*, 2nd edn, Basingstoke, Macmillan, 1998.

Hunt, Lynn, *The Family Romance of the French Revolution*, Berkeley, University of California Press, 1992.

Hunter, Allen (ed.), *Rethinking the Cold War*, Philadelphia, PA, Temple University Press, 1998.

Isaac, Rhys, *The Transformation of Virginia 1740—1790*, Chapel Hill, University of North Carolina Press, 1982.

Jones, Archer, 'Military means, political ends: strategy', in *Why* the Confederacy Lost, ed. G. S. Boritt, Oxford, Oxford University Press, 1992, pp. 43-78.

Jones, Colin, 'A fine "romance" with no sisters', French Historical Studies, 1995, 19:277-287.

Jones, E. T., 'Illicit business: accounting for smuggling in sixteenth-century Bristol', The Economic History Review, 2001, 54:17-38.

Jones, J. R., Marlborough, Cambridge, Cambridge University Press, 1993.

Karras, R. M., 'Active/passive, acts/passions: Greek and Roman sexualities', The American Historical Review, 2000, 105:1250-1265.

Kershaw, Ian, The Nazi Dictatorship. Problems and Perspectives of Interpretation, 2nd edn, London, Edward Arnold, 1989.

Leffler, M. P., 'National security and US foreign policy', in Origins of the Cold War. An International History, eds M. P. Leffler and D. S. Painter, London, Routledge, 1994, pp. 15-52.

——'The Cold War: what do "we now know"?', American Historical Review, 1999, 104:501-524.

Leffler, M. P. and Painter, D. S. (eds), Origins of the Cold War. An International History, London, Routledge, 1994.

Levine, L. W., Black Culture and Black Consciousness, New York, Oxford University Press, 1977.

McGwire, M., 'National security and Soviet foreign policy', in Origins of the Cold War. An International History, eds M. P. Leffler and D. S. Painter, London, Routledge, 1994, pp. 53-76.

McKitterick, Rosamond, 'The illusion of royal power in the Carolingian Annals', The English Historical Review, 2000, 110:1-20.

McPhee, Peter, *A Social History of France, 1780—1880*, London, Routledge, 1993.

McPherson, J. M., *Battle Cry of Freedom. The Civil War Era*, New York, Ballantine Books, 1988.

——'American victory, American defeat', in *Why the Confederacy Lost*, ed. G. S. Boritt, Oxford, Oxford University Press, 1992, pp. 15-42.

Manning, Brian, *1649. The Crisis of the English Revolution*, London, Bookmarks, 1992.

——*Aristocrats, Plebians, and Revolution in England 1640—1660*, London, Pluto Press, 1996.

Martin, John, 'Inventing sincerity, refashioning prudence: the discovery of the individual in Renaissance Europe', *American Historical Review*, 1997, 102:1309-1342.

Mathias, Peter, 'The industrial revolution: concept and reality', in *The First Industrial Revolutions*, ed. Peter Mathias and J. A. Davis, Oxford, Blackwell, 1989, pp. 1-24.

Mayer, A. J., *The Furies. Violence and Terror in the French and Russian Revolutions*, Princeteon, NJ, Princeton University Press, 2000.

Mews, C. J., *The Lost Love Letters of Heloise and Abelard. Perceptions of Dialogue in Twelfth-Century France*, Basingstoke, Macmillan, 1999.

Meyerowitz, Joanne, 'Beyond The Feminine Mystique: a reassessment of postwar mass culture, 1946—1958', *The Journal of American History*, 1993,79: 1454-1481.

Mokyr, Joel (ed.), *The British Industrial Revolution: an Economic Perspective*, 2nd edn, Boulder, CO, Westview Press, 1999.

Mommsen, H., 'The thin patina of civilization: anti-Semitism was a necessary, but by no means sufficient, condition for the Holocaust', in *Unwilling Germans? The Goldhagen Debate*, ed. R. R. Shandley, trans. J. Riemer, Minneapolis, University of Minnesota Press, 1998, pp. 183-196.

Moore, Barrington, *Soviet Politics — the Dilemma of Power: The Role of Ideas in Social Change*, New York, Harper and Row, 1950.

Morrill, John, 'The religious context of the English Civil War', in *The English Civil War*, eds R. Cust and A. Hughes, London, Arnold, 1997.

Morrison, M. A., *Slavery and the American West. The Eclipse of Manifest Destiny and the Coming of the Civil War*, Chapel Hill, University of North Carolina Press, 1997.

Muslin, H. L. and Jobe, T. H., *Lyndon Johnson: The Tragic Self: A Psychohistorical Portrait*, New York, Insight Books, 1991.

Namier, L., *The Structure of Politics at the Accession of George III*, London, Macmillan, 1963.

Nevins, A. and Commager, H. S., *America. The Story of a Free People*, 3rd edn, Oxford, Clarendon Press, 1966.

O'Neill, R. J., *The German Army and the Nazi Party, 1933—1939*, 2nd edn, London, Cassell, 1968.

Pirenne, Henri, *Economic and Social History of Medieval Europe*, London, Routledge and Kegan Paul, 1936.

Plumb, J. H., 'The historian', in *Churchill Revised. A Critical Assessment*, New York, The Dial Press, 1969, pp. 133-169.

Ponting, Clive, *Churchill*, London, Sinclair-Stevenson, 1994.

Potter, David, 'Jefferson Davis and the political factors in Confederate defeat', in *Why the North Won the Civil War*, ed. David Donald, Binghamton, NY, Louisiana State University Press, 1960, pp. 91-114.

—— *The Impending Crisis 1848—1861*, New York, Harper and Row, 1976.

Richardson, R. C., *The Debate on the English Revolution*, 3rd edn, Manchester, Manchester University Press, 1998.

Roesdahl, Else, *The Vikings*, trans. S. M. Margeson and K. Williams, London, Allen Lane, 1991.

Russell, Conrad, *The Causes of the English Civil War*, London, Clarendon, 1990.

Ryan, Alan, 'Locke and the dictatorship of the bourgeoisie', *Political Studies*, 1965, 13:219-230.

Shagan, E. H., 'Protector Somerset and the 1549 rebellions: new sources and new perspectives', *English Historical Review*, 1999, 114:34-53.

—— '"Popularity" and the 1549 rebellions revisited', *English Historical Review*, 2000, 115:121-133.

Sharpe, Kevin, 'Representations and negotiations: texts, images, and authority in early modern England', *The Historical Journal*, 1999, 42:853-881.

Smith, Dennis, 'Discovering facts and values: the historical sociology of Barrington Moore', in *Vision and Method in Historical Sociology*, ed. Theda Skocpol, Cambridge, Cambridge University Press, 1984, pp. 313-355.

Sommerville, J. P., 'Ideology, property and the constitution', in *Conflict in Early Stuart England. Studies in Religion and Poli-*

tics, 1603—1642, eds R. Cust and A. Hughes, London, Longman, 1989.

Stampp, K. M., *The Peculiar Institution. Slavery in the Ante-Bellum South*, New York, Alfred A. Knopf, 1965.

Stone, L., *The Causes of the English Revolution*, London, Routledge and Kegan Paul, 1972.

——*The Past and the Present*, Boston, Routledge and Kegan Paul, 1981.

Stone, N., *Europe Transformed, 1878—1919*, 2nd edn, Oxford, Blackwell, 1999.

Storr, A., 'The man', in *Churchill Revised. A Critical Assessment*, New York, The Dial Press, 1969, pp. 229-274.

Tackett, T., 'Conspiracy obsession in a time of revolution: French elites and the origins of the terror, 1789—1792', *American Historical Review*, 2000, 105:690-713.

Taylor, A. J. P., 'The statesman', in *Churchill Revised. A Critical Assessment*, New York, The Dial Press, 1969, pp. 15-62.

Thompson, E. P., *The Making of the English Working Class*, Harmondsworth, Penguin, 1968.

Thompson, M. P., 'Significant silences in Locke's Two Treatises of Government: constitutional history, contract and law', *The Historical Journal*, 1987, 31:275-294.

Tulard, Jean, *Napoleon, The Myth of the Saviour*, trans. T. Waugh, London, Methuen, 1985.

Underdown, David, *A Freeborn People. Politics and Nation in Seventeenth-Century England*, Oxford, Clarendon, 1996.

Walter, James, 'Studying political leaders from a distance: the lessons of biography', in *Reading Life Histories. Griffith Papers on Biography*, ed. J. Walter, Nathan, Queensland, Griffith University, 1981, pp. 29-38.

Watts, Sheldon, *Epidemics and History. Disease, Power and Imperialism*, New Haven, CT, Yale University Press, 1997.

Weinrich, J., 'Reality or social construction?', in *Forms of Desire, Sexual Orientation and the Social Constructionist Controversy*, ed. E. Stein, New York, Garland Publishing, 1990, pp. 175-208.

Wolffe, B. P., 'When and why did Hastings lose his head?', *The English Historical Review*, 1974, 89:835-844.

Woodham-Smith, Cecil, *The Reason Why*, London, Constable, 1957.

Woods, R. B., *Fulbright. A Biography*, Cambridge, Cambridge University Press, 1995.

Yang, Daqing, 'Convergence or divergence? Recent historical writings on the Rape of Nanjing', *American Historical Review*, 1999, 104:842-865.

Zagorin, Perez, *The English Revolution: Politics, Events, Ideas*, Brookfield, VT, Ashgate, 1998.

人名索引

（这里所收集的人名索引，包括书中引文的著作者、书中所讨论的相关思想观点的提出者，以及书中所提到的相关历史研究主题人物）

Abelard, P. 阿伯拉德
Alford, B. W. E. 阿尔夫德
Ankersmit, F. R. 安克斯密特

Baldwin, G. 巴尔德温
Baron, A. 巴农
Barrett, M. 巴雷特
Bauman, Z. 鲍曼
Beard, C. A. 比亚德
Berger, R. 伯杰
Berkhofer, R. F. Jr. 贝克霍夫
Blackmore, S. 布莱克默尔
Blainey, G. 布莱尼
Bloch, M. 布罗彻
Boles, J. B. 博尔斯
Bonnell, V. E. 博内尔
Bourdieu, P. 布迪厄
Breen, T. H. 布林
Briggs, A. 布里格斯
Broszat, M. 布罗扎特

Cannadine, D. 坎纳丁
Cart, D. 卡特
Charmley, J. 查姆莱
Chartier, R. 查特
Churchill, W. S. 丘吉尔
Clark, G. K. G. K. 科拉克
Clarke, M. V. M. V. 科拉克
Cohen, G. A. 科亨
Collingwood, R. G. 柯林伍德
Commager, H. S. 考曼格尔
Conrad, S. A. 康纳德
Crafts, N. F. R. 克拉夫茨
Craven, A. 克拉文
Cust, R. 卡斯特

Dahrendorf, R. 达伦道夫
Danto, A. 丹图
Davidson, J. 戴维森
Davis, J. A. 戴维斯
Dronke, E. 德罗克
Dunn, J. 邓恩

Durkheim, E. 涂尔干

Elkins, S. M. 艾金斯
Elster, J. 埃尔斯特
Ely, R. 艾利

Farquharson, J. 范奎哈森
Fay, B. 费伊
Ferguson, N. 费古森
Fischer, E. 费舍
Fliegelman, J. 弗雷格尔曼
Floud, R. 弗朗德
Foucault, M. 福柯
Freud, S. 弗洛伊德
Friedan, B. 弗里丹
Fulbright, J. W. 富布莱特

Geertz, C. 格尔茨
Geyl, E. 盖尔
Gilson, E. 吉尔森
Goldhagen, D. J. 戈德哈根
Gordon-Reed, A. 高登—里德
Gramsci, A. 葛兰西
Greenblatt, S. J. 格里布拉特

Haines, R. 海因斯
Hampson, N. 哈姆森
Hanham, A. 汉哈姆

Harris, M. 哈里斯
Hartwell, R. M. 哈特维尔
Haskins, C. H. 哈斯金斯
Hastings, William, Lord. 威廉姆·哈斯丁
Hiden, J. 海登
Hitler, A. 希特勒
Hollinger, D. 霍林格
Holmes, C. 霍尔姆斯
Holton, R. J. 霍尔顿
Hopper, R. D. 霍普
Horney, K. 霍尼
Hughes, A. 哈夫斯
Humphreys, P. 休夫雷斯
Hunt, L. 休特

Isaac, R. 伊萨克

Jefferson, T. 杰弗逊
Jenkins, K. 杰金斯
Johnson, C. C. 约翰逊
Johnson, L. L. 约翰逊
Jones, J. R. 琼斯

Kershaw, I. 科尔肖
Kohut, H. 考休特

Lake, P. 拉克

Leffier, M. P. 列斐弗尔
Levine, L. W. 列维
Locke, J. 洛克
Lyotard, J-E 利奥塔

McCloskey, D. 麦克罗斯凯
McPhee, P. 麦克菲
Macpherson, C. B. 麦克芬森
McPherson, J. M. J. M.麦克芬森
Manning, B. 曼宁
Margolis, J. 马格里斯
Marlborough, John Churchill, 1st Duke of 约翰·丘吉尔·马尔伯雷大公爵
Martin, J. 马丁
Marx, K. 马克思
Maslow, A. 马斯洛
Mathias, P. 马尔塞斯
Mayer, A. J. 梅耶
Melior, D. H. 梅里奥
Mews, C. J. 缪斯
Meyerowitz, J. 梅耶奥维兹
Mitchell, J. 米切尔
Mokyr, J. 莫克尔
Mommsen, H. 默姆森
Moore, B. 摩尔
Morrill, J. 莫里斯

Namier, L. 纳米尔
Napoleon, I. 拿破仑
Neale, R. S. 内尔
Nevins, A. 列维斯
Nietzsche, E. 尼采
Norris, C. 诺里斯
Novick, P. 诺齐克

Olafson, E. A. 奥拉夫森
O'Neill, R. J. 奥尼尔

Pedersen, S. 佩德森
Pirenne, H. 皮埃尼
Plamenatz, J. 普拉门纳兹
Plumb, J. H. 普拉姆
Pocock, J. G. A. 普考克
Ponting, C. 庞丁
Potter, D. M. 波特尔

Randall, J. G. 兰戴尔
Roesdahl, E. 罗斯达尔
Runciman, W. G. 伦希曼
Runyan, W. M. 伦延
Russell, C. 鲁塞尔
Ryan, A. 莱恩

Said, E. W. 萨伊德
Scriven, M. 斯克里文

Selinger, M. 塞林格
Shapin, S. 夏皮
Sharpe, K. 夏普
Shlomowitz, R. 谢罗莫维兹
Silverman, M. 斯尔维曼
Skinner, Q. 斯金纳
Smith, J. M. 史密斯
Sommerville, J. P. 索默维尔
Spiegel, G. M. 斯皮盖尔
Stalin, J. V. 斯大林
Stampp, K. M. 斯塔普
Stannard, D. E. 斯坦纳德
Stephens, A. H. 斯蒂芬斯
Stone, L. 斯通
Storr, A. 斯道尔
Stretton, H. 斯特雷顿
Swift, J. 斯维夫特

Tackett, T. 塔克特
Taylor, A. J. P. 泰勒
Thompson, E. P. 托马森

Tilly, C. 梯利
Toombs, R. A. 托姆斯
Tulard, J. 图拉德
Turner, V. 特纳

Underdown, D. 昂德唐

Waite, R. G. L. 怀特
Walsh, W. H. 沃尔什
Weber, M. 韦伯
Wiseman, T. E. 威斯曼
Wittgenstein, L. 维特根斯坦
Wolffe, B. P. 沃尔夫
Woodham-Smith, C. 伍德哈姆—史密斯
Woods, R. B. 伍兹

Yang, D. D. 杨
Young, R. 荣格

Zagorin, E. 扎戈林

主题词索引

American Civil War: battle of Antietam 美国南北战争：安蒂特姆之战
  battle of Fredericksburg 弗雷德里克斯堡战役
  causes of 美国南北战争的原因
  reasons for Southern secession 南方撤退的原因
  why the North won 北方取胜的原因
American Revolution 美国独立战争
anthropological interpretation 人类中心主义阐释
arguments to the best explanation 最佳解释论证
authority 权威

Balinese cockfights 巴厘人斗鸡习俗
bias: in reading texts 阅读文本中的偏见
British economy: twentieth century 20 世纪英国经济

British imperialism: explanations of 大英帝国：解释大英帝国的形成
  causes 大英帝国形成原因
  mental 大英帝国心态
  social 大英帝国社会

Chartists 宪章派
Cold War 冷战
colligation 综合分类
conditions 条件

direct inferences 直接推论

English Civil War: causes of 英国内战：原因
English Revolution 英国大革命
explanations: analysis of 阐释：分析
  causal 因果阐释
  comprehensive 综合阐释
  contrastive 对比阐释
  of evidence 事件阐释
  fairness of 公正阐释

genetic 归纳分析
profound 深度分析
psychological 心理学分析

feminist theory 女权理论
　　see also women: subordination of 也参见妇女的从属地位
French Revolution 法国大革命
　　terror 恐怖时代
French society: nineteenth century 法国社会：19世纪
Freudian theory 弗洛伊德的理论

Generalizations 归纳
　　accidental 偶然性归纳
　　causal 因果归纳
　　credibility of 可靠性归纳
　　lawlike 法则式归纳

habits 习惯
hermeneutical circles 修辞学循环
Holocaust 大屠杀
　　and bureaucracy 官僚制
homosexuality 同性恋
hybrid inferences 综合推论

ideology 意识形态
imitation 模仿

industrial Revolution in Britain:
　　causes of 英国工业革命：原因
　　characteristics of 特点
interests: class 阶级利益
　　human 人类利益
interpretation of events 事件阐释
　　colligatory 全面性
　　credibility of 可靠性
　　fairness of 公平性
　　intelligibility of 清晰性
　　summary 概述

knowledge: historical 历史知识
　　reasons for scepticism 怀疑论的理由

Light Brigade: charge of 轻骑旅之责

Marxist theory 马克思主义理论
meaning of actions, events and practices 行为、事件和习惯做法的意义
meanings of texts 文本的意义
　　coherence of 文本意义的连贯性
　　contexts (textual, social and intellectual) 情境（文本的、社会的和思想的）

conventional (= basic) 通行性（＝基础）
hermeneutical circles 修辞学循环
intended 倾向
literal 字面
objectivity of 客观性
past meanings 过去的意义
seven problems about 几个问题summary 概述
uncertain references 不确定性推论
variations in 多样性
mental states 心理状态
modernization theory 现代化理论

Nanjing：massacre of 南京大屠杀
narratives：biographical 叙事：传记式叙事
 of a change 叙事变化
 colligatory 综合叙事
 commonsense 常识叙事
 fair or partial 公正的或有偏见的叙事
 genetic 归纳叙事
 metanarratives 宏大叙事
 top-down or bottom-up 自上而下或自下而上的叙事

Nazi government：army's support 纳粹政府：军队的支持
anti-semitism 反犹太人主义
bureaucracy 官僚制
consolidation of 纳粹政府的巩固
explaining support for 支持纳粹政府现象的解释
Hitler's role in 希特勒的角色
negro spirituals 黑人精神

plantations：in southern USA 美国南方种植园
power, pursuit of, social 权力，追逐权力，社会权力
practices ＝习惯做法

reasons for actions 行为原因
responsibility 责任
roles 角色
 defined responsibilitie 界定责任
 social functions 社会功能
Roman Wall 罗曼墙
rules 规则
Russian Revolution 俄国革命

self：theories of 自我：自我理论
significance of events：historical

事件的意义：历史事件的意义
　　theoretical 事件的理论意义
slaves 奴隶
　　Sambo personality of "散波"
　　　性格
　　shipping of 奴隶运输
social structures：descriptions of
　　社会结构：社会结构的描述
　　explaining changes in 解释社
　　　会结构的变革
　　general 归纳社会结构
　　ideal and actual 社会结构的理
　　　想与现实
　　reality of 社会结构的实现
social organizations 社会组织
social systems 社会系统
standard of living：in Britain 生
　　活水平：英国的生活水平
statistics 数据统计
structural explanations：of chan-
　　ges in general social structures
　　结构性解释：一般社会结构
　　变革的结构性解释

of changes in social systems
　　社会系统变革的结构性解释
individual behaviour 个人行为
supervenience 伴随性

translation 转型
truth：critical (correlation) theory
　　of 真理：批判的（相关的）真
　　理理论
　　correspondence theory of 符
　　　合论

value of history 历史的价值
Viking settlements 斯堪的纳维
　　亚人的定居点

Wilton diptych 威尔顿折闭式双
　　连画
women：subordination of 妇女
　　的从属地位
World War I：causes of 第一次
　　世界大战：第一次世界大战
　　的原因

译后记

历史是什么？对于这个问题的回答，一直是困扰着历史学家和哲学家的核心问题，也是他们十分感兴趣也一直以来积极给予各种回答的学术课题，他们正是通过对于这一重大而有意义的问题的不同而新颖的解答或解释，而延续着自己的学术生活，并从中体会到了这种生活的快乐与痛苦。

今天，当克罗齐说出了那句历史不过就是"活着的人，为了活者的利益而重建的死者的生活"之后，人们——包括而且尤其是历史学家和哲学家——就很难再把历史简单且理所当然地界定为"历史就是过去或此前所发生的一切"了。因为尽管我们也能理解这里所谓的"一切"包括了关于过去的社会事件、生活过程及各种现象的总和，但我们却不得不再追问一句："这一切都是真的吗？"如果回答是肯定的，那么又"是谁说（回答）的呢"？尽管我们不能完全接受后现代式的历史质疑或怀疑论即历史就是在利益掩盖下的各种各样的新的"话语游戏"，但我们却无法遏止自己去探索被称为"新的话语游戏"的各种历史叙事与历史事实或真相之间的关系问题——比如在学科分工日益规范和细化的今天，作为历史的主要叙事者的历史学家和历史事实之间的关系问题。

《历史的逻辑：把后现代主义引入视域》一书就是对上述问题的一个新颖而较为全面的探讨和分析。就像我们在社会运行机制中设置了法官，并认为或相信他们是公正和正义的一样；本书的作者也认为"历史学家会尽可能公正地对过去进行说明，并且会尽可能地避免给读者造成误导"——当然，历史学家并非是历史的裁判或判官。本书的作者也因此与后现代主义的历史解构式批判有了原则性区分：尽管走向历史事实或真相的道路是艰辛的，但前途还是光明的！尽管这多少有点儿一厢情愿、有点儿理想主义，但谁又能否认正是这一点"相信"或信心，才使得人类的生活变得如此新鲜而美好？

　　我相信，所有对于历史、对于哲学、对于历史哲学感兴趣的朋友们，都会对此书感兴趣。

　　作为一个哲学研究者，同时也作为本书的译者，我要感谢本书的主编杨耕教授、张立波副教授和编辑祁传华同志，因为没有他们，就没有本书的面世。

张秀琴
2007 年 9 月
于中国政法大学哲学系

图书在版编目(CIP) 数据

历史的逻辑：把后现代主义引入视域／(澳) 麦卡拉 (McCullagh．C.B) 著；张秀琴译．—北京：北京师范大学出版社，2008.1 (2010.6重印)
(后现代历史哲学译丛)
ISBN 978-7-303-08623-8

Ⅰ．历… Ⅱ．①麦… ②张… Ⅲ．历史哲学－研究 Ⅳ．K01

中国版本图书馆 CIP 数据核字(2007)第 191811 号
北京市版权局著作权合同登记图字：01-2006-4081

营销中心电话　010-58802181　58808006
北师大出版社高等教育分社网　http://gaojiao.bnup.com.cn
电　子　信　箱　beishida168@126.com

出版发行：北京师范大学出版社　www.bnup.com.cn
　　　　　北京新街口外大街19号
　　　　　邮政编码：100875
印　　刷：北京盛通印刷股份有限公司
经　　销：全国新华书店
开　　本：155 mm × 235 mm
印　　张：22
字　　数：290千字
版　　次：2008年1月第1版
印　　次：2010年6月第2次印刷
定　　价：32.00元

策划编辑：饶　涛　　责任编辑：祁传华
美术编辑：高　霞　　装帧设计：高　霞
责任校对：李　菡　　责任印制：李　啸

版权所有　侵权必究

反盗版、侵权举报电话：010-58800697
北京读者服务部电话：010-58808104
外埠邮购电话：010-58808083
本书如有印装质量问题，请与印制管理部联系调换。
印制管理部电话：010-58800825